比较文学与世界文学

第七期

主编 陈跃红 张 辉

图书在版编目(CIP)数据

比较文学与世界文学. 第7期/陈跃红,张辉主编. —北京：北京大学出版社,2015.6

ISBN 978-7-301-26010-4

Ⅰ.①比… Ⅱ.①陈…②张… Ⅲ.①比较文学—文学研究—中国 ②世界文学—文学研究 Ⅳ.①I206 ②I106

中国版本图书馆CIP数据核字(2015)第143322号

书　　　名	比较文学与世界文学（第七期）
著作责任者	陈跃红　张　辉　主编
责 任 编 辑	黄瑞明　朱房煦
标 准 书 号	ISBN 978-7-301-26010-4
出 版 发 行	北京大学出版社
地　　　址	北京市海淀区成府路205号　100871
网　　　址	http://www.pup.cn　　新浪微博：@北京大学出版社
电 子 信 箱	zpup@pup.cn
电　　　话	邮购部 62752015　发行部 62750672　编辑部 62754382
印 刷 者	三河市博文印刷有限公司
经 销 者	新华书店
	787毫米×1092毫米　16开本　10.75印张　280千字
	2015年6月第1版　2015年6月第1次印刷
定　　　价	32.00元

未经许可，不得以任何方式复制或抄袭本书之部分或全部内容。
版权所有，侵权必究
举报电话：010-62752024　电子信箱：fd@pup.pku.edu.cn
图书如有印装质量问题，请与出版部联系，电话：010-62756370

主　　办　中国比较文学学会
承　　办　中国比较文学学会秘书处

合　　办　（排名不分先后）：
　　　　　北京大学
　　　　　中国人民大学
　　　　　北京语言大学
　　　　　北京第二外国语学院
　　　　　四川外国语学院英语学院
　　　　　北京外国语大学中文学院

总 主 编　乐黛云　杨慧林

学术委员会
　　　　　乐黛云　杨慧林　饶芃子　严绍璗　曹顺庆　谢天振　钱林森
　　　　　王　宁　叶舒宪　陈跃红　高旭东　张文定　刘小枫

主　　编　陈跃红　张　辉
副 主 编　张　冰　张　华

编辑委员会
　　　　　陈跃红　程爱民　耿幼壮　胡继华　刘耘华　秦立彦　宋炳辉
　　　　　魏崇新　王柯平　王宇根　徐新建　张　冰　张　华　张　辉
　　　　　张　沛　张旭春

海 外 编 委
　　　　　Rodulf G. Wagner（海德堡大学）　Haun Saussy（芝加哥大学）
　　　　　David Jasper（格拉斯哥大学）　Federico Masini（罗马智慧大学）
　　　　　Galin Tihanov（伦敦大学）

编辑部主任　张　冰
编　　辑　黄瑞明　初艳红　雷　鸣　王晨晨　蒋思婷　余静远

目 录

编者的话 ······ 陈跃红　张　辉（1）

学术焦点

叙述的符号学研究：主持人语 ······ 赵毅衡（1）
论小说人物与叙述者的复杂关系 ······ 谭光辉（2）
讲故事的人：《紫色》中私下声音的权威 ······ 方小莉（10）
论交流渠道与情感状态：以演示性叙述为例 ······ 胡一伟（20）
论人类共相 ······ 赵毅衡（29）

批评空间

Henry James's International Theme:
　　Its Relevance to China in the Twenty-first Century ······ Paula Marantz Cohen（39）
亨利·詹姆斯和美国 ······ 毛　亮（47）
博尔赫斯的"庄周梦蝶"
　　——一个西方人的"中国梦"分析 ······ 周荣胜（60）
上帝存在的文学理由
　　——读《上帝存在的36个理由：虚构作品》 ······ 刘建华（73）

异邦新声

米哈伊尔·巴赫金与米歇尔·福柯：
　　在"话语"概念的源头 ······ В.И.秋帕　著　段丽君　译（90）
现代化话语中的世界主义：
　　两种启蒙的观点 ······ G.提哈诺夫　著　刘梦诗　译（96）

青年园地

Things Being What They Are Not: A Baroque Way of Looking ······ 陈广琛（107）

庞德的自由诗实践
　　——以《神州集》为例 …………………………………………… 王晨晨(124)

学术动态

"中国比较文学终身成就奖"颁奖典礼在川大隆重举行(132)/"学术期刊、社团与比较文学的未来"——庆祝《中国比较文学》创刊百期暨上海市比较文学研究会成立30周年学术研讨会纪要　梁新君(137)/"比较文学与世界文学学术讲座"第二十二至二十六讲纪要　王晨晨(139)/"比较诗学与比较文化丛书"第二次编纂讨论会综述　吴佩烔(144)/马克思主义与世界文学学术研讨会暨国家社科基金重大招标项目开题报告会在北京举行　刘华初(146)

新书快递

全面、独到的莱蒙托夫研究专著
　　——读顾蕴璞教授的《莱蒙托夫研究》 ………………………… 曾思艺(149)
刍议阿拉伯文学的平行研究实践
　　——以《中国文学与阿拉伯文学比较研究》为例 ……………… 马　征(152)

稿约

《比较文学与世界文学(中国比较文学学会学术集刊)》稿件体例 ……………(160)

Contents

Preface .... (1)

Prologue of the Section Editor .... Zhao Yiheng (1)
On the Complex Relationships between
    Characters and Narrators in Fictions .... Tan Guanghui (2)
The Story Teller: The Authority of
    Private Voice in *The Color Purple* .... Fang Xiaoli (10)
On the Communication Channel and the Emotional State:
    Taking the Performance as an Example .... Hu Yiwei (20)
On Human Universals .... Zhao Yiheng (29)

Henry Jame's International Theme: Its Relevance to
    China in the Twenty-first Century ...... Paula Marantz Cohen (39)
Henry James and America .... Mao Liang (47)
Zhuang Zi's Butterfly Dream in Borges' Texts ...... Zhou Rongsheng (60)
The Argument from Literature for the Existence of God: Reading
    36 Arguments for the Existence of God: A Work of Fiction ...... Liu Jianhua (73)

Mikhail Bakhtin and Michel Foucault: At the Source of the
    Concept of "Discourse" .... В. И. Тюпа (90)
Cosmopolitanism in the Discursive Landscape of Modernity:
    Two Enlightenment Articulations .... Galin Tihanov (96)

Things Being What They Are Not:
    A Baroque Way of Looking .... Chen Guangchen (107)
Ezra Pound's Practical Attempt of Verslibre:
    Taking *Cathay* as an Example .... Wang Chenchen (124)

Information .... (132)

Book Reviews

A Comprehensive and Unique Study of Lermontov:
    Professor Gu Yunpu's *On Lermontov* .... Zeng Siyi (149)

The Practice of Parallel Study of Arabic Literature: *A Comparative Study of Chinese Literature and Arabic Literature* .... Ma Zheng (152)

Call for Papers .... Editorial Board (160)

编者的话

陈跃红　张　辉

2015年,是中国比较文学发展史上非常值得纪念的一年。

中国比较文学学会1985年在深圳成立,今年迎来而立之年。为了表彰和感谢老一辈比较文学学人所作出的卓越贡献,中国比较文学学会于仲春之月在四川大学文学与新闻学院举行了隆重的"中国比较文学终身成就奖"颁奖典礼。乐黛云、饶芃子、陈惇、孙景尧、严绍璗、谢天振、刘象愚、钱林森、孟华等9位杰出的比较文学学者获此殊荣。

不久之后的孟春五月,全国各地的比较文学学者又齐聚上海外国语大学,参加了"学术期刊、社团与比较文学的未来——庆祝《中国比较文学》创刊百期暨上海市比较文学研究会成立30周年学术研讨会"。

据悉,今年金秋,1985年由中华人民共和国教育部批准成立的中国第一所比较文学研究机构——北京大学比较文学与比较文化研究所——也将迎来三十岁生日。届时该所将与意大利威尼斯大学联合举办国际学术研讨会并举行庆祝活动。

在密切关注比较文学学术动态的同时,本期《比较文学与世界文学》特别邀请赵毅衡教授主持了"叙述的符号学研究"专栏。从符号学出发,提出一般叙述学的可能课题,并将符号研究与叙述研究结合起来,不仅可以拓展和勾连两个似乎分治的学科领域,而且也将有利于我们更好地理解"人类共同的本能意义方式"。比较研究,善于甚至执着于"打通"的特性,于此又见一斑。

而"打通"并不仅仅是方法学意义上的。从亨利·詹姆斯的美国主题(毛亮)到他的国际主题(P. M. Cohen),从博尔赫斯的"庄周梦蝶"(周荣胜)到庞德的自由诗实践(王晨晨),从上帝存在的文学理由(刘建华)到现代主义话语中的世界主义(G. Tihanov)……这些看起来似乎风马牛不相干的题目,细致想来,却既是"打通"的努力,也是对"人类共相"(赵毅衡)的探究、反思或质疑。

无论我们是特殊主义者,强调民族立场与地方性;还是我们是普遍主义者,主张康德意义上的"共通感"甚至"永久和平",作为比较学人,有一点是完全确定的,我们认识文学现象、认识符号与实存世界的参照系,永远"大于一"。是的,这是比较文学学科的特性,甚至也是人文学的基本前提。也或许正是在这个意义上,比较文学才当之无愧地乃是美国学者苏源熙(Haun Saussy)所比喻的"第一小提琴"。

当然,做好"第一小提琴",并不轻松。"青年园地"中陈广琛的论文题目 Things Being What They Are Not,多少具有隐喻性。以巴洛克的方式"观看",以"大于一"的逻辑运思,以比较的思维让一个一个"是"遭遇"他者",这也许就是比较文学的使命? 就是比较文学的魅力之所在?

在这个回顾与前瞻之年,让我们携手共勉。

> 学术焦点

叙述的符号学研究：主持人语

赵毅衡
（四川大学符号学—传媒学研究所所长）

　　叙述，就是包含情节的符号文本，是人组织个人生存经验和社会文化经验的普遍方式。各种符号，都可以用来叙述。近年学界注意到叙述研究的普遍性问题，各种叙述研究迫切需要一个共同的理论基础：要了解几乎毫无共同点的叙述（例如一段法庭庭辩与一段白日梦）必须找出共同点才能理解个别性。当代许多新的叙述体裁（例如电子游戏、人工叙述智能）近年演变太快，找出广义的符号叙述学底线原则，成为唯一能跟上其发展的方式。

　　符号学界很早觉察到一般叙述研究是符号学应当承担的任务：格雷马斯与库尔泰等人早在七十年代初就已经尝试建立一般叙述语法。利科对叙述中的时间性的研究，丹图对叙述与认识能力的研究，试图从哲学上处理叙述的一般规律。叙述学界也明白这个问题：巴尔很早指出有两种叙述学，"文学叙述学属于诗学，非文学叙述学属于文本学"；里蒙-基南认为准确的说法应当是"非文学叙述学属于符号学"；恰特曼则指出，要说清小说与电影的异同，只有依靠一种"一般叙述学"。中国学者也开辟了叙述学的一系列新阵地：例如青铜器铭文与图案叙述，《礼记》建筑叙事、牌坊叙事、谶纬叙事等，梦叙述等等。一门广义的符号叙述学已经呼之欲出。但是欧美所谓"新叙述学"或"后经典叙述学"，至今以小说为中心，只是在与小说的比较中处理各种非小说叙述体裁，这样的自限，反而不能进一步推进叙述学对小说的穿透力。

　　因此，我们编辑了这一集《叙述的符号学研究》专辑，从符号学出发，提出一般叙述学的几个可能的出发性课题，研究叙述的一些基本形态，如何在各种体裁中出现可能的变形。谭光辉的论文《论小说人物与叙述者的复杂关系》，处理了小说人物主体的作用这个一般叙述学不太讨论的课题；方小莉的《讲故事的人：〈紫色〉中私下声音的权威》则从符号与自我的关系，讨论叙述声音的文化权利问题；而胡一伟的《论交流渠道与情感状态：以演示性叙述为例》，则扩展了叙述学的覆盖范围，西方叙述学认为戏剧即其他演示并非叙述体裁。拙作《论人类共相》，试图说明使用符号与使用叙述，二者本来就是结合在一起的，是人类共同的本能意义方式。

论小说人物与叙述者的复杂关系

谭光辉

【内容提要】 小说人物与叙述者之间有着复杂的关系。小说叙述者控制着整个叙述，创造了人物。不论哪个人称的叙述者，本质上都是全知的。但是为了逼真性等特殊表达效果的需要，他伪装成限知的。他常附体于人物，将其伪装成视角人物、叙述者或受述者。人物不但承担了自身的人格化功能，还必须分裂出一个叙述功能。他不但叙述其他人物，还用行动叙述了叙述者。在开放的文本观念中，叙述框架中的所有人格化组件，都在叙述叙述者，这就使叙述者的概念从狭义走向了广义。

【关键词】 小说人物 功能叙述者

On the Complex Relationships between Characters and Narrators in Fictions

【Abstract】 There are complex relationships between characters and narrators in fictions. The narrator controlled the whole narrative and created characters. The narrator in every person is omniscient in essence. But for the demands of verisimilitude or other special effects of expression, he disguised to be limited. He always appended on the characters, and disguised them into perspective roles, narrators or narratees. The character not only undertook the function of personalization, but also split a function of narration. He not only narrated other characters, but also narrated the narrator with his activity. In the open idea of text, all the personalized components in the narrative frame are narrating the narrators, and so the concept of narrator goes from the narrowed meaning to the widened meaning.

【Key Words】 Fiction Characters Function Narrator

一、人物的功能与人格

　　小说人物的复杂性，不仅在于他是叙述者的主要目标之一，具有最丰富的人格特征，更在于他也是叙述框架的一部分。他要分裂出数个功能，随时听候叙述者的调遣，以便叙述者完成叙述任务。在第二人称小说中，他还要分裂出一个受述者功能，去倾听叙述者喋喋不休的讲述。人物身上承担的任务，比叙述框架中的任何一个组件都要多。叙述者，这个对几乎从不在文本中现身的叙述框架之叙述功能的形象化称呼，经常附身于一个人物，有时将其伪装成视角人物，有时将其伪装成叙述者，有时将其伪装成受述者。叙述者对人物的伪装，常常让批评家误判人物的身份，有时把他判为叙述者，有时把他判为视角人物，有时把他判为受述者,人物分析的重点,也逐渐偏向他被借用的这一功能,而人物的人格部分,反而受到一定程度的忽略。造成这一现象的责任,常被推诿给持功能主义人物观的批评家们。

功能主义人物论研究的重点,是"'作为叙述的参与者是如何在叙述的生成中发挥自身的作用',即'人物为叙述服务'的问题"①。从俄国形式主义对人物功能的重视开始,人物不再被单纯地视为性格、心理层面的人格,也被视为完成叙述任务的功能,直到普罗普在《故事形态学》中将人物的功能提炼成 31 种。在功能主义人物观的启发下,人物功能论逐渐走向泛化。从中国近 30 年来发表的学术论文来看,仅标题出现对人物进行功能分析的文章就有上百篇,其中有关人物的专门功能的命名就有:政治功能、社会功能、对话功能、人际功能、符号传播功能、权力关系功能、喜剧功能、系统功能、叙事功能、文本功能、救赎功能、概念功能、剧作功能、狂欢化功能、结束功能、文学功能、艺术功能、角色功能、视角功能、结构间架功能,等等。泛化的功能讨论并非无益,而是过于注重这种泛化的讨论不仅使问题变得越来越复杂,而且常常导致人物的功能特征与人格特征界线模糊,将叙述意图与人物的功能混淆。为使问题简化清晰,本文建议对人物的讨论只从叙述功能和人格特征两方面着手。

普罗普的《故事形态学》的重要意义,正是深刻地论证了人物的功能和人格特征、行动的辩证关系。普罗普不仅发现了所谓的神奇故事的叙述模式,而且发现了在故事中,角色其实是为了完成某个叙述任务而设置的。故事有一个固定的功能结构,每个位置代表了一个结构意义,只要角色(人物)处在这个位置上,他叫什么名字是什么身份不重要,他的位置决定了他的性质。"故事常常将相同的行动分派给不同的人物。这就使我们有可能根据角色的功能来研究故事。""故事里的人物无论多么千姿百态,但常常做着同样的事情。功能的实现方法可以变化,它是可变的因素。……但功能本身是不变的因素。"②仅从这个意义上观察,人物的性格属性就让位于功能属性。但是普罗普在定义"功能"的时候并没有将它的意义扩大化,他用着重号、黑体字强调了这一定义的适用范围:"功能指的是从其对于行动过程意义角度定义的角色行为。"③就是说,这一分析方式,只适用于分析"行动过程意义",并不适用于分析性格或其他。另一个值得注意的问题是,普罗普在书中并没有将这一研究模式用于一切故事,而是仅仅用于分析"神奇故事",从书名到内容均是如此。普罗普的《故事形态学》本名《神奇故事形态学》。它旨在阐述民间神奇故事的结构形态"④。他对角色的功能作了如下四点阐述:"一、角色的功能充当了故事的稳定不变因素,它们不依赖于由谁来完成以及怎样完成。它们构成了故事的基本组成部分。二、神奇故事已知的功能项是有限的。……三、功能项的排列顺序永远是同一的。……四、所有神奇故事按其构成都是同一类型。"⑤可以毫不夸张地说,这一研究发现奠定了小说作品结构主义研究的基础和信心。小说中的任何人物,都必然是一体数面的,他的作用和意义是多重的,他到底是哪一个作用或意义,取决于我们的阐释角度。阐释角度决定了阐释意义的走向。普罗普的角度,是处理人物与人物之间

---

① 卢普玲:《论人物在叙事学研究中的功能性意义》,《江西社会科学》,2010 年,第 4 期。
② 弗拉基米尔·雅可夫列维奇·普罗普:《故事形态学》,贾放译,北京:中华书局,2006 年,第 17 页。
③ 同上书,第 18 页。
④ 伏飞雄:《利科与普罗普》,《符号与传媒》,2011 年,第 3 辑。
⑤ 弗拉基米尔·雅可夫列维奇·普罗普:《故事形态学》,贾放译,北京:中华书局,2006 年,第 18—20 页。

的关系的角度。以他列举的前四个功能为例:"一、一位家庭成员离家外出(定义:外出)""二、对主人公下一道禁令(定义:禁止)""三、打破禁令(定义:破禁)""四、对头试图刺探消息(定义:刺探)"①这几个功能项,都指向故事中人物之间的关系。虽然普罗普没有解决人物层与叙述层之间的关系问题,但是功能分析方法仍然给我们以强烈的启示意义。最重要的一点是,人物层与叙述层之间,也存在一种互动性的功能关系,因为从叙述学的角度观察,任何人物都既是叙述者叙述的对象,也协助叙述者完成对其他人物的叙述,同时他还通过自身的行动叙述了叙述者。对人物的功能分析,就是对叙述者的分析。依照普罗普的结论"所有神奇故事按其构成都是同一类型",我们进一步得出的结论就是:所有神奇故事都有同一个类型的叙述者。

二、人物如何协助叙述者?

叙述者是一个"千面叙述者"②,因为叙述者是一个抽象的概括,从来就没有一个固定的形态。他不是一个形象,也不是一个人物,而是一个功能,叙述者只是对这个功能的形象化的称呼。为了描述叙述者,赵毅衡用了"框架"一词,构成框架的组件,可以是叙述过程中可能涉及的一切要素。用一个形象的比喻,叙述者就像叙述过程中无处不在的幽灵,他控制着一切,却无法现身。虽然无法现身,他却可以"附体",不断借用其他人格化组件发声,或者躲在框架的深处发号施令。叙述者无法被看见,却可以通过声音被推断出来。被推断出来的叙述功能,我们将其称为"叙述者";被推断出来的人格,我们将其称为"隐含作者"。叙述者可以叙述文中的一切,只有不能叙述自己。

与叙述者不能叙述自己一样,小说人物也不可能完全叙述自己。但是人物可以叙述另外的人物,他还可以叙述自己作为"非叙述功能"的部分。这一点叙述者做不到,因为叙述者除了叙述功能,没有其他功能,除去作为叙述功能的部分,没有可述之处。除了"元小说"的叙述者可以把叙述功能进行部分展示之外,其他叙述者都不可能将自身展示出来。人物的叙述功能还远远不止于讲述,他的各种感觉器官和表达器官都可能被叙述者借用。

从理论上讲,所有虚构叙述的叙述者,必然被理解为全知的,不然读者不可能相信他能告诉我们任何实在世界之外的故事。所有纪实叙述的叙述者,必然被理解为限知的,不然该叙述者就不可能被还原为一个实在世界的人格,我们就不可能相信这个叙述的纪实体裁。所以,虚构叙述的叙述者必须被理解为虚构;纪实叙述的叙述者必须被理解为实在。虚构的叙述者全知,实在的叙述者限知。博尼策在谈这个问题的时候左右摇摆。他引述了萨特《什么是文学?》的例子之后得出结论:"从这个例子,可以很清楚地区分讲故事的人(全知的人)与叙述者(他只知道一部分事实)。"③他大概是弄反了,讲故事的人在实在世界,而实在世界没有人能够是全知的;叙述者在虚构世界,他可以被理解为全知的。问题也许出在概念理解

---

① 弗拉基米尔·雅可夫列维奇·普罗普:《故事形态学》,贾放译,北京:中华书局,2006年,第24—26页。
② 赵毅衡:《第三人称叙述者何处寻?》,《叙事研究前沿》,2014年,第1辑。
③ 帕斯卡尔·博尼策:《也许并没有故事:埃里克·侯麦和他的电影》,上海:上海人民出版社,2008年,第29页。

上,他说的"讲故事的人"大概才是真正的叙述者,而他说的"叙述者"大概就是那个伪装在作纪实叙述的"傀儡叙述者"。所以,他紧接着又说:"叙述是无人称的,无论证的,它仅依据想象者的法则和全能者的奇思。"①看来最终他还是又回到了正题。综上,虚构叙述采用限知视角,目的是伪装成纪实叙述的体裁,增强虚构叙述的真实感。为了达到这个目的,虚构叙述只能借用人物的感官。这种情况在各种人称的叙述中都可能发生。

严格的第一人称叙述必须借用人物"我"的感官,凡是人物"我"不能感知的,都不能叙述,即使叙述者有叙述这些部分的冲动。帕慕克的小说《我的名字叫红》,用了20个人物讲故事,每个人物只讲述自己能够观察到和想到的部分。虽然叙述者知道一切,但是他严格地让每一个人物不去讲述他不能感知的部分。这部小说的叙述者,不但借用了人物的感官,还借用了人物的声音。所有人物的感知和叙述加起来,就是叙述者知道的一切。事实上,叙述者要知道得更多。我们可以明显地感觉到,《我的名字叫红》的叙述者有强烈的叙述欲望,他恨不得让所有人都为他说话,也恨不得再创造无数的人物说出他们知道的一切。不过,这个叙述者也知道节制,他把他知道而没有讲出来的部分,留给了读者。有些第一人称叙述处理不当,讲述作为视角人物的"我"不应该感知到的,就会使叙述显得不具内部真实性。例如徐景洲批评余秋雨散文集《霜冷长河》中的《垂钓》,说该文用了第一人称叙述,却对两位垂钓老人的心理活动大加揣测,写到"我们发现,端坐着一胖一瘦两个垂钓的老人"时,散文有一段文字作如下描写:

奇怪的是,只离他两米之远的瘦老人却纹丝不动。**为什么一条鱼也不上他的钩呢**?**正纳闷**,水波轻轻一动,他缓缓起竿,没有鱼,但一看钓钩却硕大无比,**原来只想钓大鱼**。**在他眼中**,胖老人忙忙碌碌地钓起那一堆大鱼,根本是在糟践钓鱼者的取舍标准和堂皇形象。……

徐景洲批评说:"仅仅凭一时的旁观印象,就来臆测二位老人的心态,并从'全知全能'的角度进行'如实地叙述',显然失之于虚假而缺乏起码的真实感了。"②原因很简单,这篇散文的视角人物是"我",而不是老人,"我"不可能知道老人的想法。这种"败笔"其实正是我们窥探并区别第一人称叙述中的人物、视角人物与叙述者的好机会。叙述者可以叙述一切,然而人物不可以。凡是不能全知的叙述者,都是被叙述者借用的人物。《垂钓》彰显的问题,就是叙述者借用了人物"我"的眼睛观察(限知),但又没有忠于他,叙述声音来自于框架叙述者(全知),让读者感觉到叙述声音源头与观察者不是同一个人而失真。在阅读常规中,第一人称纪实叙述必须被理解为这样一种程式:人物我、观察者我、叙述者我三者,必须被自然化地理解为有人格上的延续性或关联性。

第一人称叙述必然要用到人物"我"的视角,但是因为叙述者也是"我",就让叙述者视角和人物视角很难区分。申丹将这两个部分总结为"叙述自我"和"经验自我",她认为第一人称回顾性叙述的叙述视角有时是叙述自我的,有时是经验自我的,但是"第一人称叙述者对

---

① 帕斯卡尔·博尼策:《也许并没有故事:埃里克·候麦和他的电影》,上海:上海人民出版社,2008年,第30页。
② 徐景洲:《第一人称叙述的失误——评余秋雨散文〈垂钓〉》,《阅读与写作》,1999年,第9期。

往事的回忆本身具有视角性质,它不仅构成一种观察角度,而且构成这种叙述模式中的常规视角"①。即是说,叙述自我的视角是常规视角,而使用经验自我的视角会造成一种特殊的修辞效果。用本文的术语来分析,最终结论可能差不多,但是可能会使问题变得相对简单。第一人称叙述的叙述者,从本质上来讲仍然必须是全知的。为了造成逼真感,他唯一可行的方式就是借用人物"我"的视角,让人物"我"成为视角人物。第一人称回顾性叙述视角,事实上包含了两个叙述层次,第一个层次是叙述者叙述"正在回忆的我",第二个层次是"正在回忆的我"叙述"被回忆的我",而这两个"我",其实都是人物。申丹的结论是正确的,但是她也存在一个叙述学界普遍存在的操作方式,把作为视角人物的"我"界定为叙述者。事实上,多数学者都知道在这个本为视角人物的"叙述者"背后还有一个更大的叙述者,但都简单地冠以"总叙述者"之名含混地一带而过。从本质上讲,第一人称回顾性视角与第三人称限知叙述视角并没有本质上的差异,但是因为第一人称回顾性视角中的视角人物与真正的叙述者之间人称指代上的含混性,使得视角的归属问题更加不清楚,于是就产生了视角人物和叙述者同一的假象,所以才会产生特殊的表达效果。

第三人称小说的叙述者也常常会用人物作为观察者,这种现象被称为"第三人称限知视角"。这种情况在中国古代小说中很常见。研究者发现,中国古代小说,特别是魏晋志怪小说、唐传奇、文言笔记小说常用隐身的限知叙述视角叙述,后来发展成一种模式,"凡写个人经历的怪异之事,多采用人物单一视角,在全知叙述中包含了局部的人物限知视角。"②例如《三国演义》中关羽温酒斩华雄一段,就很典型:

> 众人视之,见其人身长九尺五寸,丹凤眼,卧蚕眉,面如重枣,声似巨钟,立于账前。……出账提刀,飞身上马。众诸侯听得寨外鼓声大震,喊声大举,如天摧地塌,岳撼山崩。

这一段用"视之"和"听得"引领,描述"众人"的所见所闻,视角自然转向了"众人",但又不是由"众人"叙述出来的,隐身叙述者借用了"众人"的感知,但是却用了一个隐身的叙述者,叙述声音来自框架的背景深处,声音源头消失在框架之中。在现代小说中,第三人称限知叙述视角越来越多,申丹认为原因有二:"20世纪以来,随着共同标准的消失,**展示人物自我**这一需要的增强,以及对**逼真性**的追求,传统的全知叙述逐渐让位于采用人物眼光聚焦的第三人称有限视角叙述。"③其实第三人称限知视角是一个从古到今普遍存在的叙述方式,只不过一直没有成为整个文本的叙述视角从而受到重视罢了。除了申丹说的这两点,这种视角至少还有增强叙述悬念的作用,特别是在侦探小说中。

故事中的任何人物,对非涉己部分的他者故事的转述,都是第三人称限知叙述。就是说,只要是"故事中套故事",故事中的人物讲见闻,只要不用第一人称,都可以视为限知视角。石玉昆《七侠五义》第十一回"审叶阡儿包公断案,遇杨婆子侠客挥金",小偷叶阡儿受审招供去白员外家行窃的过程,同时交待他行窃时看见玉蕊与主管白安私会。对自己行窃部

---

① 申丹:《论第一人称叙述与第三人称有限视角叙述在视角上的差异》,《外国文学评论》,1996年,第2期。
② 丁琴海:《中国史传叙事研究》,北京:国际文化出版公司,2002年,第219页。
③ 申丹:《论第一人称叙述与第三人称有限视角叙述在视角上的差异》,《外国文学评论》,1996年,第2期。

分的叙述，是第一人称，同时叙述的他看到的白安偷情的故事，就是第三人称限知叙述。任何第一人称小说，也都不可避免地要使用第三人称叙述，因为小说不可能只讲"我"的故事，一定还会讲"我"观察到的别人的故事。一旦讲"他"的故事，就必然是第三人称限知叙述。但是，这两种叙述方式，因为观察者和叙述者被自然地理解为同一个人，视角人物和叙述者没有被分开来看，所以就没有被传统叙述学理解为一种视角。人们对第三人称限知叙述视角的理解，仅限于用一个人物作为观察者，而用另一个叙述者的声音叙述的方式。

如果故事中的人物讲故事用了全知视角，他讲的故事就会显得不真实，其他人物就不会相信故事的纪实性。鲁迅在《中国小说史略》中提到纪昀对《聊斋志异》的批评意见，其中第二点是"描写太详"，鲁迅解释道："这是说他的作品是述他人的事迹的，而每每过于曲尽细微，非自己不能知道，其中有许多事，本人未必肯说，作者何从知之？"①纪昀的批评其实并无多少道理，他把作者当作了叙述者，并进一步把叙述者看作了人物。但是这个批评却暴露出一个显而易见的道理：全知叙述视角必然牺牲真实感或纪实性。叙述者只有附身于人物，才能掩盖他虚构的面目。

第二人称叙述在大多数时候也必须部分借用人物的感知，不然也会造成不真实感。因为第二人称叙述讲的是"你"的行动，所以人物"你"自然必须经历了大部分故事，仿佛这些故事不是你观察到的，而是"你"做了而由叙述者"我"观察到的一样，视角人物是叙述者。但因为人物"你"的牵制，第二人称叙述的叙述者也是受限的，他不能离开人物"你"太远。叙述者与"你"的距离，被限制在"你"能够听到叙述者的声音的范围内。只要在这个范围内，叙述者可以去观察人物没有观察到的部分。法国作家米歇尔·布托尔的《变》是第二人称叙述中比较成功和成熟的小说，小说一开始就显得与众不同：

你把左脚踩在门槛的铜凹槽上，用右肩顶开滑动门，试图再推开一些，但无济于事。

这时，作为视角人物的叙述者只能描写人物"你"的动作，离人物很近。一旦描写人物"你"的感觉时，就只能借用"你"的感官：

你把皮箱举起来，**感到**身上的肌肉和筋腱都鼓了起来，指骨、手心、手腕、胳膊莫不如此，还有肩膀，还有整个后半背，还有脊椎，从颈部到腰部都是如此。

既然是"你"的感觉，"我"又如何能够知道？这证明第二人称叙述的叙述者是全知的。但他同时又是受限的。在描写其他人物的时候，视角人物又必须离开"你"的视线，自己观察，但距离不会太远：

在车窗另一侧的长椅上独自坐着一个教士，他三十岁上下，已经有些发胖，……而你正艰难地往上举你自己的行李，就好象可笑的江湖大力士抓住圆环举起沉甸甸的空心铸铁块一样。

"你"正在放行李，不可能看到坐在车窗另一侧的人，而叙述者却对这个人进行了详细的描述，所以这一段描写就不是"你"观察到的。有一种变体的第二人称小说，"你"既不是故事

---

① 鲁迅：《中国小说史略》，北京：人民文学出版社，2006年，第342页。

的人物,也不是视角人物,只是单纯地作为倾听故事的受述者。博尔赫斯的小说《玫瑰色街角的人》是典型的例子。小说只在开头部分两次提到"您":"想想看,您走过来,在所有的人中间,独独向我打听那个已故的弗兰西斯科·雷亚尔的事","当然,您不是那种认为名声有多么了不起的人",然后在结尾的时候又提了一次:"让我告诉您吧,我一看见,急忙向前走去。""您"除了做听众之外,几乎没有其他功能。但是因为"您"是主动向"我"打听,有一个小小的行动,所以在超叙述层,又是一个人物。这个人物唯一的功能,就是做一个伪装的受述者。这一情况类似于中国古代小说中的"看官"或现代小说中的"读者",除了这个称呼,没有任何动作,他的唯一功能就是"听"。

费伦以穆尔的第二人称小说《如何》为例说明修辞理论的叙事读者概念和叙事学的受述者概念"不是冲突的,而是互补的"①,事实上指出了作为框架的受述者与隐含读者的一体两面性。在讨论过程中,费伦认为:"就穆尔的文本而言,'你是谁?'这一问题也不是可以清楚简单地加以回答的。"②其实问题的真正难点,可能在于如何确定观察者的位置。观察者到底是人物"你"还是叙述者"我",抑或是受述者"你"? 桂裕芳在《变》的《译后记》中谈到对"你"的感觉:"这个'你'好比是一种邀请,使读者置身于小说之中,与主人公同呼吸,共命运,这个'你'也好比是种命令或指责,要主人公去回想不愿重提的往事,从而有所觉醒。"③

我们首先必须明确的是,第二人称叙述中的"你"必须首先是一个人物,因为人称从本质上讲,一定是叙述者对人物的指称。叙述者和受述者处于叙述层,人物处于被叙述层,因此这个"你"不是受述者。因叙述者对受述者的指称也只能是"你",所以"你"就是一个伪装的受述者,叙述者借用了人物"你"的耳朵,把他伪装成了听众。桂裕芳的感觉是对的,这个"你"只是一种邀请,受述者不能真正进入被叙述层。即是说,第二人称叙述的视角不可能是受述者的视角,但会造成受述者为观察者的假象。如果这个"你"好比命令或指责,那么视角就是叙述者的,观察者就是叙述者。桂裕芳的第二个感觉也是对的,第二人称叙述的观察者,主要是叙述者。但是叙述者会不断借用人物"你"的感知,去叙述人物"你"的观察内容,如上文所举的《变》的第二个例子那样。借用人物感知的目的是为了使叙述显得"逼真",所以这个例子的视角也是假象。

归根结底,所有叙述文本的视角,从本质上讲都是叙述者的。人物的视角,都是为了协助叙述者叙述。同样的道理,任何人物的声音,本质上也都是叙述者的声音,"借人物之口",说出的都是叙述者想说的话。虚构文本中的任何表述,都来自叙述者。人物是叙述者创造的,叙述者想借用他的任何部分,他都没有办法拒绝。

三、人物如何叙述叙述者?

叙述者不能自述,那么由谁来叙述叙述者? 这个问题看似简单,其实相当复杂。从叙述学

---

① 詹姆斯·费伦:《作为修辞的叙事:技巧、读者、伦理、意识形态》,陈永国译,北京:北京大学出版社,2002年,第107页。
② 同上书,第109页。
③ 桂裕芳:《译后记》,米歇尔·布托尔:《变》,桂裕芳译,北京:外国文学出版社,1983年,第240页。

的角度讲,作者是不能发声的,他不可能叙述叙述者。隐含作者和叙述者是一体两面,同为抽象的概念,因此也不可能叙述叙述者。读者的解释不可能在文本中显现,所以仍然不能叙述叙述者。在我们能够表象的形象中,只有文本可以叙述叙述者。文本的核心对象是人物,所以人物可以叙述叙述者。这样分析,问题似乎已经清楚,但是问题可能反而因此变得更复杂。

按照洛特曼的文本理论,"文本和它的读者处于互动关系中","文本选择了它自身的读者,创造了与自己形象一致或相似的读者","文本在塑造着读者,读者也塑造着文本。"①文本和读者之间有一种互动关系,读者积极地参与了文本的创造。同样的道理,洛特曼认为文本在作者那里也永远处于一种"未完成"的状态。然而文本最终还是作者的创造物。"由于文本的多语性和相互之间的不可译性,它可以引发连绵不绝的阐释,生成大量新的文本。"②洛特曼开放的文本观念让我们必须重新面对文本与叙述者之间的关系。

简单地说,开放的文本观念并不仅仅指我们能够看见或听见的叙述者的声音部分,它至少还应包括赵毅衡定义的"伴随文本"的全部内涵,因为"每一个符号文本都靠一批伴随文本支撑才成为文本。没有伴随文本的支持,文本就落在真空中,看起来实实在在的文本,会变成幻影,无法成立,也无法理解"③。除此之外,还必须考虑作者和读者因素对文本的塑造和解释的一切因素。萨特也说:"人们提供给读者的故事的主要特征是它已被思考过,即它已经归档、整理、去掉了累赘、变得一清二楚,或者不如说它只以人们事后对它形成的想法的形式交付给读者。"④因此,文本就不能再被理解为一个单纯的符号组合,而应被理解为一个文化集合。我们把叙述者理解为一个文化指令集合、一个对叙述文本的声音源头的抽象、一个对叙述功能的形象概括,他创造了叙述文本。所以,任何单纯的个体存在都没有能力塑造这个叙述者,也没有任何单纯个体的声音能够叙述出这个叙述者。有了开放的文本观念之后,我们就可以对此问题做一个简单的回答:只有这个开放的文本,才有能力叙述那个令人捉摸不透的叙述者。

现在让我们回到对普罗普的讨论。在普罗普的理论中,"'人物'这个概念已经被行使某类行为的'角色'这个概念所替代。它是对以相同或不同方式、从事相同或类似行为,以求达到某种目的的,具有不同名称、外貌的人物的抽象与置换"⑤。简单地说,人物通过"行动"显示了叙述动作与叙述程式。角色是对人物行动的抽象与置换。同样,叙述者就是对叙述动作的抽象与置换。因为人物的行动显现了角色,角色显现了叙述动作,叙述动作显现了叙述者,所以人物就通过行动显现了叙述者。在作为文化集合的开放文本中,构成文本的组件已不仅限于叙述文本内部的人物,它至少还包括具有人格特征的作者、读者,甚至可以包括伴随文本中具有人格化特征的任何部分。这些人格部件的任何行动,都或隐或显地、以某种特定的方式叙述着叙述者。这其中复杂的叙述与被叙述关系,需要叙述学家们不懈地去发现和论述。

作者简介:谭光辉,文学博士,四川师范大学文学院教授,硕士生导师。

---

① 尤里·M.洛特曼:《文本运动过程——从作者到读者,从作者到文本》,彭佳译,《符号与传媒》,2011年,第3辑。
② 彭佳:《另一种文本中心——回应尤里·洛特曼的文本观》,《符号与传媒》,2011年,第3辑。
③ 赵毅衡:《符号学》,南京:南京大学出版社,2012年,第152页。
④ 萨特:《什么是文学?》,《萨特读本》,沈志明等译,北京:人民文学出版社,2012年,第425页。
⑤ 伏飞雄:《利科与普罗普》,《符号与传媒》,2011年,第3辑。

讲故事的人:《紫色》中私下声音的权威[①]

方小莉

【内容提要】 本文主要讨论了艾丽斯·沃克的《紫色》中黑人女性私下声音的权威。沃克通过直接引语的缺失,让小说中的黑人女性叙述者完全掌控了声音的权力;小说中的人物也以声音作为武器向读者展示了黑人女性的声音的力量。同时,通过受述者的不断变化,《紫色》中的声音逐渐由私下走向公开。沃克以书信体小说这种私下形式,却利用小说这种公开发表的文学形式,让黑人女性的声音走向公众。在私下声音形式的掩护下,沃克让黑人女性成功地参与了男性的社会话语权威建构。

【关键词】 艾丽斯·沃克 《紫色》 私下的声音 声音的权威

The Story Teller: The Authority of Private Voice in *The Color Purple*

【Abstract】 This essay aims to explore the authority of black women's private voice in Alice Walker's *The Color Purple*. Through the absence of the direct speech, the narrator, Celie, takes full control of the power of narrative voice in the novel. As the protagonist, Celie, also takes voice as weapon to show how powerful black women are. Meanwhile the shift of the narratees in the text shows the voice of black women develops from private space to the public sphere. Black women are talking to the public and joining the social construction of the authority of discourse under the mask of the private epistolary novel.

【Key Words】 Alice Walker *The Color Purple* Private Voice Authority of Voice

艾丽斯·沃克是非裔美国文学史上首位获得普利策文学奖的黑人女性小说家。沃克在文学史上之所以能够取得如此重要的地位,毫无疑问取决于她的第三部作品《紫色》。沃克凭借该作品不仅获得了普利策文学奖,收获了当年的国家图书奖,同时也大大提升了自己在美国文学界的地位,从此进入了经典行列。

《紫色》无疑是 20 世纪最有名的文学作品之一。它的闻名不仅是因为沃克继承了非裔女性传统,成功塑造了非裔美国文学史上又一位光辉的黑人女性形象[②];同时也因为该小说的发表在文学界引起了轩然大波,成为了学界争论不休的战场。自《紫色》出版以来,沃克在

---

① 基金项目:2014 年教育部青年基金项目《声音的权威:20 世纪美国黑人女性小说叙述策略研究》(项目批准号:14YJC752005)和 2013 年国家社科基金一般项目《美国奴隶叙事研究》(项目批准号:13BWW066)阶段性成果。

② 学界普遍认为,小说《紫色》展示了西丽如何与命运抗争,如何摆脱种族主义、性别歧视等束缚,从自我否定到自我肯定,最终成长为一个独立、完整的黑人女性。

对女性的塑造方面颇受好评,却在对男性人物的描写方面饱受诟病。① 批评家们集中指控沃克主要创造负面的男性形象。然而无论是来自正面的赞誉还是负面的批评,《紫色》无疑是引起了学界的普遍关注,从而在美国文学界建构了自己声音的权威。学界对《紫色》的研究主要集中在前面提到的两个方面,一是对女性人物的正面阐述;二是对男性人物负面形象的批判。而对于小说叙述策略的分析却甚是少见。笔者将《紫色》置于黑人女性"声音"发展的传统中,试图通过分析小说中的各种声音,考察沃克采用了怎样的叙述策略建构了黑人女性声音的权威。

一、摆脱黑人女性的叙述困境

在《走向女性主义叙事学》中,兰瑟提出女性由于生活在男性主宰的社会里,声音遭到拒斥和压制,因此,女性的文本通常会是双声性的。女性文本的这种双声性则产生了文本的不同层次,有表层文本,潜层文本。有的文本甚至具有更多层意义。② 兰瑟例举了《埃特金森的匣子》中所引用的一封信。(由于篇幅过长,笔者在这里不予摘录,原文参见《虚构的权威》)。这封信是由一个新娘写给自己的朋友,由于这位新娘有义务要让丈夫读到这封信。因此她便不能对自己的朋友畅所欲言,而只能采取特殊的形式将秘密告诉自己的朋友,因而这封信除了文本的表层意义外,还潜藏了另外两层意义。在此基础上,兰瑟提出了两个概念:公开叙述(public narration)与私下叙述(private narration)。公开叙述是指此叙述的接受对象存在于文本世界之外,可以等同于公众读者;而私下叙述则指此叙述的接受对象存在于文本之内,是一个显身的受述者③。从兰瑟对公开叙述与私下叙述的定义,我们可以看出:兰瑟概念的出发点是受述者,识别公开叙述和私下叙述的标准是受述者的位置变化:如果受述者处于文本内,那么则是私下叙述,而存在于文本外则是公开叙述。长久以来,女性个人型叙述声音一直遭遇冷遇,特别是女性公开的叙述声音。17世纪末至18世纪末期间的女性写作似乎有意避免采用公开的个人型叙述声音,毕竟一个正经的女性向包括陌生男性在内的公众讲述自己的故事是有失体面的。④ 而对于非裔女性来说,直到20世纪70年代至80年代初,个人型叙述声音才开始频繁出现在其小说中。⑤黑人女性个人型叙述声音的缓慢登场与黑人女性所处的边缘历史地位息息相关。由于受社会政治、经济以及文化教育条件等限制,黑人女性很难在条件不成熟的70年代之前用自己的声音讲述自己的故事。因为她们声音的发出

---

① 虽然沃克在前两部小说中塑造的男性形象也受到学界某些批评家的批判,但是大多数对沃克的批判都出现在《紫色》出版以来,集中在1982年至1986年之间。很多批评家认为沃克塑造了一些程式化的黑人男性,要么残酷无情,要么懦弱无力,从而有损黑人男性的形象。参考:Erna Kelly. "A Matter of Focus: Men in the Margin of Alice Walker's Fiction." *Critical Essay on Alice Walker*. Ed. Ikenna Dieke. Westport: Greenwood Press, 1999, pp.174—179.
② Susan Lanser. "Toward a Feminist Narratology." *Style* 20, No. 3 (Fall 1986), pp. 341—363.
③ 同上书,第341—363页。
④ Susan Lanser. *Fiction of Authority: Women Writers and Narrative Voice*. Ithaca: Cornell University Press, 1992, pp. 141—142.
⑤ Ibid., p. 210.

必须要通过层层监管。我们可以说在 70 年代之前，黑人女性无论是私下的个人声音，还是公开的个人声音都遭到了拒斥。而在《紫色》中，沃克则采用了不一样的叙述策略，让黑人女性在私下声音模式的掩护下，发出了公开的叙述声音。

在《埃特金森的匣子》中，新娘之所以需要掩盖自己真实的声音，偷偷向姐妹传达自己真实的意义，是因为她有义务要让丈夫阅读自己的信件。因此，以丈夫为代表的父权制监管体制让新娘不得不采取特殊的策略，让丈夫获得他想看到的信息，同时也把自己真实的意思传达给自己的朋友。当然，这个信息传递的过程必须要依靠新娘与朋友之间有足够的默契才能完成。"符号意义必然是一种交往关系，人一旦追求意义的传达，必然要进入人际社会关系。"①也就是说叙述者与受述者之间必须要达成一种默契：叙述者不仅要采用一定的叙述策略，还要保证她的策略能被受述者识别；而受述者则必须要积极参与到故事的第二次叙述中，从而可以正确解读出叙述者的正确意义。正如《埃特金森的匣子》中的新娘一样，黑人女性的声音也是遭受监管的。小说分别从三个方面向读者展示了黑人女性艰难的叙述语境。

小说开篇就首先向我们展示了父权制社会的监管以及作为叙述者的黑人女性艰难的叙述困境。很少有评论家注意到，我们在小说中最先听到的不是西丽的声音而是继父命令或说是威胁的声音："你最好什么人都不告诉，只告诉上帝。否则，会害了你的妈妈。"②继父首先是警告西丽不能将发生的事告诉除上帝以外的人，这是对黑人女性公开声音的拒斥，禁止西丽向别人讲述自己的故事即剥夺了她发出声音的权利；其次，为了加强说服力，继父又威胁到如果西丽说出实情，那么会害死自己的妈妈，以此强调了黑人女性发出公开声音将会遭受的严重后果。对女性公开声音的拒斥剥夺了女性交流的权利，也剥夺了女性讲述自己故事的权利。

黑人女性公开的声音遭到拒斥不仅体现在自己被限制无法发出自己的声音，同时也由于交流的渠道遭到堵塞。也就是说在父权制社会的监管下，黑人女性无法将信息有效地、光明正大地传达到目标听众的耳朵。她们的交流遭到阻滞，无法找到理想的倾听者。这一点主要体现在文本中的受述者方面。小说中西丽的首要受述者是上帝。继父说西丽只能告诉上帝。然而我们都知道西丽私下写信给上帝，是无法收到回信的。因此西丽的信息依然只是停留在发出阶段，受众无法感知。写信给上帝本质上来说就是"什么人都不告诉"；小说中，西丽的另外一个重要的受述者是妹妹耐蒂。妹妹本是一个理想的倾听者，然而这一条交流通道同样遭受拦阻，无法畅通传递信息。西丽离开了继父的家后，丈夫艾伯特（Albert）接管了监管的任务。虽然妹妹耐蒂一直坚持给西丽写信，但由于丈夫藏起了所有的信件，因此西丽无法与耐蒂交流。这样一来我们也可以知道西丽写给耐蒂的信也必将石沉大海。可见黑人女性不仅是公开的声音遭到拒斥，她们私下交流的声音也遭到压制。传递出的信息只停留在发出阶段。

大多数批评家所注意到的是西丽通过书写的方式发出了自己黑人女性的声音。然而几乎很少有人去探讨为什么要选择写信这种方式。笔者认为选择写信的方式本身就是女性有

---

① 赵毅衡：《回到皮尔斯》，《符号与传媒》，2014 年，第 9 辑，第 9 页。
② 艾丽斯·沃克：《紫色》，陶洁译，南京：译林出版社，2008 年，第 3 页。

效交流遭到阻滞的表现方式。正如卡洛琳·威廉(Carolyn William)所说,小说的书信体形式本身就最好地体现了在父权制社会下,女性被相互隔绝的境遇。① 西丽不敢光明正大地向周围的人们讲述自己的遭遇,也无法找到能倾听自己故事的人。她在不得已的情况下,才会选择写信这种私下的方式。

小说《紫色》首先为我们展示了黑人女性在父权制社会监管下的尴尬境遇。她们公开的声音和私下的声音均遭到压制。一方面,黑人女性无法用自己的声音公开向大众讲述自己的故事;另外一方面她们所要传递的信息也无法找到理想的听众。这样就造成了黑人女性之间交流的断裂。那么黑人女性要建立自己声音的权威,不仅需要发出声音,用自己的声音讲述自己的故事,同时还需要将自己需要传达的信息有效传递到听众耳中,从而搭建起有效的交流通道。讨论完黑人女性的叙述困境,我们继续来看沃克如何摆脱这样的叙述困境,如何采用自己的叙述策略,在私下叙述空间建构自己声音的权威。

二、黑人女性叙述者对声音的绝对控制

面对黑人女性艰难的叙述困境,沃克却能绝境逢生,采用有效的叙述策略,逃避主流意识形态的监管,建立了黑人女性自己声音的权威。沃克的策略首先体现在她改写了传统的书信体小说,利用这种看似对女性不利、隔离女性交流的私下叙述模式作为面具,让叙述者西丽完全掌控了声音的主控权。

书信体小说这种文体兴盛于18世纪,特别是在理查森(Samuel Richardson)那里发扬光大。既然一个得体的女性不能轻易对包括陌生男性在内的公众发出声音,那么一个男性的书信编辑则似乎名正言顺地成为了道德的遮羞布。传统的书信体小说中的男性书信编纂人从侧面体现了女性公开声音遭受压制的事实。女性之间书信的来往只有经过了男性的编辑、过滤与监管才能够公之于众。《紫色》是非裔美国文学作品中的第一部书信体小说,在非裔美国文学传统中无先例可循。② 与传统的书信体相同的是,《紫色》也是通过小说人物之间的书信来往推动小说的故事情节发展。然而,沃克在《紫色》中删去了在传统书信体小说中至关重要的男性书信编纂人。这样一来,小说中的话语权就完全回归到了写信人——西丽的手里。

虽然小说是以继父的声音开场,他警告西丽"你最好……"做什么,不能做什么,沃克让西丽看似按照继父的话做了,因为西丽按照继父所说的只告诉上帝。然而继父在西丽结婚后随即淡出了她的生活。也就是说小说开始不到10页的长度后,继父就基本消失了,再也没有正面出过场。西丽在自己的书信中,用自己的声音讲述自己的故事,也讲述周围人的故

---

① Carolyn William. "'Trying to do without God': The Revision of Epistolary Address in *The Color Purple*." *Modern Critical Interpretations: Alice Walker's The Color Purple*. Ed. Harold Bloom. Philadelphia: Chelsea House Publishers, 2000, p. 80.

② Henry Louis Gates, Jr. "Color Me Zora: Alice Walker's (Re) Writing of the Speakerly Text." *Modern Critical Interpretation: Alice Walker's The Color Purple*. Ed. Harold Bloom. Philadelphia: Chelsea House Publishers, 2000, p. 35.

事。在接受采访时,沃克曾说:"我总是试图赋予人们'声音'的权利。我写作《紫色》就是为了让人们听到西丽的声音。"①事实上我们看到,在整部小说中西丽完全掌握了声音的控制权。

首先,小说主要是由西丽的书信构成。也就是说在小说中,读者听到的主要是西丽的声音在讲述故事。在西丽的书信中,所有事件都由她的声音来讲述。故事中任何人的声音都要经过西丽的声音过滤才能传递到读者。小说的主人公西丽将人物与叙述者的身份表演得淋漓尽致。在她讲述的故事中所有的事件都围绕她发生;更重要的是,所有的故事都由她一个人记录并讲述。这样一来,通过书信的形式,黑人女性不仅成为被认识的主体,更重要的是也成为了认识与讲述的主体。在西丽的叙述中,我们看不到任何一句直接引语,也就是说所有人物的话语都是借西丽的口说出。这样,西丽通过写信这种看似被动的方式将话语权紧紧握在了自己手里,从而建构了自己的话语权威。因为所有的人物话语都要经过她的筛选。更准确的说,读者听到的任何人物的声音都是混合着西丽声音的双声语。

其次,我们再来看一看小说中除了西丽外唯一获得机会发出声音的耐蒂。耐蒂一直坚持给西丽写信,但是艾伯特从中作梗,藏起了所有的书信。因此我们一直没听到她的声音。直到有一天,莎格和西丽一起发现了耐蒂的书信,才重新挖掘并恢复了耐蒂的声音。我们可以说西丽是一次性收到耐蒂曾经写给自己的所有信件。也就是说耐蒂的声音之所以能见天日,首先是靠西丽的努力。同时,由于西丽一次性收到了所有信件,西丽读到的第一封耐蒂的来信并不是耐蒂写给她的第一封信。那么,西丽在向读者展示耐蒂的书信的同时,无形中扮演了曾经由男性扮演的书信编辑人的角色。这样一来,西丽不仅发出了自己的声音,并同时帮助发掘并呈现了其他黑人女性的声音。在这里我们来看一下小说中是如何体现西丽一方面掌握了声音的控制权,另一方面又将这种话语权临时转让给耐蒂,让我们能够听到耐蒂的声音。小说写到耐蒂的书信出现时,出现了一个明显的叙述分层。西丽在写给上帝的一封信中写到:

> 亲爱的上帝:
> 这是我一直拿在手里的一封信。
> 亲爱的西丽:
> 我知道你以为我死了。可我没有死。这么多年来我一直在给你写信。
> ……
> 万一这封信真到了你的手里,我要告诉你这一点:我爱你,我没有死。奥利维亚身体很好,你儿子也很好。
> 我们明年年底以前回家。
>
> 爱你的妹妹耐蒂②

在这里西丽引用了妹妹耐蒂的整封信。将妹妹的叙述包含在了自己的叙述中,组成了

---

① Carla Kaplan. "'Somebody I Can Talk to': Teaching Feminism Through *The Color Purple*." *Modern Critical Interpretation*: *Alice Walker's The Color Purple*. Ed. Harold Bloom. Philadelphia: Chelsea House Publishers, 2000, p. 183.
② 艾丽斯·沃克:《紫色》,陶洁译,南京:译林出版社,2008年,第80页。

小说的第二个叙述层。

接下来耐蒂的几封信都是由西丽根据邮戳编排后展示给读者,不过依然是包含在西丽写给上帝的信中:

> 亲爱的西丽,第一封信写道:
> ……
> 第二封信说:
> ……
> 又一封信说:
> ……
> 又一封信,厚厚的,日期是两个月以后。信上说:
> ……
> 下一封信说:
> ……①

从西丽向我们展示耐蒂的第六封信开始,她的声音慢慢与耐蒂的声音明显区分开来。她再也没有用"这封信上说"等类似的话。读者直接读到的就是耐蒂写给西丽的信。这样一来,小说第一叙述层的西丽在引入耐蒂的书信后,将妹妹的声音前景化,而将自己的声音背景化。西丽在知道耐蒂还活着后,又开始给耐蒂写信。虽然西丽与耐蒂之间的交流遭到时间与空间的阻隔,西丽写的信并不能顺利寄到妹妹那里。妹妹的信也没有能及时被西丽收到。但当西丽将声音权力赋予耐蒂后,她们两个的信件在小说中交错出现,读者从此在小说中看到的则是两人之间的书信往来,听到的则是两个声音的对话。通过书信,两位人物的"声音穿越时空"将"故事情节黏合起来",②实现了跨越时间与空间的交流,从而使意义得到有效传达。这样一来,沃克在看似不利的叙述语境下,搭建起了黑人女性之间的交流渠道,架起了黑人女性之间的沟通桥梁,同时也把信息传递给了读者。

通过对西丽作为叙述者的叙述控制的讨论,我们可以看到,沃克改写了传统的书信体小说,通过"直接引语"的缺失,边缘化男性声音,她采用叙述分层等技巧让声音的控制权牢牢掌握在叙述者西丽手中,同时又通过西丽将声音的权力赋予耐蒂,让读者听到了黑人女性交流的声音。这样一来沃克就将声音权力完全赋予了黑人女性,让她们用自己的声音讲述自己的故事,建构自己的权威。

三、人物的话语反抗

在个人型叙述中,第一人称叙述者扮演了两个重要角色,叙述者与主人公。笔者首先主

---

① 艾丽斯·沃克:《紫色》,陶洁译,南京:译林出版社,2008年,第86—93页。
② 胡一伟:《声音与叙述:评大卫·利特菲尔德与萨斯基亚·路易斯〈建筑的声音:聆听老建筑〉》,《符号与传媒》,2014年,第8辑,第219—220页。

要讨论了沃克如何让作为叙述者的西丽摆脱艰难的叙述困境,最终用自己的声音讲述自己的故事,建构自己的权威。接下来我们将继续来看作为人物的西丽又如何在驯服的面具下,利用话语作为武器展现自己强大的反抗力量,从而捍卫和巩固了自己声音的权威。

我们首先还要从继父的威胁开始说起。小说开篇继父对西丽说:"你最好什么人都不告诉,只告诉上帝。"①继父想要隐藏的是自己强奸幼女的乱伦行为,不想这个丑陋事实公之于众。因此他威胁西丽不要告诉上帝以外的任何人。因此小说便以西丽向上帝倾诉开始。这样看来,西丽看似顺从了父亲的指示只将事实告诉上帝。然而真实的西丽就像《埃特金森的匣子》中的新娘一样,在驯服的面具下掩藏着一颗强烈反抗的心。西丽的反抗经历了一个从私下到公开的过程:

西丽最初是借写信给上帝来讲述自己不能公开讲述的故事。由于继父说"你只能告诉上帝",因此她一开始所有的信都写给上帝,似乎是把所有不能讲述的故事都只告诉上帝。然而随着故事的发展,读者会发现西丽除了将这些不可告人的秘密告诉上帝外,还告诉了别人。所以从表面上来看西丽的叙述并不对"父亲"构成威胁,然而仔细阅读,读者会发现西丽的信中内有乾坤。

西丽在信中写到,艾伯特(某某先生)的父亲来访。他在言语上侮辱莎格。一向专横跋扈的"某某先生没有啃声",而看似一向驯服的"我朝某某老先生的凉水吐了口唾沫。并用手指搅水里的唾沫"②以防某某老先生看出端倪。就这样,西丽私下的反抗让某某先生在不知情的情况下喝下了含有自己唾沫的水。

另外,在西丽写给上帝的其中一封信中,西丽透露她将继父的卑劣行为告诉了除上帝以外的另一个人——莎格:

> 她问我,你跟你孩子的爸爸是怎么回事?
> 我家女孩子住一间小房间,我说,那房间是隔断的,只有一条小小的木板路把它跟整幢房子连接起来。除了妈妈,谁都不让上这房间来。可是有一天妈妈不在家,他来了。他对我说要我给他铰铰头发。他带来了剪子、梳子、刷子和一张凳子。我给他理发时他老看着我,样子挺古怪。他还有点紧张,不过我不知道他为什么要这样紧张。后来他一把抓住我,夹在他大腿之间。③

从这封信,我们可以看出西丽并没有听从他继父的命令,只将事情告诉上帝。她表面上只将故事写信告诉上帝,事实上却将这些不能说的秘密偷偷告诉了值得自己信任的另一位黑人女性。

除以上提到的例子外,小说中黑人女性的私下反抗还体现在西丽与莎格合作成功偷出了耐蒂写给西丽的信件。当莎格告诉了西丽艾伯特私藏了西丽的信件后,她们趁他外出的时候,偷偷潜入艾伯特的房间,偷出了信件:西丽"生起炉子,放上茶壶,用热气熏开信封,把

---

① 艾丽斯·沃克:《紫色》,陶洁译,南京:译林出版社,2008年,第3页。
② 同上书,第39页。
③ 同上书,第77页。

信纸抽出来都放在桌上,把信封放回箱子里。"①就这样她们用空的信封迷惑了艾伯特,把耐蒂的信件成功地找了回来。

就在西丽向莎格讲述了自己的故事,并找回了妹妹耐蒂的信件后,西丽的反抗也就从私下跨入了公开的阶段:

当西丽拿到耐蒂的信后,她第一次萌发了与艾伯特正面对抗的想法。在莎格的一再劝说下,她才打消了宰了艾伯特的念头。②最后她终于鼓起勇气和莎格一起离开艾伯特。在离开之前,她与艾伯特发生了正面冲突。她质问艾伯特"还有来信吗?"并诅咒艾伯特:

"你要是待我不好,你碰过的每样东西都马上粉身碎骨。"

"你待我不好的话,你的一切梦想都会失败。"

"你打我一下就要加倍受到报应。你还是别说话的好。我对你说的话都不是我想出来的,好像我一张嘴,空气就冲进我嘴里就变成话了。"

"你打算关我的监狱便是你死后烂掉的地方。"

面对西丽的反击,艾伯特无力招架。连莎格都劝他:"别多说了,对你没有好处,你会更难堪的。"③

从私下的反抗到正面还击,西丽一步步摆脱了自己的困境,发出了自己强而有力的声音。她用自己的话语作为武器摆脱了继父的威胁,打败了长期压迫自己的丈夫,最终拥有自己独立的生活。

四、声音权威的过渡

沃克不仅是通过叙述者对声音的绝对控制以及人物的话语武器来向我们展示黑人女性声音的权威,同时她也通过受述者的变化来侧面巩固和增强了黑人女性声音的权威。

在小说中,西丽对声音有绝对的控制权。她仅临时把声音的权力赋予妹妹耐蒂,而边缘化所有父权制男性声音。小说开篇对黑人女性造成威胁的继父很快就消失在了文本中,直到去世也没有正面出过场。由于直接引语的缺失,我们听不见任何男性人物独立于西丽的声音。西丽对男性声音最明显的边缘化体现在上帝声音的缺失。书信体小说主要依靠双方收信人之间的书信往来。然而,西丽的收信人"上帝"——这个父权制社会的化身,却自始至终没有得到机会发出任何声音。底波拉·麦克道尔(Deborah Mcdowell)认为西丽写给上帝的信都没有署名,这一行为体现了西丽缺乏主体性。④ 然而从声音的角度来说,西丽的匿名行为则是剥夺了上帝回信的权利,也就是剥夺了上帝发出声音的权利。此时的上帝对西丽

---

① 艾丽斯·沃克:《紫色》,陶洁译,南京:译林出版社,2008年,第86页。
② 同上书,第97页。
③ 同上书,第141页。
④ Deborah E. Mcdowell. "Generational Connection and Black Women Novelists-Iola Leroy and *The Color Purple*." *Modern Critical Interpretation*: *Alice Walker's The Color Purple*. Ed. Harold Bloom. Philadelphia: Chelsea House Publishers, 2000, p. 67.

来说并不是可以对话交流的主体而是叙述的客体。西丽给上帝共写了54封信,没有一封署了名。西丽并不指望上帝能明白自己,因为她知道她一直写信的上帝"是个男人。他干的事和多数她认识的男人一样,他无聊、健忘、卑鄙。要是他肯听听可怜的黑人女性的话,天下早就不是现在这种样子了"。① 也就是说西丽一直写信的这个上帝在她心里跟她的继父、丈夫是一国的,他们无聊、卑鄙、健忘,他不会倾听可怜的黑人女性的话。难怪继父让她除了上帝以外什么人也不能告诉。

随着故事的发展,西丽找到了莎格作为自己故事的倾听者,并在她的帮助下找到了妹妹耐蒂的信件。随之而来,西丽大胆地抛弃了上帝这个收信人,摆脱了继父的威胁,大胆地声明:"亲爱的耐蒂:我不再给上帝写信了,我给你写信。"②

这样,小说的受述者公然转到了耐蒂——另一位黑人女性。从西丽开始给耐蒂写第一封信开始,她摆脱了男性的监管,与真正愿意倾听自己故事的另一位黑人女性开始了新的交流。小说接下来的部分主要就是西丽与耐蒂之间的书信往来。与写给上帝的信不同,在西丽写给耐蒂的大多数信件中,要么最后都附上了"阿门"的祈祷词,要么就署上了自己的姓名。可见她寄予了这些信件美好期望以及对耐蒂回信的期待。

从上帝到耐蒂,受述者的变化体现了西丽的声音越来越强烈,同时也象征了黑人女性摆脱了父权制社会男性的监管搭建起了交流的桥梁。小说的最后一章又出现了西丽给新的收信人写信:"亲爱的上帝。亲爱的星星,亲爱的树木,亲爱的天空,亲爱的人们。亲爱的一切。亲爱的上帝。"③西丽在这里给天下的一切人、事物、上帝写信,希望所有的一切都能收到她的信并听到她的声音。到此,西丽不再只是私下对那个代表父权制的上帝或是妹妹耐蒂讲话,而是对天下的一切讲话,让所有的一切都能听到自己声音,也包括上帝在内。然而值得注意的是这个上帝已经不再是前面54封信中那个代表男性的无情上帝。这个上帝是被黑人女性重新定义过的上帝④:"上帝既不是她也不是他,而是它。它不是电影。它不是你看得见摸得着的东西,不是跟别的东西,包括你自己在内的一切东西分得开的东西。我相信上帝就是一切。现在的一切,从前的一切,将来的一切。"⑤既然上帝就是一切,他存在于一切事物中,包括黑人女性。那么黑人女性就与男性以及其它事物一样是平等的。那么西丽就有权利给天下的一切写信,而她的声音也值得被听见,这样一来,西丽的声音就从私下一步步向公开过渡。

本文主要讨论了艾丽斯·沃克的《紫色》中黑人女性私下声音的权威。沃克通过直接引语的缺失,让叙述者完全掌控了声音的权力;小说中的人物也以声音作为武器向读者展示了

---

① 艾丽斯·沃克:《紫色》,陶洁译,南京:译林出版社,2008年,第129页。
② 同上书,第129页。
③ 同上书,第200页。
④ 值得注意的是,上帝在《紫色》中的定义不是固定不变的。她是不断被黑人女性重新定义的。在最初的54封信中,上帝是父权制社会的代表,他跟白人男性长得一样,他与男性是一样的。而男人也自认为是上帝:"男人让你相信他无所不在,而你如果相信无所不在,你就以为他是上帝。"(艾丽斯·沃克:《紫色》,陶洁译,南京:译林出版社,2008,第133页。)后来上帝在她们眼中不在与白人男性联系在一起,而是与天下一切事物联系在一起,包括黑人女性。这样一来黑人女性成功重释了上帝,这也从侧面反映了黑人女性声音的权威。
⑤ 艾丽斯·沃克:《紫色》,陶洁译,南京:译林出版社,2008,第132页。

黑人女性的声音权威。同时,通过受述者的不断变化,《紫色》中的声音逐渐由私下走向公开。沃克以书信体小说这种私下形式,却利用小说这种公开发表的文学形式,让黑人女性的声音走向公众。在私下声音形式的掩护下,沃克让黑人女性成功地参与了社会话语权威建构。

作者简介:方小莉,四川大学外国语学院讲师,英语语言文学博士,四川大学符号与传媒研究所成员,四川大学美国研究中心研究员,主要从事符号学、叙述学、美国黑人文学研究。

论交流渠道与情感状态:以演示性叙述为例①

胡一伟

【内容提要】 渠道是符号信息到达接收者感官的途径,是媒介被感知的方式。符号的发送与意义的获取无不与人的感知渠道有关。其中,情感会影响人们对渠道的选择以及对意义的获取,从而作用于人们日常的交流过程中,引发不同的效果(呈现意义的非均质性)。作为与人性最相契的演示性叙述,其交流方式与获义活动受感知渠道及情感状态影响的效果最为明显。由此,本文将从人们最主要的感受渠道——看与被看、听与被听、碰触与"碰触"来论影响演示性叙述的交流方式与获义活动的情感状态。

【关键词】 获义活动　渠道　演示性叙述　交流方式　情感

On the Communication Channel and the Emotional State:
Taking the Performance as an Example

【Abstract】 The channel offers the way that receiver can sense the media and get the information. Without perceived channels, people cannot send or receive signals. Among them, the emotion will affect people on the selection of channel and acquisition of meaning, which plays a role in the process of exchange of people's daily communication and leads to different effects. Therefore, this essay will take the performance as an example, discuss the communication channel and the emotional state in three ways: seeing and being seen, hearing and being heard, "touching" and being touched.

【Key Words】 Activities of Getting the Meaning　Channels　the Narrative of Performance　Communication　Emotion

由于意义(解释)是符号引起的行动,而人类认知是渐进的,皮尔斯在论事物意义是它产生的效果(效果包含在"解释"中)时,把"解释"分为三类:"情感的解释"——引起某种行动的可能性;"有力的解释"——一种努力、经验或行动;"逻辑的解释"——一种普遍形式、意义或习惯。② 其中,情感、经验对解释(意义的获取)有着重要作用。它们通过影响人们对渠道的选择以及对意义的获取,作用于人们日常的交流过程中。本文试以演示性叙述为例分析情感状态对人们交流与获义活动的影响,这与演示叙述本身的特性有关:该叙述与人性最相契且观者可以不同方式参与到叙述当中,人们受情感状态影响的效果最为明显;即兴与不可预

---

① 本文为国家社科基金重大课题"当今中国文化现状与发展的符号学研究"(13&ZD123)阶段性成果之一。
② 郭鸿:《从西方哲学逻辑范畴体系的演变着西方符号学和语言学的发展》,《符号与传媒》,2012年,第4辑,第150—151页。

测等特点,则可呈现出改变整个叙述交流方式或获义方式的不同情感状态及其程度;而现在在场性(演员与观者同在)、即时性等特性可直接展现情感状态作用于人们的交流与获义的全过程,等等。当然,并不是所有的心智情感状态都会促使交流与获义方式发生巨大变化(或者说,效果不明显)。因此,本文只对主要的感知渠道以及影响演示性叙述意义传达与获取的情感状态进行考察。

一、演示类的交流渠道

符号的发送与符号意义的获取无不与人的感知有关,也即与符号信息到达接收者感官的途径、媒介被感知的方式——渠道有关。这也就是说,文本运用的媒介可以很多,但是媒介是否被感知到,最终取决于渠道。西比奥克曾把渠道分成两大群:物质的(液体的、固体的)和能量的(化学的、物理的),而物理的又分成视觉(日光、生物光)、听觉(气体传达的、液体传达的、固体传达的)、电力、热力。这样的九类细分的渠道,可能过分技术化。由于本文围绕与人性最相契的演示叙述展开讨论,身体性是其所用媒介的核心特点,因此,这里将从人类的感知渠道即信息到达接收者感知的主要器官来论。

在演示叙述的交流过程中,感知与获义活动是双向的,不仅仅观者通过不同渠道感知表演,演员也会通过各种渠道感知现场(或者获取观者的回馈)。所以这就体现了几种辩证关系:

1. 看与被看

演示类体裁要求文本展示空间的朝向是面对着观众的,以便"直接"把故事演示给观众看。这一方面揭示了视觉渠道在演示类中所占的主导地位,一方面又将观看与被看这一对符号行为呈现了出来。更重要的是,观众在场是演示性体裁的本质条件,看与被看作为观众在场的一种方式,可以通过目光的接触与交流实现演示的意义。

在整个展示空间中,人们通过目光获取信息、交流情感,有时还会触发一些行动(即兴、干预与不可预测)。有两种情况表现得最为显著:其一,观众受演员(目光或眼神)的"煽动",进而走上舞台,一同演出。这是"目光"能产生"幻觉",在观众心中激发感情,甚至引发行动的一种情况。早在 1762 年,亨利·霍姆(Henry Home)就在其著作《批判的标准》中指出,"表情和姿态",从女演员形体上可以看得到,即形象,都是正建立的符号,这些符号打开了"通向心灵的笔直的路",这就是说,在演员的身上透过他的目光引发感情,而这种情感传递的是他所扮演的人物的情感(见 H. 霍姆《批判的标准》第一卷)。① D. 狄德罗发表了他的《有关聋哑角色的书信》(此书信在发表的同一年就由莱辛译成了德语)。其中讲到了一个他亲身的实验,他要用这个实验来证实视力的作用如何导致幻觉的产生和"幻觉"不停的连续,而这种"幻觉"正是产生对角色的情感的先决条件。他在文中写道,他习惯于在剧场捂住耳朵,"只要演员的动作和表演和我想得起来的台词看起来一致……,我要对您讲一讲那种惊讶,

---

① 艾利卡·费舍尔·李希特:《行为表演美学——关于演出的理论》,余匡复译,上海:华东师范大学出版社,2012年,第 88 页。

当我周围的人看到我在剧情感动人的地方大掉眼泪的时候,他们无可避免地都陷入惊讶之中,虽然这时我还一直捂着我的耳朵"(见 D. 狄德罗《有关声哑角色的书信》)。① 此时,演出在观众的"目光"中产生了"幻觉",以至于触发行为,让观众参与到演出当中(一起演出、干预或打断),枪打"黄世仁"便是最典型的一例。实际上,这种"幻觉"是由观众投射在剧中人物的情感"目光"所致,从而让观众擦除或悬置了二度区隔,将虚构还原成了真实。

其二,演员看到观众的目光(伴随动作、陶醉的状态等)往往会受到鼓舞、激励,甚至有即兴表演,当然也会因为观众的无视、心不在焉或瞌睡而发挥失常。这大多因为演员需要靠观赏者的接受来实现自我的存在,会通过观众目光寻求认可——"目光"释放出想要"碰触"的愿望。故而,演员的心理容易受到观众目光的影响。但还有一种实现自我存在、寻求认可的情况也值得注意,即一个人玩游戏、一人自我表演或者玩单人纸牌游戏等一个人参与的演示性叙述。虽然这些演示行为不是专门给观众看的(仅有自己一人),却始终会有一个不在场的"他者"(自我意识催生的替代物)参与其中——演示者\玩家本身也是观众。也就是说,在整个演示过程中,他们既是观者又是演示者\玩家,既观看又被自己所观看。虽然此处为较典型的一类情况,但在其他演示类中也均有体现,如在某些祭祀仪式或演出中,受特殊情感因素(迷狂,神灵"附体";即兴,灵感降临)的作用,叙述者人格(或者观者)可以通过目光的选择与转换,实现自我的存在。

可见,目光的交流与传递具有一种力量:"目光"可以承认它为共存主体(Ko-Subiekt),或者可以把它降格为客体,把它归之为同一体,可以监管它、控制它、得到它。② 它不仅在演员甲和观众乙之间循环,还在观众群和演员群之间循环。在"演出"中的感觉(不管"目光"或身体感觉)没有目光共同作用的这股潜力是不能设想的,因为正是这种起作用的潜力能产生感觉,影响着人们交流与理解的方式。

2. 听与被听

展示所提供的空间不仅仅是一个看的空间,而且永远也是一个听的空间,讲话声、歌声、音乐、响声等等可能会充溢在这个空间中。这些声响与作为演示类非特有媒介的言语、歌声、吼喊(人身体的功能),音乐等器乐以及其他的响声(人身体的延伸)稍有不同,它还包括观众席的各种声响以及其他空间传进来的声音(不一定在预先设定的演示框架内)。也就是说,声音是无处不在的,它可以跨过物理空间的限制,随时都有可能作用于人的交流之中。这些促发行为,具有事件性质的声响可以是未经计划的,也是不能事前预见的。因此,这里主要从听觉这一获知信息的渠道出发(非特有媒介触发情感影响交流的作用另文再论),论及人们对意义的获取与交流情况。

除了看以外,听也是人们获取信息的一个主要途经(姿态动作往往也伴随着声音)。听的方式不同,所听到的内容不同,对人们的理解与交流有着不同程度的影响(比如,不同程度地触发即兴、干预等不可预测的行为)。有三类交流方式比较常见,分别表现在台上演员与

---

① 艾利卡·费舍尔·李希特:《行为表演美学——关于演出的理论》,余匡复译,上海:华东师范大学出版社,2012年,第88页。
② 同上书,第80页。

台下观众的直接交流之时,台下声音影响台上演员之时,台上声音影响台下观众之时。其中,以演员与观众通过跨层或犯框行为直接呈现出来的交流(对话)最为显著。而当台下声音作用于台上演员时,会产生两种对比鲜明的功效:台下的叫好声、掌声会让有些演员感到自己受到了鼓励,于是自说自话地杜撰些插科打诨与其他的即兴发挥。但有的演员也会因此而错过上场,或者因为台下声音的干扰不能好好地投入。这时,演员可以走到舞台最前端的脚灯边向观众直接暗示,或向观众要求改一改他们的反应态度,甚至要求他们离场等等。当台上声音(歌声喊声等)影响台下观众时,观众在情感的作用下可以与台上观众一道表演(一同随着节奏哼唱等等),或者干预、打断(声音的传播不受空间的限制,观者不一定得走上舞台)。上述三类是人们进行直接交流的最典型情况,即通过言语、喊声传递情感,相互交流。概言之,在这样一个获义与交流的过程中,(由对象给予的)意义的观相被激活的程度不一,形成意义的非均质性,从而出发观者/演员不同的符号行为。

  然而,在这个听的空间里,所听到的声响并不一定全由人产生(可以在外力作用下产生,如风声雨声等),每位演员/观众所听取的声音并非一致,对演员/观众产生的效果或引发的行为也并非同一。也就是说,在听取这一过程之中,符号的接收与意义的获取会影响人们的交流。以约翰·凯奇的作品《4分33秒》[①]为例具体说明。该演出一音未弹,仅以打开琴盖、静坐片刻、关上琴盖这几个简单的动作完成整场演出,即在这一听的空间中,只有走上台的脚步声和关上琴盖所发出的声响参与其中。此时,台上的"静寂"恰恰为观众提供了一个特殊的听觉空间,它可以由从外面传入大厅的声响或者由观众自己发出的声音所充溢,它可以被共同发出声音或连续发出声响造成。换言之,这个寂静的空间为人们提供了填补(填充)的机会——通过偶尔地听到传入听觉中的声响,或者自己发出的声响(不管是有意发出还是无意发出,如叹气、心跳声等)等等。正如凯奇所说:"这里并没有寂静。人们所感觉为寂静的东西其实是充满了偶然的声响……在第一乐章时(首演时)人们听见了外面的风吼。第二乐章时雨声在屋顶发出噼啪声,第三乐章时,观众发出了各种各样有趣的声响,他们聊天,他们往外走。"[②](可参见 J. 凯奇,见 R. 康斯特尔纳茨《与凯奇谈话》)诚然,人们对上述声音的听取也是有选择的(会出现独听与共听等情况),这一方面与个人心绪、注意力等情感认知因素有关——对某种声响的注意与偏好,以及声音对拨动人心的程度等时常会影响人们对所听声响的则取。另一方面与声响的不可支配性有关——声响可以躲开意向、计划和某些局限,完全无可预料地自发发生。各种不同的声响可以在同一空间内出现,以不同的时间传播,或响成一块,或骤然消失。而声响的变化、转换,与认知情感的波动一道影响着人们的交流。这里始终贯穿着一个听与被听的过程:听空间中的声响,自己又被自己(发出的声音、内心的

[①] 1952年4月29日在纽约乌特斯托克的马弗里克大厅由钢琴家达维特·杜陀(David Tuder)首演了约翰·凯奇《4分33秒》。以第一部分《安静的片段》为例具体说明。此曲由三个乐章组成,他穿着一身燕尾服出场,坐在钢琴旁,打开了琴盖,在打开的钢琴前坐了片刻,并未弹奏。然后关上了琴盖。33秒钟之后他又打开了琴盖,短时间之后他重新关上琴盖,再接着过了2分40秒他才一次打开琴盖。他第三次关上琴盖,这一次关上了1分20秒,接着他最后一次打开钢琴。这个曲子过去了(结束了)。达维特·杜陀在钢琴上没有演奏一个音符。他站了起来,向观众鞠躬。

[②] 艾利卡·费舍尔·李希特:《行为表演美学——关于演出的理论》,余匡复译,上海:华东师范大学出版社,2012年,第80页。

声音或心弦、被勾起的心绪脉动、心跳等)所听。声音在此既为观众与演员们用感官感受、听到,又反过来反映在演员的和观众的可让人的感官感受到的反应之中。从交流的角度来看,声音通过充满叙述者与受述者这两者的空间,把两者彼此置于关系之中,并在两者间建立了关系。这个给听觉以声音的人,又触动了听见了声音的人。

3. 碰触与"碰触"

肢体的碰触是呈现人们交流的一种显著方式。在演示性叙述中,展示为碰触提供了空间场所,受述者参与为肢体的碰触提供了最大的可能。即兴与不可预测情况的发生、犯框与跨层的行为均可以通过(演员与观众)肢体的接触直接展示出来。演示类中的肢体碰触往往会带来两种效果,一是把观众带入二度区隔之中,产生幻觉,此时,他们直接与区隔中的人物交流;二是让观众走出假戏假看内嵌套的真戏真看,清醒地意识到虚构世界与现实生活的距离,此时,他们与现实世界中的演员交流。以约瑟夫·鲍埃斯(Joseph Beuys)和汉尼希·克里斯蒂安生(Henning Christiansen)在巴塞尔一个地下室里演出的"洗足"为例(约瑟夫·鲍埃斯和汉尼希·克里斯蒂安生一起于 1971 年 4 月 5 日在巴塞尔演出了《凯尔特语+……》(Celtic+……)。演出前已公开告示,这是一次艺术性演出)。[①] 该演出场地以前是一个地下室(原定的观众席无非是一些木板长凳),可容纳上百人观看。人们为了清楚地看到整个表演,都围在演员的周围,有的甚至站在板凳上观看,以获得一个最好的视角。鲍埃斯在一条木板长凳前跪下,与一个年轻女性(观众)攀谈,希望征得时髦女性同意,让鲍埃斯为其洗脚。鲍埃斯这时脱去了她的皮靴——非常专业地、实实在在地,几乎像个卖鞋人,并把她的双脚浸到注满了水的搪瓷容器内,接着他抓起搭在他肩上的一块麻布毛巾,用它把脚擦干,而且一个脚趾一个脚趾地擦干。他用同样的程序洗了第二只脚。在洗脚的过程中,鲍埃斯避免和这位年轻妇女的任何目光接触,他只把他双眼看着他正在清洗的双脚,或偶尔看一下周围站着的人,他与周围的人笑,并且打趣。等他把两只脚弄干净后,他又重新把毛巾搭到肩上,抓起容器,站了起来,走向窗边,把水倒在窗外。然后他用一根长长的橡皮管重新把水注入容器。他用上面所描写的同样程序,还给 6 个观众洗了脚。"洗足"这一与观众亲密碰触的举动,对虔诚于基督教的观众们看来,具有高度的象征性,这一被碰触是神圣的(耶稣象征性的谦卑表示),对他们甚至会带来心迷神醉的感受。而对于有说有笑的观众,这一碰触显然拉近了表演者与观众的距离,洗足则是现实世界之中一种日常行为。这两种不同的态度在《69 年的狄俄尼索斯》中也有体现,观众对台上演员触碰部位的顺应与反感影响着他们之间的交流。除了演员主动碰触观众,观众也可以上台触碰演员,阿布拉莫维奇的诸多表演多有体现这一类碰触情况,譬如在《托马斯的嘴唇》中,那些受情感道德影响的观众对演员的触碰——冲到台上"拯救"女演员。尽管他们中断了表演,但触碰将观众们与演员交流的不同方式呈现了出来。

除了这种具体的、有形的、能够直接呈现出来的碰触,抽象的、不易察觉的碰触也值得注意。前文分析看与被看、听与被听时,实际上也是在分析"碰触"。目光的接触与传递是一种

[①] 艾利卡·费舍尔·李希特:《行为表演美学——关于演出的理论》,余匡复译,上海:华东师范大学出版社,2012年,第 180 页。

碰触,正如 M·梅柳一逢提在他未完成的、死后发表的论文《交错配列》中所写的一样:"目光……能见到可见的东西,目光触及了它们,并和他们结合……我们必须习惯于这样的看法:**每种可见的东西都来自可碰触的东西**,每种得体的'存在',某种程度上都是让人观看的,不仅有被碰触的和触者之间的逾越和跨越,还有可触碰的和可看见的东西之间的逾越和跨越,这可看见的东西正隐埋在可碰触的东西之中,反之亦然,可碰触的东西本身并不是不可见的,它并不是视觉所不能发现的存在。同一身体既在观看,又在碰触,因此,'**可看见的**'和'**可碰触的**'属于同一个世界。"①(梅洛·庞蒂《能观看到的和不能观看到的》,慕尼黑,第二版1994年,黑体为本文所标)声响的传播也是一种"碰触"。声波通过触动耳鼓,使振动的节奏拨动心弦。也就是说,声音是用声音表达人身体"在世上的存在",声音和听见声音的人"在世上的存在"进行谈话——给听觉以声音的人,触动了听见了声音的人。② 它和目光一样以一种无形的姿态相互碰触,影响观者与叙述者的交流。另外,氛围、气味等都属于这类无形碰触的符号表意方式,它们在意义关联区中所处的不同位置(背景区、衬托区、焦点区),都会影响人们的交流。

从上述感受方式中可见演示类叙述交流方式之特殊:由于演示类的现在在场性或"身体的同在现场",为表演者和观众双方的交流(或组成一个共同体)创造了条件,这一"身体的同在现场"包含了一个观众为一个演员"碰触"的可能。而当人们处于被看被听被碰触的(客体)处境时,很容易进入二度区隔之中,此时与他们进行交流的是故事中的人物(产生横向真实,区隔被悬置,虚构变成真实),而当人们站在观者的立场(主体)去看、去碰触时,他们是在现实世界中与演员进行交流。这即是说,当观众与演员成为共同体(观众变成表演者—叙述者,或沉醉于故事中)时,与观者以假戏假看的身份旁观的交流状态不一样。而感受对象(主客体)的置换,感受途径的转换,即让交流方式或获义方式发生改变的,在于情感认知状态。

二、影响交流与获义方式的情感

通过考察演示类的交流途径,我们会发现,看与被看、听与被听、相互碰触等渠道的转换,会影响叙述者与受述者之间的交流(变换了身份,交流方式会随之转换)。而导致主客体间相互置换(或既是主体又是客体)、使得演示类交流方式发生改变(如,由不可预测等情况造成)的关键在于人们的情感认知状态。换言之,演示性叙述具有一种独特的转换潜力(体裁形式最易于卷入人们的情感,从而激发转换潜能):在这个演示的过程中,这种潜力能使得参与这过程的人(演员和观众)进行转换(身份转换、情绪转换、思想转换、感情转换、观点转换、立场转换等等)。这种转换能力的激发与情感认知状态不无关系,即有些情感状态会使得人们面临"转换"的瞬间或处于"临界"状态(或神志恍惚的状态)之中。譬如:

敬畏与喜悦。这两种情绪容易使人们经历"临界"状态。而将敬畏与喜悦放在一处来

---

① 艾利卡·费舍尔·李希特:《行为表演美学——关于演出的理论》,余匡复译,上海:华东师范大学出版社,2012年,第90页。
② 同上书,第189页。

论,是因为这看似不同的情感,实际上具有深刻的内在联系和相通性。即这两种情感是不可分割的,它们往往会相互转化。亚里士多德论悲剧所引起的恐惧、怜悯以及净化作用(Katharsis),在某种程度上展现了由畏惧向精神愉悦转换的一个过程。康德在讨论崇高感时就曾直接提出,有些愉快感是由不愉快感转化而来。其《判断力批判》中用一系列生动形象论述了这种"畏""悦"交集(转换)的情景:"险峻高悬的、仿佛威胁着人的山崖,天边高高汇聚挟带着亲电雷鸣的云层,火山以其毁灭一切的暴力,飓风连同它所抛下的废墟,无边无际的被激怒的海洋,一条巨大河流的一个高高的瀑布,诸如此类,都使我们与之对抗的能力在和它们的强力相比较时成了毫无意义的渺小。但只要我们处于安全地带,那么这些景象越是可怕,就只会越是吸引人;而我们愿意把这些对象称之为崇高,因为它们把心灵的力量提高到超出其日常的中庸,并让我们心中一种完全不同性质的抵抗能力显露出来,它使我们有勇气能与自然界的这种表面的万能相较量。……当观看高耸入云的山脉,深不可测的深渊和底下汹涌着的激流,阴霾沉沉、勾起人抑郁沉思的荒野等等时,一种近乎惊恐的惊异,恐惧与神圣的战栗就会攫住观看者,而这在观看者知道自己处于安全中时,都不是真正的害怕,而只是企图凭借想象力使我们自己参与其中,以便感到这同一个能力的强力,并把由此激起的内心活动和内心的静养结合起来,这样来战胜我们自己中的自然,因而也战胜我们之外的自然,如果它能对我们的舒适的情感造成影响的话。"①观看演出时,这持续的情感同样能作用于剧场的观众:使观众"精疲力尽",并"没有能力""去阻抗他自己的激情",之后又让观者凭借想象力参与其中,忘却丧失自我的威胁。这个过程的进入、转换、走出在无形中转变了观者的身份,进而变换人们的交流与获义途径(进入二度区隔与走出区隔)。

迷醉(trance)。本文认为迷醉是愉悦、狂喜所达到的一种最高程度,进而产生一种较为特殊的幻觉状态。该情感状态的产生有诸多因素:类似对宗教的虔诚与对信仰的执着所产生的心迷神醉或者神灵附体之感,这些"通神者"身上表现得最为明显,在如对于加纳的冈(Ga)和阿散蒂某些定期进行出神活动(神灵附体的出神可持续2至3小时)的人而言,在这之前,通神者往往处于呆头呆脑的状态。当鼓被敲起来后,通神者开始颤抖或跳跃,然后喊叫起来,歌唱起来,以另外一种语言或难以理解的话语作预言。在神灵附体时,通神者常常做出一些正常人难以完成的动作,诸如飞快地奔跑、像苏非派苦行僧那样旋转等等。不过,附体的活动也常常采用安静得多的形式。通神者轻轻摇晃或跳舞,他的脸像是面具,毫无表情,眼睛一动不动地凝视某处或者滴溜溜地打转。这种出神的结束往往很突然,出神者一下倒在地上,或猛地靠在墙上或跌落在助手怀中。待他(她)醒过来时仿佛做了场梦,他对自己的状况也很诧异,不过常常显得很累,很快地再真正熟睡过去。②而酒精等外力作用与生理刺激也会让人获得迷醉的体验。譬如,荣格曾提到,他在一次心脏病发作之后,经过注射,在一种无意识状态中就有过幻觉状态,这种状态使他经历到的最不同寻常的事物与美感。这是由麻醉药引起精神状态的改变,而最流行的也是最易于为大家所接受的是酒精。酒精可以极其迅速地产生一种自信、高昂和兴奋感,它具有激发人类情感与想象(或幻觉)的潜能。

---

① 康德:《判断力批判》,邓晓芒译,北京:人民出版社,2002年,第109页。
② 杰弗里·帕林德尔:《世界宗教中的神秘主义》,舒晓炜、徐钧晓译,北京:今日中国出版社,1992年,第89—90页。

另外，还有类似玩游戏或扮演角色的过度投入所导致的沉浸痴迷，等等。简言之，对宗教信仰、酒神精神的追求，对自我存在与满足的寻求，以及受外物（药物）刺激或生理刺激的影响较为容易达到迷醉、迷狂的状态。但是不管是对于迷醉者本身还是旁观者而言，迷醉状态不容易被觉察出来：从迷醉状态中跳出的人往往不清楚刚刚发生的事情，就如做梦者有时会忘记整个梦境一样。旁观者也无法透视迷醉者的心理状态，有时也分不清对方究竟出于无意识下的迷醉状态还是有意为之的表演举动。

尽管个人内心的情感状态不易被察觉出来，但可以通过对非特有媒介的形式特性以及人们的行为举动进行综合考察。因为这些情绪的产生与作用需要经历一个过程，即在达到"临界"转换的状态，促发一系列行为之前，人们首先要被某些因素（非特有媒介等）所感染触动，或引发回忆或产生共鸣，进而移情置换。譬如，非特有媒介带来的视觉效应（纹饰、色彩、形体动作等）会影响他们的情绪状态。以面具为例，饕餮等代表神秘力量的纹饰往往会令他们战栗（传达恐惧的意义）；但受于这种力量的庇护，他们又为自己安然无恙感到庆幸，这是形式直观所带来的敬畏与喜悦之情。此外，面具上的目光聚焦会使人产生强烈的"被看"之感（"被看"带来的喜悦接近"悦"的最高程度——"醉"），由此产生不可抑止的表演冲动。古希腊悲喜剧起源于祭祀酒神的仪式与狂欢歌舞（备有面具），便是最好的证明。此时，想象在"迷醉"状态中被高度地激活，以至于促发一系列与寻常生活不同的举动。在"过刀山"、走在燃烧的木炭上等仪式活动中，表演者面无惧色、无痛感的表现最为典型。有一些被称为疯子行径的出神状态与异常行为，更能说明他们是痴态的、迷幻的。这是通过非特有媒介的视觉效应和人们的举动表现出来的"迷醉"状态。无疑，非特有媒介带来的听觉效应也是如此。这首先表现在通过声响的空间性与形体性可以作用于人们的情感上。声音的发出必然摆脱躯体，通过空间而振荡，以致唱歌者/说话者自己可听见，其他的人也可以听见。而听到了这不用语言所传递的声音的人，身体上会受到极强的震撼。譬如喊叫、呻吟、叹息、啜泣和大笑对整个身体起感染作用：身体会蜷缩，筋骨扭伤时会变形，或者紧张地变得极其僵直。[①] 这些以另一种语言或不知道的语言道出的词句，与人们的行为举动（身体的变形、象征性的动作或狂热的舞蹈），均是处于神灵附体或迷醉状态时可预料的标志。概言之，不管是由视觉还是听觉所获，不管是冲击性的推动力和能量，极度的热情，翻腾的兴奋，还是固执而不动摇的决心，我们都可以把这一切当作化为形体的特别过程来感受，或如同碰触直接对观众的身体起作用，改变身体的状态一样。而之所以把这一切当作化为形体的过程来感受，是因为意向性的压力对整个过程起了推动性的作用，它使对象提供承载意义的感知形式，以回应此意向。交流便在这主客观相互构筑的意义循环中产生且备受其影响。

可以说，神话仪式和其他演示叙述在特定时刻可谓起到了将古老的集体凝聚成为一个单一的有机体的作用，它为集体中的成员提供了一致的情感和高度的参与感（将自己作为群

---

① 艾利卡·费舍尔·李希特：《行为表演美学——关于演出的理论》，余匡复译，上海：华东师范大学出版社，2012年，第189页。

体的一部分经验)。① 而上述情感(敬畏、喜悦与迷醉)与一个社会体的元语言和元文化结构具有类似的功能。在演示性叙述中,它通过演示性叙述的现在在场性来实现:演员和观众身体的同在现场,可将一切化为形体的过程即符号化的过程。人们通过目光、声响、肢体的碰触,获得的一种直观感受。而演示类在场性所触发的直观感受以及非特有媒介(或演示类体裁)产生的意向性压力,会作用于人们的交流与互动之中,从而影响整个意义获取的过程。

作者简介:胡一伟,四川大学文学院新闻学院符号学－传媒学研究所成员。

---

① 尤里·M.洛特曼:《文本运动过程——从作者到读者从作者到文本》,彭佳译,《符号与传媒》,2011年,第3辑,第199页。

论人类共相

赵毅衡

【内容提要】 人类共相,是所有的人类,不管文明何种形态何种"程度"的,必定具有的表达与解释意义的方式,而动物无论如何高级都不会种属性具有。因此,找出人类共相,就是找出了人类认知不可或缺的基础。经过人类学、生理学、心理学、社会学、语言学、符号学、叙述学、音乐学等各界学者的共同努力,已发现的人类共相数量远远超出我们的预期。近年学者们也开始了对这些共相背后的人类认知方式规律的探索,也为一个有效的意义理论之建立,提供了认知学的规律。

【关键词】 人类共相　文明　意义理论　认知

On Human Universals

【Abstract】 Human universals are ways for meaning-producing and meaning-interpretation, that are shared by all human races, no matter of what type of civilization and to what "degree", whereas not shared by animals as species. Therefore, to locate those universals is to establish the indespensable basis for human cognition. By the collective efforts of anthropologists, psychologists, physiologists, sociologists, linguists, semioticians, narratologists, musicologists, etc, the number of human universals has far exceeded expectations. In recent years, scholars have started to find the laws that govern them, so as to contribute to an effective theory of meaning with rules of cognition.

【Key Words】 Human Universals　Civilization　Theory of Meaning　Cognition

一、人类共相

"共相"这词,原是佛教术语,指针对"别相""自相"而言的"众人共同所感,共同受用之相"。"诸法之自体,唯证智可知而不可言喻者,是为自相";而针对"别相""自相"而言的,是"诸法之体性"而且"藉言语可解"。[①] 欧洲中世纪经院哲学以"共相"(universals)与"殊相"(particulars)相对。本文借用此词来表示与"特殊性"相区别的"共同性",唯识学认为共相是能讲得出来的"诸法之体性",这一点很重要,因为把共相(普遍相),等同于概念相。而《墨子》论"同",最高为"类同",共同的属性组成了类别,共相总是一种类别的概念。关于共相的思索与讨论,也是一种共相,是思想者们一直在关心的,不管他是什么文化什么宗教,凡是哲

---

① 窥基:《成唯识论述记》卷二:"为假智所缘,且可藉言语可解者,是为共相。"

学的思考,总是朝着共相推进。

本文讨论的不是一般的普遍性与特殊性的关系,那是个哲学课题。本文讨论的是认知符号学,寻找人类共同的意义方式,寻找使人类成为人类的一些最基本的意义方式。除了生理学解剖学的一些基本身体特征之外,全世界人种看起来很不相同,却有许多绝无例外的共同特征,除了身体的生理共同点之外,人都具有所谓"心灵"(Mind),而心灵又有许多共同之处。

心灵的最大特点是追求意义:感知并体验意义,发送意义,解释意义,并且在行为中使用这些意义。人类共相,就是人的心灵处理意义活动的方式。我们要讨论的不是人与生物之间的共相,而是人作为生物的一个类的特殊共相(specie-specific),只有人才具有的共相,也就是使人成为人的一些基本品质。

确定任何一种人类共相,必须做两个区分工作:首先与离人最近的一些物种(例如据说脑子与人最相近的黑猩猩)的习性特征仔细相区分。这个工作比较容易,自达尔文指出人类从动物进化而来,此后二百年来不少生物学家挑起了这个担子,有一些很出色的研究讨论人类也有不少生物性[1],但是也有不少研究者仔细分辨其异[2]。因此在许多具体细节问题上,都已经有大量文献根据。

其次,我们要寻找的是人类作为一个物种的共相,也就是说,文化无论怎么独特的部族,都会具有的特征。这就必须考察所有的人类集群,尤其是那些与所谓"高级文明进程"最为隔离的,未受"主流文化样式污染"的一些部落。幸亏人类学家近二百年来为此做了大量工作,积累了许多实地调查材料。在当代,这样的机会越来越少,总结工作必须及时做。

因此,所谓"人类共相"(Human Universals)是两边排除的结果,一方面排除与动物或一般生物相同的特征,另一方面与各种文明的多样性特殊性相区别。文明的构成大部分来自殊相,四方习俗各有不同。我们对观察到的文明特殊性非常敏感,特殊性是我们必须仔细学习,才能有所了解的。但如果我们对人类共相缺乏了解的话,我们就会弄不清特殊性在普遍性基础上的变化。一旦忽视人类共同的意义方式底线,我们就很容易把自己的思维方式,误作为普遍性的标准,或误作为其他民族所无的特殊品格。

人类共同的一些意义方式,在人类存在的岁月中不会变化,它们已经在几千年的文明冲突中保存下来,也必将在人类的发展中长期存留下去,直到人的基因组合(genome)发生变化,直到人类在生物进化中升级到一个新的版本,才会有所变更。

如此开场,似乎是把本论文的重要性说得耸人听闻,其实这个工作已经有很多学者进行了几个世纪,生物学家、人类学家的长期工作,都朝着这个目标行进。不过,认知人类学界正式提出"人类共相"这个课题,却是近二十年的事情,而在中国学界,除了心理学方面偶然见到的文字[3],始终无人作持续性的研究。可能唯一的例外是语言共相,这课题在中国研究者

---

[1] 例如著名的畅销科普读物 Desmond Morris. *Naked Ape: A Zoologist's Study of the Human Animal*. London: Delta, 1966.
[2] 例如 Judith M Burkart and Andrea Strasser. "Primate Behavior & Human Universals." *Evolutionary Anthropology*, Vol. 17, Issue 2, March/April 2008.
[3] 纪海英:《论人类心理的文化普遍性研究策略》,《南京师范大学学报》,2009 年,第 2 期。

非常多,论文与著作数量非常可观,也有学者试图追溯语言的"词源起源"说。① 这与总体的人类共相问题在中国应者寥寥的局面完全不同。相当重要的原因是语言共相问题,在外语教学与翻译上应用性很强。中国学界重眼前的应用,轻视课题的普遍意义,在此对比中暴露得太过分。

"人类共相"问题的最早的提出者,是加州大学圣塔芭芭拉分校的人类学教授唐纳德·布朗(Donald Brown),他在1991年的书《人类共相》中提出了一张60种"人类共相"的单子②;此后,他在2000年的论文中又重申了这课题的重要性③。2002年,认知学家斯蒂芬·平克(Steven Pinker)出版《白纸一张》(The Blank Slate)一书④,再次提出人类共相问题,所谓"白纸一张",指人所共有的、未受文明熏陶教育的童心,平克指出这张白纸上其实画着一些底纹图案,只是我们没有注意而已。

从那以后,学界又努力扩充这张名单,有的"共相"单子几乎长达300-400项。单子越来越长也是很自然的,因为这是一个归纳式的工作:凡是"动物没有"而人类中"至今找不到例外"(no known exception)的行为或意义方式,都是"人类共相"。更重要的是,先前这课题基本是人类学家的工作,现在许多学科的专家加入进来,他们单独处理该学科的"人类共相"。共相的要求是"找不到例外",他们的专业知识在这一点上,显然更加有效。

这工作与各种"比较研究"不同,比较研究只需在个别问题上寻找个别文化之间的"异中之同"或"同中之异",并且举实例证明。例如,把汉族的鞭炮与少数民族婚礼中驱邪仪式的其他象征符号比较,找到相似相异之处,就可以做一个比较民俗学的讨论。⑤ 而"人类共相"研究的途径(寻找"绝无例外")则是反过来,从否定的方向做。对一种方式,要求用实例证伪,要求证明某种意义或行为方式,例如某种方式的婚姻关系,在所有的人类族群中不可能不存在,婚姻就是人类共相。这样的结论无法从逻辑上推导,却必须让全世界的学者都证明找不出例外,这个人类共相就能成立。无怪乎这个单子越开越长,因为越来越多的学者加入进来。

同时,"人类共相"的课题越做越细,每一项可以分成若干子项。本来出现在认知人类学界开列的单子上的,就有各专门学科关注的领域,各学科专家并不满足于合在一道的讨论,因此就出现了语言学、社会学、认知科学、心理学、音乐学、叙述学、翻译学、教育学等分科的讨论。"语言共相"的细分条目数量上已经超过"人类共相";甚至音乐学中也已经找出36种"音乐共相"(例如颤音表现"激动"、低沉表现"威胁"等等);早在达尔文就提出"表情共相",而心理人类学至今还在争论人类最基本的表情究竟是5种还是7种。⑥ 认知学家则讨论人

---

① 肖娅曼:《超越轴心期的词源语源观:开启语言学的再创时代》,《符号与传媒》,2013年,第6辑。
② Donald E. Brown. *Human Universals*. New York: McGraw-Hill, 1991.
③ Donald E. Brown. "Human Universals and Their Implications." In (ed) N. Roughly. *Being Humans: Anthropological Universality and Particularity in Transdisciplinary Perspectives*. New York: Walter de Gruyter.
④ Steven Pinker. *The Blank Slate*. New York: Vikings, 2002.
⑤ 瞿明安:《中国少数民族婚礼驱邪仪式中的象征符号》,《宗教学研究》,2007年,第3期。
⑥ 例如 Carroll E Izard. "Innate and Universal Facial Expressions: Evidence from Developmental and Cross-cultural Research." *Psychological Bulletin*, 1994, Issue 4, pp. 288-299;近年如 Keith Oatley & Philip N. Johnson-Laird. "Basic Emotions in Social Relationships, Reasoning, and Psychological Illnesses." *Emotion Review*, 2011, Issue 4, pp. 424-433.

的基本认知方式应当分成 5 种还是 8 种。① 心理学家则在讨论人与动物都有记忆,但是"往事记忆"(episodic memory)却是人类共有,动物所无。②

新的学科不断加入进来,增长人类共相的清单,这就让我们目前无法开出一张大家都同意的人类共相单子。本文的任务并不在罗列共相,本文的目的是想找出"人类共相"现象背后的意义世界规律,也就是试图说明"人类共相"如何组成人类的基本意义方式。

二、大致的人类共相分类清单

对大致上同意的 200 项左右"人类共相"清单,我们必须做基本的整理。一般来说,学者们在处理此类清单时,为了避免在行为、认知、社会机制等各种范畴中做勉强的划分,干脆用首字母排列,免得在跨领域的"人类共相"中作硬性区分。但是这样做,对本文的研究没有用处,因为本文的任务是寻找并研究人类的若干共同意义方式,不是介绍各种学者的发现。下面的这张"人类共相"分类清单,是笔者的主观编排,争议在所难免,只求大致上符合本文讨论的需要。

思想—意义:世界观、意图、回忆、符号行为、预期、习惯、两可、做决定、自我控制、恐惧、希望、形象、心语(非语言的思维)、计划、日常常规、心灵地图、梦、神话、讲故事、有别于他人的自我、将非人之物比拟为人、批判性学习阶段、公平(平等)观念、经济不平等意识、猜测推理、级差评价、存在化(把模式或关系视为实在物)、本族中心、人脸识别、话语与思想中的抽象、言—思—行的不一致、侮辱、玩笑、警觉周围有蛇、方向感。

信仰—思想方式:文化、文化与本性的区分、选择、喜欢与不喜欢、领地意识、区分善恶、区分对错、区分真假、审判别人、以用右手为正常、逻辑概念"和"、逻辑概念"等于"、逻辑概念"相同/特殊"、逻辑概念"否"、逻辑概念"相反"、逻辑概念"部分/整体"、逻辑概念"相同"、长寿魔法、延续生命魔法、赢得爱心魔法、控制气候(的企图)、改变情绪或意识的技巧或药物、信仰超自然/宗教、关于死亡的信仰、关于疾病的信仰、关于好运厄运的信仰、神圣化、释梦、内心个人生活。

感情—表情:痛苦、害怕死亡、掩饰某些恐惧的能力、冒险、性吸引性、喜欢甜食、冲突、亲近、哀悼、表达并感到悲痛、同情、性妒忌、童年恐惧声音太响、童年恐惧陌生人、对生命体或像生命体之物的兴趣、用象征手法处理妒忌、侮辱、以否定方式回敬(复仇、报复)、伸冤、抵抗滥用权力、抵抗主宰、骄傲、羞耻、躲避、害羞表现、玩笑、道德感情、有限的道德感情序列、正常/不正常、俄狄浦斯情结、愤怒脸部表情、鄙视脸部表情、厌恶脸部表情、恐惧脸部表情、欢乐脸部表情、惊奇脸部表情、用脸部表情传达、假装或修改脸部表情。

---

① 例如 K. Egan. *The Educated Mind: How Cognitive Tools Shape Our Understanding*. Chicago: University of Chicago Press, 1997.

② 例如 Endel Tulving. "Episodic Memory and Autonoesis: Uniquely Human?" In (eds). H. S. Terrace and J. Metcalfe. *The Missing Link in Cognition Origins of Self-Reflective Consciousness*. London: Oxford University Press, 2005, pp. 3—56.

习俗—仪式：仪式、食物禁忌、断奶、假玩、玩耍、玩具、玩耍用以完善技巧、练习以完善技巧、分享食品、禁止杀人、礼节、禁忌、过渡仪式、病与死看作相连、治病（或试图治病）、医药、性遮掩、性交一般避人、吮吸伤口、死亡仪式、宴席、好客、就餐时间。

社会—文化：社会结构、主宰/服从、领袖、合作、联盟、集体认同、对付冲突的手段、调解冲突、集体做决定、经济不平等、强奸、禁止强奸、文化变异、财产、重视物质、权力不平等、贸易、习惯式致敬、政府、适应环境、卫生、轮流、群居、法律（权利与义务）、法律（成员规则）、思想的客观性被过高估计、身份概念、允诺、体制（有组织的集体活动）、男性主宰公共/政治领域、男性更多参与联合暴力、男性富于侵略性、男性更倾向于致命性暴力、男性更倾向于偷窃、男性平均来说一生走动更多、制裁、制裁对集体的犯罪、从社会单位中清除以示制裁、融入社会、长辈期望的融入社会、如厕训练、地位与角色、规定的与争取的地位、个人不同的地位、继承、三方意识（从自身与两个他人判断关系）、暴力的某些形式被禁止、合作劳动、劳动分工、按年龄劳动分工、互相交换（劳力，物品，服务）、按性别劳动分工、寡头统治、商量讨论对付冲突、民间传说、流言。

亲属—体：空间认知与行为的两性别差、出生习俗、婚姻、亲属关系有近疏区分、照顾儿童、女性更多地照顾儿童、喜欢自己的近亲的孩子、丈夫比妻子年长、包括禁止乱伦的性规范、母子乱伦禁忌或不可想象、防止或禁止乱伦、家庭或家族概念、生理母亲与社会母亲正常情况下同一、亲属集团、亲属地位、集群分散、访问、慷慨受赞美、送礼、吝啬不受赞同、非家庭的集群、集体身份、圈内有别于圈外、偏向圈内、在变化的人际关系中决定角色与人格、性地位、性规则、性成为兴趣中心、基于性别年龄亲属关系之外的地位、年龄等级、年龄地位、年龄专用词、男女老幼被视为本性不同、抚育后代的岁月母亲有男伴、继承规则。

身体—人：姿态、自我形象意识（关心别人如何看）、调整自我形象、调整社会关系、希望自我形象正面、自我负责、心理自卫机制、身体美化、发式、有别于不受控行为的受控行为、身体地位、哭泣、白昼活动、吮吸大拇指、胳膊、自我既非全被动亦非全自主、自我既是主体又是客体、各种感官综合、名字。

物质—具：挑选食物、工具依赖、工具制造、工具的文化模式化、永久使用的工具、锤击工具、武器、杠杆、用火、烹调、用矛、切割工具、容器、捆扎材料（例如绳索）、编织（例如纺织）、度量、用工具制造工具。

艺术—饰：审美、非身体性装饰艺术、音乐、部分音乐与舞蹈有关、部分音乐与宗教活动有关、视音乐为艺术（为娱乐）、儿童音乐、声乐、音乐冗余、音乐重复、音乐变异、旋律、节奏、舞蹈、包括言语方式的声乐、诗/修辞及系列等长的诗行、重复与变化构成诗行特征、用停顿分开诗行。

逻辑—畴：二元认知分化、比较、时间、过去/现在/未来、时间循环、计划未来、预言未来的尝试、补充、亲密所有、松懈占有、分类、年龄分类、行为倾向分类、身体部位分类、动物分类、植物分类、内心状况分类、亲属分类空间分类、工具分类、气候分类、术语（可能与分类相通）、性别分类、颜色分类。

笔者必须再次重复：以上的"十分类"完全是本人主观的，只是为了便于讨论。有学者把"人类共相"做更加学理化的区分，例如有的专家分成"家庭与社会组织""政治与权力""族群间关系""合作的基础""语言、思想、交流"五大项。① 这也很有道理,适合他们的讨论,但是某些分类(例如"家庭与社会组织")就会明显过大,某些(例如"族群间关系")过小。

三、语言共相,叙述共相

上面这个"人类共相",笔者故意扣除了语言 60 项,仅剩 140 项,原因是语言本身就是人类特有,任何动物所无,动物简单的交流呼声,完全无法满足语言的音节意义(音位)的最低要求。由于动物实际上无语言,因此讨论语言的"人类共相",只消就自然排除与动物的切割,只消在人类语言中共有即可。因此语言"人类共相",实际上就是语言共相。上面所列的 140 项却必须满足"动物所无、人类共有"这两个条件。

语言学家对共相的研究之精密仔细,参与的学者之多,研究的历史之长,远远超出其他学科对人类共相的研究。但是这样一来,局面反而复杂得多,至今无法找到一个大致同意的"语言人类共相"清单。

13 世纪懂得许多语言(包括阿拉伯语)的哲学家家罗杰·培根(Roger Bacon,1214—1294)最早提出"共相语法"(universal grammar)概念,中世纪很多学者参与讨论。17 至 18 世纪许多哲学家,例如亚当·斯密(Adam Smith),都参加过讨论。"共相语法"(中国语言学界一般译为"普遍语法")这个问题到 20 世纪 50 年代成为"语言学大讨论"的中心课题之一,起因是乔姆斯基提出的"转换生成语法"理论。

乔姆斯基提出,"共相语法"是人脑的基本特点,是进化而得到的基因所控制的,脑神经正常的人,就没有例外会拥有此能力。此后几十年,这个讨论没有停息过,反对意见虽多,但是拥护者提出多种社会实验测试方案,尤其是在"第二语习得"(SLA)问题上,在混合语(即洋泾浜语 Pidgin)作为母语的 Creole 式语言研究上,都似乎证明了这一点。

实际上,正是关于"共相语法"的热烈辩论,刺激了"人类共相"的整个研究。此后语言共相的讨论,推进到词语层面。在语言学中,"人类共相词语"被称为"原始词语"(primitives)。此工作的奠基者是波兰学者、华沙大学的博古斯劳斯基(Andrzej Boguslawski),1970 年他在著名符号学家格雷马斯编辑的《符号、语言、文化》一书上发表了《语义原始词汇与意义性》一文②,开启了这个领域的研究。另一位波兰女学者威尔兹毕兹卡(Anna Wierzbicka)对此做出重大推进,她在 1994 年编出了具有重要意义的文集《语义与词汇共相:理论与经验发现》③,提出了"自然语义元语言"(Natural Semantic Metalanguage,简称 NSM)概念,把这个工作推到了"人类语言学"的高度。所谓"元语言"在这里是指某个语义范畴,例如说每种语

---

① Peter M. Kappeler and Joan B. Silk (eds). *Mind the Gap: Tracing the Origins of Human Universals*. London: Springer, 2010.
② Andrzej Boguslawski. "On Semantic Primitives and Meaningfulness." In Algirdas Julien Greimas (ed.). *Sign, Language, Culture*. The Hague: Mouton, 1970, pp. 143—52.
③ Cliff Goddard and Anna Wierzbicka (eds). *Sematic and Lexical Universals: Theory and Empirical Findings*. Amsterdam: John Benjamins, 1994; Anna Wierzbicka. *Emotions across Languages and Cultures: Diversity and Universals*. London: Cambridge University Press.

言都有"此"(this),不是指英语该词,而是说这个概念范畴。

此后语言学界对"自然词语"的单子,展开了逐屋巷战,就每一个词项展开辩论:究竟是不是每个语言都有这个词语共相。如果找到一个例外,就不能算。① 其郑重其事、认真负责,不啻于生物学界发现一个新的物种。2003年德国语言学家杜尔斯特提出语言共相是"直觉地可理解的",因此是"自我解释的"。② 在语言学界引发了为什么"原始词语"是"自我澄明"的讨论。很多学者认为这种说法没有根据。的确有一部分语义单元形成了任何语言的核心,只是其边界无法确定,因为有许多语言尚未查明或已经消失。③ 而且,这些语义范畴,往往只能用英语来表达,英语是否总能准确表现原始词语?但是,不用英语又如何表示这个范畴?哪怕最后能确定这个清单,它们之所以是共相,原因也无法说明,只能说人类头脑必须有这些概念构成(因此某些语言学家建议称之为"概念原始词语"(conceptual primitives)),但是概念是否能表现于词汇,却又是一个令人生疑之处。

由于这个问题始终处于争议之中,每位"原始词语"研究者开出来的单子都不完全一样,始终处于修订之中无法定论,本文在此无法采用任何一家之说,只能采用上引人类共相中涉及语言与词汇的部分,即上一节略去的部分,整理于此。这60项语言共相既然是认知人类学的专家开列出来的,争议在所难免,仅作参考:

语言—语法:音位、最少对比特征决定的音位、音位合并、音位变化不可避免、音位变化规则、音位体系、大部分意义单位非普遍性、比喻、转喻、词素、名词、词汇多义、比喻言语、特殊场合的特殊言语、言语中的停顿与不停顿对比、象征言语、反义词、标出与非标出义素成分、语法、亲戚词来自生育关系、语言、语言用来操纵别人、语言用来欺骗、语言可翻译、语言非现实的简单反映、因语言熟练而有威望、语言冗余、音位—法—汇层次的标出性。

词汇—言语:拟声词、数字(以及计数)、数词一、数词二、音素(从10个到70个)、黑色(颜色词)、白色(颜色词)、脸(词汇)、手(词汇)、父亲母亲的词汇区分、性词汇基本上二元、至少三个人称代词、专用名字、童稚语、成语—谚语、形式矛盾的成语、事物与人的语义范畴、维度语义范畴、赠予语义范畴、位置语义范畴、运动语义范畴、其他生理特征的语义范畴、语义构成单元、常用较短而不常用较长的义素、综合比喻、同义词、禁忌语、分类语、时间单元、清浊音对比、元音对比。

此外,音乐学的、叙述学的、心理学的,其他学科的"人类共相",也很值得介绍。与语言学界相同的情况是:一旦进入细节,进入具体的分类,争议就极多。本文的任务只是介绍这个大课题,对每个领域的共相,可能需要专著来讨论。如果本文能够引发有关领域专家们的兴趣,作进一步的探索甚至挑战,笔者就觉得文有所值。

本文在此只介绍一下"叙述共相"(narrative universals)。讲故事是人类特有的表意方式,这点毋庸置疑,因为讲故事主要靠语言,仅仅用姿势讲清一个故事,具有卷入人物的情

---

① 例如关于古希伯来语有没有"bad"这个语义原始词。见 Uwe Durst. "Bad as a Semantic Primitive: Evidence from Biblical Hebrew." *Pragmatics and Cognition*, Vol. 7, Issue 2, 1999, pp. 375—403.
② Uwe Durst. "The Natural Semantic Metalanguage Approach to Linguistic Meaning." *Theoretical Linguistics*, 2003.
③ Lisa Matthewson "Is the Metalanguage Really Natural?" *Theoretical Linguistics*, pp. 263—274.

节,如哑剧或完全无字幕的无声电影,至少是非常困难的事。因此,叙述共项,指的是语言叙述共项。

格雷马斯等"巴黎学派"符号学家早就提出过"情节语法"。① 要讨论叙述内容的规律,才是对叙述共相研究者的真正考验。叙述学者津津乐道的普洛普31功能,据说能处理所有的民间故事,但是无法处理小说等复杂文学作品。讨论"人类共相",不应当仅仅适用于童话样式,而且所有的"高级叙述样式"也都必须可用。

正因为此,叙述共相的研究遇到极大困难。2003年帕特里克·贺根做了一次有益的尝试,至少是一次大胆的努力。他提出了"情绪与叙述共相四假定"②:

假定一:情绪作为引发条件或表达/情节后果,都以原型为基础;

假定二:原型叙述(包括文学叙述)从原型产生,尤其是引发情绪的原型;

假定三:浪漫的结合与社会与政治权力(包括物质财富)是取得幸福的两个主要原型。主人公追求此目标,而所爱者死亡,或完全丧失社会与政治权力(监禁或放逐)则成为悲伤叙述原型;

假定四:有两种跨文化主导结构:浪漫的与英雄式的悲剧—喜剧,都是从个人或社会的幸福原型发展出来的。

这四个假定高度概括,头上两条说明"情绪共相"来源于故事情节的原型。在这问题上,贺根与"原始词语"的提倡者威尔兹毕兹卡争论颇多,贺根认为"幸福""悲伤"之类"共相概念",并不一定词语才能表达,而可以是情景引发的情绪,因此重要的是确定情景的规律。

三、四两条试图解释所有的叙述:从最简单的寓言、童话、神话,到最复杂的文学创作,都只是在讲对幸福的追求或丧失,而幸福的追求只有两种:爱与权力。应当说,对于纷纭万象的人类故事,这个总结听起来可能是过于简单化,难以包罗万象,但是至少这两条的确可能是"叙述共相"。

四、"人类共相"研究的理论意义

这张共相单子肯定会遇到挑战。从生物学角度来考虑,应当说许多动物的属(specie)有接近上述单子中的某些单项品质(例如很像婚姻的雌雄关系),但是只是接近而已,动物并没有真正的婚姻体制。

从人类学上说,这些共相是归纳所得,逻辑上不能从这些共相中推理出"人性"的必然标准。而且,无论哪一种人类共相,都无法如科学原理那样"证伪"(unfalsifiable),唯一能做的工作是在各种人类文明中寻找例外、测试例外,最后用"例外"来做否定,只是随着文化交流时代的到来,更难找到例外,这就是为什么这个课题相当迫切。

对于"人类共相"中的任何一项,我们无法做轻率的道德评判,更不能从目前人类"高级

---

① A. J. 格雷马斯:《论意义》,天津:百花文艺出版社,2005年。
② Patrick Colm Hogan. *The Mind and Its Stories: Narrative Universals and Human Evolution*. London: Cambridge University Press, 2003, pp. 81—98.

文明"的角度来评判。诚然,人类文明水平的发展,让某些共相听来似乎应当更改,而且正在更改,例如"抚育后代的岁月母亲应有男伴";例如"共相"中相当多的是亲属关系的安排,"圈内圈外有别、偏向圈内"。而在当代文明中亲属关系比较淡薄了,但是我们应当感到惊奇,甚至感到不可思议的是:如此多的意义方式,从史前人类到当今超熟文明,几万年未变。

从意义理论上说,这张单子的重要性值得许多学界重视,尤其对认知符号学更是如此。"人类共相"中的每一项,都应当能够用意义理论(符号学、叙述学、修辞学、艺术形态学、语言学等)来解释,而且,因为这些是超出文化特殊性之上的共同品质,必须在人获取意义的本能层次上得到解释,不能完全归因于文化习得。

上面这张人类共相单子,似乎某些是行为方式,某些是认知方式,事实上行为方式与认知方式,都是意义方式,都与广义的意义活动有关。甚至如"胳肢"(tickling)这样的生理现象,看来只是人类特有的生理怪癖,专家研究后也发现这是个意义行为,是一种人际"认知互动"(cognitive interaction)的方式。① 因为人不可能对自我胳肢做出发笑反应,也不太可能对明显敌意的胳肢发笑,显然这是一种已经植入人类神经的意义方式。再例如"性吸引性"(sexual attractiveness),动物当然能觉察到异性个体的性吸引性,但却是严格服务于繁殖的发情期的遗传反应,不会是一种在生存中延续性的"普遍意义行为"。

人类共相的早期研究者布朗就认为,人类共相的表现是"符形的"(etic)、表现的,而共相本身是"符素的"(emic)、本质的。② 人类共相的研究,从定义上就是一种意义操作的符号化行为,甚至包括某些很物质化的活动,例如制造工具。不少动物能临时利用物件作为工具,但是人类具有"工具依赖、工具的文化模式化、永久使用的工具"的共相,不再把工具当做达到临时目的物件。而一旦"用工具制造工具"(如诗经中的"执柯伐柯"),工具就具有了"元工具"意义,工具的使用也成为文明的一个组分。

意义理论,目的是描述人类意义活动的规律,因此"人类共相"问题的研究是意义理论的核心。它可能指向了一个答案:人类不仅生理上是同一"属",人类的意义世界也只有一个。人类不仅共享地球这个物理世界,而且共享一个意义"真值"的世界,即作为人类意义对象的世界。如果"人类共相"构成了这个意义世界的基础,那么人类历史上各种文明对意义的理解,就是同中有异。

"人类共相"的研究,也指向人类各种文明的特殊性与普遍性在何处相会的问题。文化的相对主义,强调特殊是本质,它的理论基础之一,是所谓"萨丕尔-沃尔夫假设"(Sapir-Whorf Hypothesis),大致意思是语言词汇决定了我们对世界的看法,这种观点应当说是有道理的。但是语言共相的研究,证明了人类各种极其不同的语言,有太多的表意方式是共同的,因此他们的意义世界在相当多的方面是共同的。如果没有这种同一性,也就没有特殊性可言。相对主义断言没有唯一的客观实在,这世界完全由殊相构成。绝对的相对主义,实际上也否认了相对主义的可能,在一个相对成为绝对的世界上,无法肯定相对本身。

---

① R. Fagen. *The Future of Play Theory. A Multidisciplinary Inquiry into the Contributions of Brian Sutton-Smith*. Albany NY: SUNY Press, 1995, pp. 22—24.

② Donald E Brown. *Human Universals*. New York: McGraw-Hill, 1991, p. 45.

研究"人类共相",远远不只是人类学的领域,实际上是现代哲学进步的重要途径。洪堡试图分析原始语言以找到前主客体关系的状态;布留尔则以原始思维作为研究对象;胡塞尔的现象学实际上追溯到人类意识的最基本功能;弗洛伊德的整个体系立足于"俄狄浦斯情结"这个人类共相的探讨;荣格等人的集体无意识理论,用人类的原始共相解释复杂的社会人心理;卡西尔从原始思维中寻找人的符号起源;列维-斯特劳斯几乎完全从人类基本的族群与族群间关系讨论结构主义;皮亚杰通过对儿童早期心理发生的观察研究,试图理解人类思维的历史展开。这个单子还可以无穷尽地开下去。

研究"人类共相",横向上,不仅能使我们更好地理解每个民族、每个社群,甚至能使我们更好地理解每个个体的人;在纵向的时间轴上,研究"人类共相",能使我们理解人类的历史,甚至预见到人类未来的发展进化。尤其紧迫的,是目前迅速发展的人工智能。如果人工智能最后没有能取得某些"人类共相"(例如骄傲、嫉妒),那样的人工智能似乎更完美,实际上却暴露出重大的人性缺陷,这些过于"完美"的机器人,最终可能导致灾难性结果。甚至,"人类共相"的研究使我们开始警惕与宇宙生物的接触,不少科学家警告:地外生物,甚至智能生物,很可能与我们人类非常不同,与其接触,人类就可能遇到大灾难。[1] 除了生理的巨大差异之外,如果他们与地球人不共享一些重要的价值共相,那就不仅无法交流,甚至难以共处,没有最基本的共同善恶价值,就无法共处,还能如人与野兽那样,依靠一方"驯服"另一方才能生存。

因此,这张人类共相清单,几乎给符号学,尤其是文化符号学、符号人类学、认知符号学等,及脑神经科学、人工智能学等一大批学科,开出了一张课题清单。应当说,对照这张单子,我们的理论留意过的课题,以及取得的成绩,简直无地自容,研究的范围还局限于这个单子的一小部分。

中国学界往往认为普遍性太容易与"西方性"相混淆,所以一个世纪以来,大多数工作在整理中国的特殊性,以便把普遍性的"理"从西方传统剥离开来,而让中国人能够通过中国的特殊性,接受哲理所必须具有的普遍性。

这个工作是必须的,而且也是卓有成效的,但是本文说明还可以有另一条道路让我们接近普遍性,那就是研究各个领域中的"人类共相"及其演变规律,包括研究中国各民族文化中的"人类共相"。用这种方式确立的普遍性,是人类本身所具有的。既然不源自于任何一个特殊文化,当然也不是西方文化的产物,这些普遍共相,也就理直气壮地属于中华文明。

作者简介:赵毅衡:四川大学文学院新闻学院教授,符号学—传媒学研究所所长。
本文为国家社科基金重大项目《当今中国文化现状与发展的符号学研究》(13&ZD123)中期成果之一。

---

[1] 新浪科技讯 北京时间2010年4月26日消息,据《泰晤士报》报道,著名天体物理学家斯蒂芬·霍金警告说,外星人几乎是肯定存在的,但我们地球人不要努力去寻找外星人,应该尽量避免与他们接触。否则,有可能给人类带来灾难。http://tech.sina.com.cn/d/2010-04-26/10374110434.shtml

批评空间

Henry James's International Theme:
Its Relevance to China in the Twenty-first Century

Paula Marantz Cohen

Henry James's novels and stories are profoundly existential works. We cannot read them attentively without considering how our imaginative life makes us more fully human. But the relevance of James's work extends beyond this generalized application. It can also be a guide to what it means to be a creative citizen of a global community in the twenty-first century.

To understand why Henry James has such relevance almost a hundred years after his death requires an understanding of his upbringing. He was born in New York City in 1843 into a highly unusual family. His grandfather, an Irish immigrant, made a fortune in business after coming to America, and his father, Henry James, Sr., having inherited that fortune, chose to devote himself to study and to spiritual quest. Henry James, Sr. was an eccentric figure in many ways, not least in his fanatical devotion to his five children's education. He made their education the focus and passion of his life, at one point transporting the entire brood to Europe in search of the best possible schooling. He could never find what he was looking for, and, eventually, returned to America and settled in Cambridge, Massachusetts, near Harvard College, where the children spent the remainder of their childhood and adolescence. (1)

Henry James, Sr. was a loving father. His children were deeply, if not fanatically, devoted to him (less is known about their feelings for their mother). But he was also a subtly demanding and judgmental presence. He had contempt for convention and conformity, and though he wanted his children to succeed, he wanted them to do so in an original way. The two younger sons, Garth Wilkinson and Robertson, seem to have been debilitated by the paradoxical demands of their father. They struggled with depression and alcoholism over the course of their lives. The daughter Alice, as gifted as her brothers, appears to have caught between the restrictions associated with her sex and the high expectations that her father set for her brothers, and succumbed to psychosomatic illness, spending the majority of her adult life as an invalid, confined to her bed.

But the two eldest sons, William and Henry, Jr., despite their share of psychological difficulty, seem to have been nourished by their father's complicated expectations. Both were highly original, productive individuals who made monumental contributions to American culture in their respective fields.

William, the eldest, began his career as a painter, then trained as a physician, then moved into philosophy where he became one of the first practitioners of the philosophical school known as *pragmatism*, before finally detouring into psychology and becoming the founder of modern American psychology.

Henry James, too, was able to turn his demanding upbringing to advantage. He initially intended to pursue a legal career and spent a brief period at Harvard law school, but in his mid-twenties, he determined to be a writer. One of the first things he did toward this end was to leave America for Europe. America, James believed, did not have the resources required to nurture an artistic career. This thinking was not unusual at the time. Many nineteenth-century American artists and writers saw America as a site of rampant commercial growth and shallow and inadequate intellectual culture. They moved to Europe under the assumption that their own country had little to offer them.

The United States had achieved its independence from Britain only a little more than a hundred years before James made his way to Europe. The country was getting its bearings, finding its feet in a global community and, more to the point, finding its literary voice as distinct from that of its mother country—even though it spoke, at least ostensibly, the same language. English, in a word, was America's *mother* tongue—for all the positives (a great tradition) and the negatives (the sense of being second and derivative)—that this legacy entailed. (2)

In line with these ideas, American writers and artists of the period tended to be viewed in terms of two camps: in one were those who were discontent with and even embarrassed by their native background—who saw America's newness as a drawback to their aspirations. They were susceptible to the European criticism that they had, as one critic put it: "no religion, no manners, and above all, no language, essentially her own" (Quoted in Weisbuch, 130).

In the other camp were those who felt that America offered, in its very unformed state, an opportunity for make an original, modern contribution-for forging a literature, in the words of the American poet Henry Wadsworth Longfellow, "commensurate with our mountains and our rives... that will shake the earth, like a herd of buffaloes thundering over the prairies" (Quoted in Lewis, 79). The great Transcendentalist Ralph Waldo Emerson, a close friend of Henry James's father, was one of the foremost advocates of a national literature that could do justice to the promise of the new American nation.

James, the writer Edith Wharton, and the painters John Singer Sargent and James McNeill Whistler, have been placed in the former camp: artists who had no use for America, and, indeed, who scorned it for being crude and undeveloped, unsuited to the needs of a rich, creative life. Walt Whitman, Mark Twain, and James's great friend William Dean Howells have been placed in the latter camp: artists devoted to America for its energy and newness. (I should note that it is harder to find painters as uninflectedly devoted to American soil as writers, since most fine artists during this period apprenticed in Europe.)

But Henry James's positioning, for all that America was not a place where he felt he could develop creatively, was more complex than has generally been thought. Some of this complexity springs from his unusual upbringing and his father's demand for originality—

from the need to become an American writer without doing so in any sort of conventional way. But the complexity of his positioning is also related to his particular way of thinking about what it meant to be an American writer. (3)

Ultimately, James, in going to Europe, became, not more of a European writer, but more of an American one. He was able to translate an American sensibility—a set of moral and esthetic values and a disposition—into terms that would be more fully accessible to a wider audience. He was embracing Europe in order to distance it; resisting it *by* embracing it.

I speak of Europe here, but, in fact, although Henry James traveled through Europe on a regular basis and initially settled in Paris, he soon moved to England, and it is here that he made his home until his death, actually becoming a British citizen in the last year of his life. The fact that he wrote almost his entire literary canon in England is significant. America and England shared a language. Thus, living in England gave him a unique stance with respect to both his original and his adopted home. For although he spoke and wrote English, this was not the English of Britain or even of its still extant colonies. It was American English, in some sense derivative of the British mother tongue, but in another sense different, much newer and more vital.

It is useful here to invoke Homi Bhabha's ideas about *hybridity*: the creation of new forms of linguistic expression that incorporate cultural difference, including the disparities between colonizer and colonized. Bhabha's point, which is especially relevant to James, is that cultural identity emerges in this highly contested and ambiguous space—and that writing that reflects cultural identity also incorporates this multivalent, ambivalent, uneven expression. Writes Bhabha: "Hybridity is the revaluation of the assumption of colonial identity through the repetition of discriminatory identity effects... Hybridity is the name of this displacement of value from symbol to sign that causes the dominant discourse to split along the axis of its power to be representative, authoritative." (112—113) Bhabha is speaking of the colonized individual, but the same can be said of the immigrant. Both experience a "repetition of discriminatory identity effects" that splits or revaluates the "representative, authoritative" discourse. One can see how James's decision to expatriate himself places him in the position of such a hybrid character, giving him access to a larger perspective on his own nation and on his adopted nation. This situates him in a better position to create a national literature that also transcends the bounds of nationality as it might be understood in a limited, self-contained, or what Bhaba would term a "discriminatory" sense.

To extend this thinking further, we can refer to Jacques Derrida's essay, "Monolinguism," in which he discusses the hybridity of his own language. Derrida identified himself as an Algerian Jew whose French was inflected by that heritage and cultural context, much as he noted that Franz Kafka's German was inflected by aspects of the Yiddish that constituted his Jewish identity. One could say that for Henry James, American English was to his writing what Algerian French and Yiddish German was to Derrida and Kafka.

But the fact that James was writing in English also constitutes a significant difference from these writers. English is now a global language—it was beginning to become one at the time James was writing. This is relevant to the use of his work as an allegory for our current world, where English is, unarguably, the *lingua franca*—the phrase itself the vestige of an era when Latin served in that place within the Western world. Now, the *lingua franca* is not confined to the West. This fact has certainly been lamented in some quarters—and there may well be a time, in the not so distant future, when this will change and the *lingua franca* will shift from a Western language to an Eastern one—but for the moment, the pervasiveness of English is a given, not only for international diplomacy but for a large swath of cultural expressiveness as well.

This is where the allegorical aspect of James's writing seems particularly relevant to Chinese culture.

At the center of much of James's work is the *international theme*: the placement of an American character, usually an American girl, into a foreign context, and the chronicling of how she manages in that context. James spells out his intention explicitly in the Preface to his 1881 novel, *Portrait of a Lady*, which follows the adventures of his American heroine, Isabel Archer, as she struggles to assert her identity abroad. After acknowledging that his heroine appears to be a rather negligible person in being a penniless, parentless American girl, he notes, nonetheless, "how absolutely, how inordinately, the Isabel Archers, and even much smaller female fry, insist on mattering"(xiii). This statement has been understood to refer to primarily to the gender of his character. Heroines, for all that they had a tradition at the center of English novels, were, in being confined to domestic space, seen to have little influence beyond that circumscribed world. Mark Twain, James's contemporary and, to some extent, his cultural antagonist, made a point of denigrating Jane Austen, for example, for what he saw as her trivial, feminine preoccupations. But along with the fact of Isabel Archer's gender—and subtly in conjunction with it—James was also referring, I believe, to the American aspect of his heroine. Isabel, as an *American girl*, was able to *do* things in a global context that had not been previously imagined for girls—or for Americans—before. Her experience abroad is primarily in England, Italy and France, but at one point in the novel she takes a world tour that extends to Eastern countries as well. Isabel sees the world and proceeds to settle in a place distant from her American home in order to better assert her American identity.

It seems fitting that James uses Isabel and women like her as protagonists in so many of his novels and stories. They mimic his own position as both outsider and insider to the culture in which he wrote. The female position was both inside patriarchal society in an essential way *and* marginalized within it, in the same way that James was both a native speaker of English and a non-native of Britain, whose language he nonetheless could use with fluency in his writing. The fact that Isabel is a woman—not conventionally the sort of character who would support a large, serious novel at the time James was writing—makes her akin to the sort of colonized sensibility Bhaba described as capable of "splitting" the discriminatory discourse and recalibrating it in the process. James uses her as his protagonist and his alter-ego because she could exaggerate the position of the outsider, the re-located self, as it struggles to both assimilate and to reshape the dominant discourse that he wishes to appropriate for his own purposes.

To extend this correspondence further, I would argue that James used Isabel Archer as a stand-in for his own position as an American writing abroad, trying to forge a serious literature that borrowed ideas, cultural density, and structural notions from a great European tradition, but that, at the same time, provided it with "American characteristics." He was reversing categories—writing about America from Europe, and employing an American girl as his protagonist in order to find a vantage point from which to frame and distill his own identity as both a writer and an American. This cultural positioning corresponds to Walter Benjamin's idea of translation as an attempt to find the *pure* language that can be approached through bringing the original to a wider audience. This is the means of giving it continued life in a new and foreign space—of "writing between the lines," as Benjamin put it, of an original text. It was as though James were trying to conflate both the original and the translation into one thing—both in his act of expatriation and in the derivative of this act that was his fiction. He was doing this, moreover, both for the sake of his national literature and for the sake of himself as an individual, seeking to find a voice apart, though derived from, of his profoundly enmeshed and much-loved family of origin.

In Derrida's provocative lecture "Of Hospitality," he refers to the "impossible" nature of the concept of being hospitable—how difficult it is to open oneself to a guest in such a way as not to be coercive on the one hand or usurped by the guest on the other. This is, of course, the conundrum of translation, insofar as it partakes of the difficulties associated with the colonial or third-world position. Isabel Archer, James's expatriate heroine in *Portrait of a Lady*, is, as guest to her European hosts, both their victim and their oppressor. She cannot be adequately accommodated into the foreign environment, and yet, in marrying the man she eventually chooses (a sterile esthete named Gilbert Osmond, an expatriate American of the sort who has entirely "sold out" to the European ethos), she initially thinks that she can supplement her identity in positive ways. She ultimately discovers that Osmond is a degrading and debilitating influence on her. Indeed, one way of understanding Gilbert Osmond is as a collaborationist in support of a colonial oppressor. He is complicit with a subtle intellectual and moral European imperialism. One can also understand him as a bad translation of a European original, someone who is willing to betray his own heritage and adopt the worst and most superficial characteristics of another culture. He represents that aspect of Europe that, by being bound to ritual and tradition, limits self-expression and self-realization—that stunts moral and creative growth.

Osmond's rival for Isabel's hand and his polar opposite in the novel is Caspar Goodwood, who will have no dealings at all with Europe. Goodwood is fiercely devoted to his own country and has strong upright values, but without the poetical inflection or cultural curiosity that characterizes Isabel Archer—or Henry James himself. Goodwood—his name tells readers how to view him— is a solid specimen of a man, but stiff and simple and ultimately inadequate as a consort to Isabel insofar as she stands for a more creative and morally flexible American identity. She has the capacity, in the manner of a good translation, to be both elevated by foreign influence and to elevate it, in turn.

At the end of the novel, although Goodwood begs Isabel to return to America with him, she chooses to return to her marriage to Osmond and stay in Europe. This decision has been a source of much controversy among critics, who find her return to be puzzling or simply masochistic. I suggest that the act must ultimately be understood less as a stoic acquiescence to a bad marriage than as a refusal to capitulate to American provincial life—to what is accepted, stereotypical, and known. It represents a refusal to succumb to the sort of simple, untranslating and untranslatable sensibility associated with Caspar Goodwood. Indeed, the favored reading that Isabel returns to her marriage in order "save" Gilbert Osmond's daughter Pansy strikes me as a metaphor for the idea that the American in Europe, as James immodestly understood it, could have a morally renovating influence on that ossified Old World culture—while gaining creative resources in the process.

Henry James's particular use of his own language was, then, a way into forging an American literature, even as he wrote it outside of America in that very world that threatened to marginalize, usurp, and co-opt him. In this sense, he very much reflects the hybridity that Homi Bhaba and others have identified as the primary form for identity, insofar as it lays bare the borrowing and interpenetration of the colonizer and the colonized. James was an example of this hybridity, and in addition, very much a self-conscious practitioner of it.

For Isabel Archer to find a place in Europe, for James to find a place for her that takes full and satisfying advantage of her excellent traits and potentialities, is difficult—much as it is difficult to find a way to translate one culture into another. And yet the effort to do so—the fact that Isabel chooses to go abroad rather than stay in the creaky old house in Albany, New York and marry the predictable, upright young man—is a great boon both to her and, one could argue, to those she meets in the course of her travels. The conjunction is, most of all, a boon to literature—one that James continued to explore through novels and stories that take advantage of the international theme, and which achieves its consummate expression in his last novel, *The Golden Bowl*. In that book, the idea of translating the American into a European context is more fraught with danger and difficulty, and linked far more explicitly to art and creativity.

To be a global citizen, to be open to difference but to remain an American, which James was trying to represent in *Portrait of a Lady* and more subtly in *The Golden Bowl*, strikes me as a model of sorts for what China might envision for itself in the twenty-first century. China is a country that, unlike America in the nineteenth century, has a long and venerable cultural history. Still, like America at that time, China is now flexing its global muscles, showing a freshness, an energy, an idealism, that could help to transform the world in important, positive ways. Contemporary China stands as capable of entering the global culture much in the way that Isabel Archer as a metaphor for modern America entered European culture at the end of the nineteenth century.

Chinese students and scholars are potentially able to understand their own culture more fully from a foreign vantage point—by studying other cultures, particularly, American culture as China's counterpart and foil. This also allows for theoretical work done in the West to be adapted to a Chinese perspective.

More radically still is the opportunity to assimilate Western literature and theory to Chinese needs not only in Chinese but also in English. With English readily available to many Chinese scholars, the language need not serve as a derivative of Western culture but rather as a means of combining both original and translation into its own unique hybrid. It is not, in other words, necessary to see English as the reflection of a Western mindset or a colonialist authoritarian power, but rather as a tool for the expression of a uniquely Chinese cultural perspective made available for global use and global transformation.

What, then, does it mean to be a Chinese delegate to the world, much as James used his expatriate status, to export ideas that would not have been given circulation and promotion through any other means? What is required to approach that ideal language that Benjamin hypothesized, and to excise the hostility inherent in hospitality that Derrida more pessimistically postulated? It is unclear what, precisely, the future will bring, but using James's novels as a guide, one can see China's role in the twenty-first century as resembling America's at the end of the nineteenth. It was an enormously hopeful, if also a difficult and tempestuous time for America, and the beginning of a great period of productivity, influence, and creativity.

Endnotes

1. There has been a veritable library of books written on Henry James's life and of his relationship to his family. Still definitive is Edel's magisterial and Freud-inflected, 5-volume *Henry James*. On Henry James, Sr., see Habegger.

2. The vexed issue of an American literature is the subject of much writing, going back, as noted, to Longfellow, Emerson, and Whitman. Their views on the subject are discussed and quoted in R. W. B. Lewis's classic *The American Adam* and my *Silent Film and the Triumph of the American Myth*. On the expatriate tendency of this period and the British influence on American literature, see Weisbuch.

3. On the issue of James's "Americanism" and his feelings about patriotism, see Monteiro. Also see *The American Scene* for more on James's complex feelings about America.

4. For a discussion of the relationship of Chinese culture, translation, and globalization, see Wang Ning.

Works Cited
Baba, Hhomi. *The Location of Culture*. New York: Routledge, 1994.
Benjamin, Walter. "The Translator's Task." Trans. Stephen Rendall. *TTR : traduction, terminologie, rédaction*, vol. 10, n° 2, 1997, p. 151—165.
Cohen, Paula Marantz. Silent Film and the Triumph of the American Myth. New York: Oxford University Press, 2001.
Derrida, Jacques. *Monolingualism of the Other: Or, the Prosthesis of Origin*. Trans. Patrick Mensah. Stanford University Press, 1998.
—and Anne Dufourmantelle. *Of Hospitality (Cultural Memory in the Present)*. Trans. Rachel Bowlby.

Stanford University Press, 2000.

Edel, Leon. *Henry James*. 5 vols. New York: Avon, 1978.

Habegger, Alfred. *The Father: A Life of Henry James, Sr.* Univ. of Massachusetts Press, 2001.

James, Henry. *The Portrait of a Lady*. New York: Charles Scribner's Sons, 1908.

——*The American Scene*. London: Chapman & Hall, 1907.

Lewis, R. W. B. *The American Adam: Innocence, Tragedy, and Tradition in the Nineteenth Century*. University of Chicago Press, 1959.

Monteiro, George. "Americanism in Henry James' 'The Modern Warning.'" *American Literary Realism*. 43, 2 (Winter 2011): 169—174.

Wang, Ning. *Translated Modernities: Literary and Cultural Perspectives on Globalization and China*. New York: Legas, 2010.

Weisbuch, Robert. *Atlantic Double-Cross: American Literature and British Influence in the Age of Emerson*. University of Chicago Press, 1989.

作者简介:Paula Marantz Cohen,德雷塞尔大学英语文学杰出教授。

亨利·詹姆斯和美国

毛 亮

【内容提要】 在19和20世纪相当长的一段时间内,美国重要的小说家亨利·詹姆斯曾颇受当时美国本土批评家和文化人的诟病。由于詹姆斯的个人经历与他对美国文化的批评,他被认为是美国文明与主流文化的"陌路人",是一个欧洲化的、完全不理解和不认同美国民主社会的作家。这样的看法是十分偏颇的。本文试图回溯这种偏见的来源,并尝试通过近期美国文学与历史研究的成果,来还原詹姆斯所处的历史语境,特别是他所属的波士顿文化精英群体的经历和贡献,说明詹姆斯并非美国文明的"外人",而他和整个波士顿文化精英群体在美国"镀金时代"中的文化与思想工作,为美国文明的自我更新和拓展做出了重要的贡献。

【关键词】 亨利·詹姆斯 美国民主 范·维克·布鲁克斯 莱昂纳尔·屈瑞林 霍华德·芒福德·琼斯 波士顿文化精英

Henry James and America

【Abstract】 For a good part of the nineteenth and twentieth centuries, Henry James had been subject to frequent censure by American critics and cultural historians. Because of his choice to settle in Europe and his often relentless criticism of the contemporary culture and ethos of the middle-class order in America, he was often portrayed as a Europeanized writer who willfully alienated himself from the democratic society of his native country, which I believe is a seriously prejudiced view of James. This essay attempts to trace the origins of such prejudices, at the same time trying to recover the historical and cultural contexts in which James lived and worked, with particular attention to the New England cultural elite in Boston of which James had been a member. If we have a better understanding of the contributions made by the New England cultural elite to American culture during the Gilded Age, we would see that James had never been an outsider to America, but always an engaged though critical participant, who played an important role in the renewal and renovation of American literature and culture.

【Key Words】 Henry James American Democracy Van Wyck Brooks Lionel Trilling Howard Mumford Jones Boston Cultural Elite

在19世纪的美国文坛上,亨利·詹姆斯是不多几位获得世界声誉的小说家之一。虽然他的作品在欧美都获得了极高的赞誉,但是从19世纪后半叶直至20世纪中期,美国思想史家和文学史家对詹姆斯的评价却是毁誉参半,甚至是"毁"多于"誉"。虽然詹姆斯在小说创作和小说理论方面的成就,使他成为欧美文坛上"大师"级的人物,但是,如何定义詹姆斯与美国思想与文学传统之间的关系? 正是在这个问题上,美国文学界与思想界内部长期以来,一直存在着巨大的争议。因此,本文试图对这个问题的由来和演变,做一个简单的回顾和讨论。必须说明,我并不是要为詹姆斯辩护或"正名",而是试图辨析詹姆斯与美国文化传统之间复杂联系的一个小侧面。

美国文明的"陌路人"

如果我们梳理一下美国文学思想界曾对詹姆斯做出的各种批评,大概可以归结为这样的一个结论:詹姆斯对美国的民主价值观缺乏认同,对美国民主社会的文化缺乏同情,对美国现代社会的状况缺乏了解。总之,可以说,詹姆斯是美国文明的"陌路人"。

这个看法并不是在詹姆斯去世之后才形成;在他旅居英国的二十多年中,美国文化与思想界对他一直有类似的批评。詹姆斯本人的文学创作,似乎也为这样的看法提供了不少的"素材"。有一个为人熟知的例子,早在1879年(36岁)时,詹姆斯撰写了一篇重要的评论文章《论霍桑》,其中他对美国社会和文化土壤的"贫瘠"做了非常不留情面的评价:

> 我们可以一一列举出那些在别的国家里存在的、高度发达的文明所具有的"文物制度",而它们在美国社会的生活中却难觅踪迹,直至我们会惊讶地想,美国到底还有些什么。我们没有欧洲意义上的国家,甚至几乎连一个含义明确的国名也没有。我们没有君主,没有王室,没有欧洲意义上个人的忠诚感,没有贵族,没有教士,没有军队,没有外交部门,没有乡居的绅士,没有宫殿,没有城堡,没有封建领地,没有年代悠久的乡间别墅,没有牧师的老屋,没有茅草覆顶的村居或布满常青藤的废墟,没有大教堂,没有修道院,没有小小的诺曼人的礼拜堂,没有伟大的大学和英国式的公学——没有牛津,没有剑桥,没有伊顿和哈罗,没有文学,没有小说,没有博物馆,没有绘画,没有政治阶层,没有在野外专事游乐运动的人群,真可说是一无所有!①

这段让詹姆斯"饱受恶名"的评论文字,其实有其在那篇文章中的上下文。詹姆斯对美国文明做出明显有所夸张的负面评价,更多地是为了反衬和说明美国社会和文化环境难以为像霍桑这样的天才小说家提供足够的文学素材,所以美国作家需要面对他们的欧洲同行所难以想象的创作困难。这层意思,霍桑本人也有过类似的表述,但却丝毫没有影响美国主流文学评论界对他的评价。② 当然,詹姆斯给人留下美国文明"陌路人"的印象,也不单单缘于这段文字,而是涉及很多因素:比如他来自于新英格兰上层"老钱"(Old Money)家族的背景;父亲老詹姆斯携家经常往返迁居欧美之间的早年经历;詹姆斯本人后来长期旅居欧洲、

---

① 引自 Roger Card (ed.). *Henry James: the Critical Muse*. London and New York: Penguin Books, 1987,第113页。
② 霍桑在长篇小说 *The Marble Faun*(中文译作《玉石人像》)的前言(Preface)中,就言及美国无法成为任何传奇小说(Romance)的背景,因为这里缺乏"古老的历史、神秘的故事"等,而只有"大众的物质繁荣,普遍而简单的白日的阳光",而传奇小说需要"古老的废墟"而得以成立。霍桑所言的大意与詹姆斯并无二致,只是因为他的主要作品都是以美国为背景,而他的讨论也局限在传奇小说这个文学形式的问题上,所以没有招致激烈的批评。见 Nathaniel Hawthorne. *The Marble Faun*. London and New York: Penguin Books, 1990, "Preface",第3页。

二十余年未返故国的情形;同样也包括詹姆斯小说的主题和内容大多无涉美国本土社会等等。所有这一切,似乎都"坐实"了他与美国文明之间的疏离和隔阂的关系。

当然,要弄清楚这个"陌路人"的批评,我们还需要回到当时的历史与文化语境之中去,才能了解这个判断的由来。詹姆斯出生于 1843 年,于 1915 年在英国去世,而其主要的生活和创作的年代,正好涵盖了美国从内战之后到 20 世纪初这一段非常重要的历史时期。美国社会在这段时期之内,经历了政治、经济、社会、文化和族群各个方面巨大而又深刻的变化。换言之,这是美国从内战之前相对简单的传统社会,转变为一个复杂多元的现代性社会的关键时期。同时,这也是一个美国社会"力量"与"能量"的释放多于审慎和反思的时代,而美国本土的思想和文化领域也开始分化,出现了相互对立、差异巨大的文化观念和文化形态。阶级的分裂、种族的矛盾、移民群体的大量涌入、劳资冲突随工业化的深入而日趋激烈等等的社会问题,都在冲击着美国内战之前的、以超验主义者和浪漫主义作家为主体的文化和思想界精英。这是一个让他们中许多人感到很难理解但又必须面对的新时代。这个时期兴起的美国现实主义和自然主义文学、实用主义哲学思潮,以及对美国社会产生巨大影响的进步主义运动,本质上都是美国的文化和思想界对日益现代化和多元化的美国社会所做的回应和反思。不难理解,在这些植根于美国本土社会并深刻思考美国现代化进程的知识分子看来,远居欧洲而且似乎丝毫不关心美国现实问题的亨利·詹姆斯,显然不像是一个"同路人"。

从这个角度来批评詹姆斯的著作有许多,而且作者中不乏美国思想界的巨擘。比如,美国进步主义思想家沃农·帕灵顿(Vernon Parrington)在所著的三卷本《美国思想主要潮流》中,对亨利·詹姆斯这一类"逃避现实"的作家文人就颇有微词。[①] 虽然帕灵顿的书在今天看起来,已不具有很高的学术价值,但是,帕灵顿提出的批评角度和立场,在历史上却有着非常大的影响力。当然,今天的詹姆斯研究,包括美国文学研究,都已经不再被帕灵顿所提出的范式所左右;但是,仍有批评家认为詹姆斯是一位"逃避美国现实"的、具有保守主义色彩和精英文化偏见的作家,而这样的判断与帕灵顿的进步主义文学批评思想,有着千丝万缕的联系。比如,在美国文评家彼得·科恩(Peter Conn)出版于 1983 年的著作《分裂的心灵》中,论及詹姆斯的部分仍然比较强调詹姆斯文化思想的"保守性"和对现代性的"畏惧感"。[②] 实际上,读过《美国游记》的人大概都能够感到,詹姆斯对美国社会现代性变迁的态度远比这两个标签式的意思要来得复杂。

在具有本土主义色彩的评论家中,最值得一提的应该是范·维克·布鲁克斯(Van Wyck Brooks,1886—1963)。在美国,布鲁克斯是美国文学研究领域的一位开拓者,并写有两部讲述新英格兰文化与文学史的名著《新英格兰的繁盛》以及《新英格兰文化的"小阳

---

① 见 Vernon Parrington. *Main Currents in American Thought: An interpretation of American Literature from the beginnings to 1920*. New York: Harcourt, 1954.

② 见 Peter Conn. *The Divided Mind: Ideology and Imagination in America, 1898—1917*. Cambridge: Cambridge University Press, 1983. 可参考本书第二章"反动的胜利:亨利·詹姆斯"(The Triumph of Reaction: Henry James)中的讨论,特别见第 25—27 页和第 33 页。

春"》。①《新英格兰的繁盛》一书非常精彩地描绘了新英格兰超验主义思想和浪漫主义文学在 1830 至 1860 年期间的勃兴与繁荣(该书分别获得了美国国家图书奖和普利策奖);而第二部作品则描绘了新英格兰文化从内战之后到一战之前的历史变迁。读过这两部作品的人大概都能察觉到,布鲁克斯对超验主义和浪漫主义时期的新英格兰文化情有独钟,而对内战之后四五十年间新英格兰的文化则难掩失望和批判的情绪。布鲁克斯费了如此的心血来做新英格兰地区的文化史研究,并不只因为他本人与这个地区文化传统的"血缘"关系(布鲁克斯 1908 年毕业于哈佛大学并长期居住在康州);在 19 世纪大部分的时间内,新英格兰(特别是波士顿)可以说是美国当之无愧的"文化首都",因此对新英格兰文化的研究,也可以说是对当时美国思想文化中最为重要的传统的研究。

布鲁克斯对超验主义一代知识分子有明显的"偏爱",根本上还是源于他本人的文化理念。布鲁克斯看重像爱默生、梭罗、霍桑、玛格丽特·富勒、乔治·班克罗福特(首先提出美国具有"昭昭天命"的历史学家)等人,主要是因为他们体现了植根美国本土的理想主义精神:大胆而独立的思想探索,不受传统约束、充满个人主义色彩的文学想象,以及改革美国社会现实的道德勇气。这一切对布鲁克斯而言,都能够体现美国文明中最为本质和最为宝贵的精神内涵,也构成了美国文化和思想发展中传统与变革、历史与未来、欧洲与美国、自由与权威之间持久对立和辩证联系的"主旋律"。相比超验主义一代,在美国内战之后成长起来的美国文化和文学精英,在布鲁克斯看来,实在难以达到前辈的高度,尤其是在对美国本土文化的贡献上更显得逊色。布鲁克斯第二部书的书名其实就已经显示出这样的立场:所谓"小阳春"(Indian Summer)是北美一年气候中比较特殊的一段时间,大约在每年的 10 月末或 11 月初,即在严寒的冬季到来之前,会有一段突然回暖的时间;天气纵然暂时温煦怡人,但也预示着寒冬即将来临。用这样一个词来描述新英格兰文化在内战之后的发展,可以说难掩批判与失望的情绪。

正是在这样的一个框架下,布鲁克斯对新英格兰内战后的文化演变,做出了比较负面的描述。按照他的说法,内战之后的新英格兰经历了与美国其它地区类似的社会和经济变迁。资本主义制度的发育赋予了大工业和金融业以主导的地位,孕育了历代新英格兰文化精英的"老钱"家族(包括詹姆斯本人的家族)开始被崛起的"新富"阶层所取代;城市化、大规模的工厂制度以及移民群体的涌入,也使新英格兰原来相对同质化、以小城镇和乡村为主的社会结构发生了根本性的改变。新英格兰文化(包括超验主义运动)原有的社会和经济基础不复存在;而经历了废奴运动和内战风云的新英格兰文化人群体,在和平到来之后看到的却是美国政治愈加腐败,而此种情形也开始消解新英格兰文化中强烈的公共参与意识与共和主义政治传统。② 这些巨大而深刻的历史变化,在布鲁克斯看来,是新英格兰知识与文化精英群体开始发生分化,甚至逐步衰落的历史原因。新一代的知识分子,有的或如约翰·菲斯克(John Fiske)开始积极传播社会达尔文主义,视之为理解和适应美国社会新变局的方法;有

---

① 见 Van Wyck Brooks. *The Flowering of New England*. New York: E. P. Dutton & Co., Inc., 1936,以及 *New England: Indian Summer*. New York: E. P. Dutton and Company, Inc., 1940。

② 见 *New England: Indian Summer*,第 15—23 页和第 100—101 页。

的如威廉·迪恩·豪威尔斯(William Dean Howells),通过现实主义文学的理论和创作,试图以美国传统的民主平等观念来重新整合日益"碎片化"的美国社会;而布鲁克斯比较欣赏的女作家萨拉·奥恩·朱厄特(Sarah Orne Jewett),则依循爱默生所提倡的本土主义文化与审美理想,在新英格兰仍遗存的乡村与乡土社会之中,寻找新的经验和素材来延续新英格兰超验主义和浪漫主义的精神传统。

在布鲁克斯笔下,得到最多批评的文化现象大致属于两类情形。一类是内战之后出现并流行在新英格兰地区的各种"怪力乱神",比如颅相学、占星学、催眠术和不同形式的神秘主义思想;我们在霍桑的小说《福谷传奇》中,能够看到了对此种现象的生动表现。另一类则是来自新英格兰"老钱"家族的知识精英,他们与新的美国现实逐渐脱节,既不认同也无意去理解内战之后美国的社会状况,因此开始崇尚"唯美主义"的文化与生活方式,并试图在异域的文化中(如老欧洲的文化、东方文明和南太平洋群岛)寻求自我的解脱。[①] 在布鲁克斯的书中,这类"逃避现实"的知识分子中,比较典型的有查尔斯·埃利奥特·诺顿(Charles Eliot Norton,哈佛大学艺术史教授,波士顿唯美主义的代表人物之一),亨利·亚当斯(Henry Adams,出身于显赫的新英格兰政治世家,曾任哈佛大学历史教授,后醉心于中世纪宗教和艺术的研究),当然也包括亨利·詹姆斯。对这几位新英格兰文化精英,布鲁克斯的书中都安排了非常周详和重头的章节予以讨论。这当然体现出作者对于历史的严谨客观,但是布鲁克斯对他们批评和责备的态度也是显而易见的。他们原本应该但都拒绝承担赓续新英格兰文化传统的责任;而这样的"失职"不仅加剧了新英格兰文化的"败落与荒芜"(decay and desolation),也造成了这些知识和文化精英自身生活的无根状态和幻灭情绪。在布鲁克斯文化分析的逻辑下,詹姆斯当然成为"逃离""无根"和"幻灭"的典型。在书中,布鲁克斯对詹姆斯最终的评价可以说是极其负面的:他是一位"只关注艺术形式的作家,内容问题几乎无所谓";他小说中的人物都不过是作家唯我想象所制造出来的"形式游戏中的棋子"而已;他的小说与真实的世界遥远而无关,而他个人的生活则最终陷入一种身份认同的混乱和精神上的孤独。[②] 像詹姆斯、亚当斯和诺顿这样的知识文化精英的心路历程和精神幻灭,在布鲁克斯的眼中,其实也就是新英格兰文化在内战之后的命运的缩影。在布鲁克斯笔下,1890年的波士顿,处处能够感受到一种"怀旧、失望和哀怨"的情绪,仿佛"一个世界已经死去,而另一个世界则无力诞生"。

相比于帕灵顿的著作,布鲁克斯的新英格兰文化史显然具有更高的学术价值,对新英格兰文化的历史变迁也更具同情的理解力。但是,两部作品对詹姆斯的判断在本质上并没有特别大的差别。这样的判断似乎把詹姆斯"定格"为一个醉心于艺术形式、耽迷于审美价值、隔离于美国充满活力和矛盾的现代社会、独自在欧洲孤独度日的老派波士顿文化人的形象。20世纪初,未踏上祖国土地二十余年的詹姆斯,作为一位在欧美文坛享有巨大声誉的小说家,重新回到美国,他遍访故地并周游了美国西部和南方,并在多所大学发表演讲。但是,对詹姆斯的负面印象在美国文化界依然如故,甚至当时美国的总统西奥多·罗斯福对詹姆斯

---

① 具体可参考 New England: Indian Summer,第16—20章的讨论。
② 见 New England: Indian Summer,第409页。

也加以挞伐之辞。① 于是,从19世纪后半期到20世纪初,出现了一个有趣的现象:一边是欧洲文学界对詹姆斯小说艺术的成就给予极高的评价;一边是詹姆斯祖国的文学与新闻评论,却对詹姆斯的人生选择与文化归属感多有怀疑和指责。

当然对这样一位现代小说的巨匠,加以"政治化"和"脸谱化"的定义,大概在学术上首先就难以自圆其说。随着美国文学研究的发展,到20世纪中期,如此"脸谱化"的詹姆斯形象越来越受到不同学者的质疑。哈佛大学美国文学研究大家,曾著有《美国的文艺复兴》(American Renaissance)一书并奠定美国浪漫主义文学研究基础的F. O. 马泰森(F. O. Matthiessen)在哈佛大学率先开设了研究詹姆斯小说的课程,并从艺术和审美价值层面论述詹姆斯小说创作的卓越成就。另一位重要的美国文学和现代主义文学的研究者,长期任教于普林斯顿大学的R. P. 布莱克默尔(R. P. Blackmur),也从类似的角度提醒人们注意詹姆斯作品的价值。美国重要的文化学者和文学批评家莱昂纳尔·屈瑞林(Lionel Trilling),更是在其名著《自由的想象》(The Liberal Imagination)之中,独辟一章来讨论詹姆斯小说与自由主义及人文主义道德观之间的联系。与马泰森和布莱克默尔有所不同的是,屈瑞林特别注意詹姆斯的小说如何反映和思考欧洲19世纪社会的政治与社会现实。为此,屈瑞林挑选了詹姆斯作品中并不特别为人所熟悉、地位也不很突出的长篇小说《卡萨玛茜玛公主》来讨论,因为在屈瑞林看来,这部小说清楚地证明了詹姆斯对19世纪欧洲无政府主义、政治极端主义、社会阶级对立与文化冲突等问题都具有敏锐深刻的认识。② 屈瑞林的努力方向,显然是要纠正一直以来批评家对詹姆斯只关注其艺术形式而不顾及思想观念的做法,也试图让詹姆斯研究能够摆脱帕灵顿和布鲁克斯观点的窠臼。另外值得一提的是,美国批评家F. W. 杜佩(F. W. Dupee)在1945年所编辑出版的批评文集《詹姆斯问题》(The Question of Henry James)。这大概是最早一部认真汇集19世纪末以来重要学者和作家所撰写的、有关詹姆斯的批评文章的文集;而且,杜佩还特地将不同甚至对立的批评观点放在一起,以呈现出詹姆斯文学创作与文化思想的复杂性。③ 当时开始认真对待詹姆斯的文化与文学思想的批评家肯定不止上述几位。英国文学批评家F. R. 利维斯(F. R. Leavis)在其论述英国小说史的名著《伟大的传统》(The Great Tradition)一书中,将詹姆斯与乔治·爱略特和约瑟夫·康拉德并列为英国小说传统的代表性作家。不过,从美国的语境来看,像马泰森、布莱克默尔、屈瑞林和杜佩这一代学者,的确为后来的批评家打开了全面客观地解读和阐释詹姆斯文学作品与文化思想的大门。

---

① 见 Andrew Taylor. *Henry James and he Father Question*. Cambridge: Cambridge University Press, 2004, 第 2—3 页。老罗斯福总统眼中的亨利·詹姆斯,不仅"人格力量薄弱"(undersized)、"缺乏男性气概"(effeminate),而且也没有爱国主义精神。同时,詹姆斯对老罗斯福的印象也非常不佳。

② 具体见 Lionel Trilling. *The Liberal Imagination*. New York: Charles Scribner and Sons, 1976,特别是第四章"The Princess Casamassima"对詹姆斯小说和思想的讨论。

③ 见 F. W. Dupee. *The Question of Henry James*. New York: Henry Holt and Company, 1945.

重新"定位"詹姆斯:文化与历史的视角

近几十年来的詹姆斯研究的成果,已经从根本上改变了"脸谱化"的詹姆斯形象,为我们复原了一个更加丰富,也更加真实的亨利·詹姆斯。这些研究的角度之多样,涉及话题之多元,从最近出版的《批评语境中的亨利·詹姆斯》(Henry James in Context)一书中就可见一斑。① 被广泛采用的美国文学选本,如《诺顿美国文学读本》(The Norton Anthology of American Literature)等,也都将亨利·詹姆斯纳入其中,完成了作为美国作家的詹姆斯在学科和教学层面上的"经典化"过程。在这些研究中,值得一提的一条路径是结合文学和思想史两个领域,建立亨利·詹姆斯的文学创作与美国思想传统,特别是和实用主义哲学传统之间的联系。② 亨利·詹姆斯的兄长,威廉·詹姆斯就是美国实用主义哲学的创始人之一,因此在兄弟二人之间寻找精神和思想的契合点,自然有着一定"先天"的合理性。实用主义哲学从查尔斯·皮尔斯(Charles Peirce)、威廉·詹姆斯、约书亚·罗伊斯(Josiah Royce)直到约翰·杜威(John Dewey),是一个植根于美国本土而且具有极强现代意识和社会意识的哲学传统。因此,找到亨利·詹姆斯和实用主义哲学之间的"契合点",则可以论证詹姆斯的思想本来就具有强烈的本土意识(非"逃避美国社会")、现代意识(非"逃避历史")和社会性关怀(非"逃避现实的唯美主义者")。这些考虑应该是这条批评路径的共同关怀。当然,是否能够用一个哲学理论的框架,来解读充满复杂和模棱的詹姆斯小说文本,仍然是一个值得探讨的问题。但是,就这条批评路径而言,另一个值得我们提出的问题是:假如帕灵顿和布鲁克斯将詹姆斯排除在美国主流文化之外是一种批评的谬误,那么,通过把詹姆斯和实用主义哲学思想联系起来,并以此来论证为什么詹姆斯应该被归属到美国主流文化传统之中去,虽然这两者的结论相互对立,但是它们所使用的"文化主流"的批评逻辑,是否也有异曲同工之趣?

我们换个提法,这里实际上涉及到两个不同的问题。第一个问题是,詹姆斯是否属于美国文化主流?第二个问题是,我们是否应该认为美国文化有一个主流传统,而不属于此传统的作家则缺乏文学、文化和思想上的价值?但凡一个人类社会和文明,都会有一个相对而言居于主导地位的文化和文学传统。然而,仍需注意的是,居于这个主流传统之外的"支流",是否必然就没有什么价值和意义可言?或者说,它们就必然是对社会现实的"否定"和"逃避"?以美国为例,毫无疑问,与欧洲贵族社会不同,崇尚民主和平等观念的中产阶级文化在18世纪之后就一直居于主导性的地位;但是,我们不能说,美国其它的文化传统就一定没有对美国文明产生巨大而不可忽视的影响。清教神学观念在18世纪之后,就逐渐成为美国主

---

① 见 David McWhirter (ed.). *Henry James in Context*. Cambridge: Cambridge University Press, 2010, 此书比较全面地列出了目前詹姆斯研究领域中的关注点,可以看出目前詹姆斯研究的广度。

② 这方面最有代表性的著作是本书之前提到的 Ross Posnock 所著的 *The Trial of Curiosity*, 此外如 Joel Kress 所著 *The Figure of Consciousness*: *William James, Henry James and Edith Wharton*, 以及 Christin Boudreau 所著的 *Henry James' Narrative Technique*: *Consciousness, Perception and Cognition*. New York: Palgrave MacMillan, 2010.

流文化之外的"支流",但是清教的影响力始终贯穿于美国社会各个阶层的文化与精神生活,直到今天亦是如此。美国独立革命时期的意识形态,可以说是以经典自由主义和自然权利学说为"主流",但是历史学的研究告诉我们,共和主义政治传统、封建政治理论和英国宪政传统也同样塑造了美国革命的进程。少数族裔的文化和文学传统并不处于美国文化的主流,但是在历史上,非洲裔美国人文化以及其它族裔文化的繁荣,不止一次丰富和影响了美国主流文化传统。

屈瑞林在《自由的想象》一书的第一章"美国思想中的现实问题"(Reality in America),开宗明义地对帕灵顿的文化与历史研究提出了批评。屈瑞林质疑的要点,就在于我们是否应该用"主流"(Main Currents)这个概念来界定和评判美国文化中不同的形态和各异的传统。屈瑞林指出,帕灵顿历史学著作的弱点就在于他忽视了一个基本的事实,即"一个国家的文化其实并不能用'主流'这个概念来形容。一个文化并非一条川流,也不是由众多支流汇聚而成;它的存在形态是不同声音之间的相互抗衡,或者至少是一个相互争论的过程。如果不是这样的一种辩证关系,那么它就根本不可能存在"。[①] 屈瑞林的话,在今天美国文学研究中多元文化主义和少数族裔文学日益兴盛的情形下,似乎不过是"老生常谈"而已。不过,如果细读屈瑞林的批评,我们会发现,他的目的并不是要为美国社会的少数群体争取文化上的地位。屈瑞林要批评的,是帕灵顿著作中明显表露出来的"反智主义"(anti-intellectualism)倾向。在屈瑞林看来,美国中产阶级文化(即帕灵顿所云之"主流")人为设立了一个二元对立,即所谓"现实"与"心灵"或"精神生活"之间的对立。按照帕灵顿的逻辑,凡对个体意识和个体精神生活的探索要多于关注美国社会日常"现实"的作家,大底都可以被划为"逃避现实"、处于美国"主流传统"之外的人,就如同帕灵顿对詹姆斯的评价所示。屈瑞林认为,帕灵顿著作中表现出来的思想倾向也并非他个人所独有,而是他所代表的美国中产阶级文化意识中根深蒂固的一个教条。[②]

在我看来,屈瑞林对帕灵顿的批评并不是老生常谈,也不是当下多元文化主义的一个"前奏"。屈瑞林所批评的,是美国中产阶级文化中的"本土主义"偏见,是它的狭隘庸俗、只见"事实"不见"价值"的思维习惯。应该看到,美国居于"主流"的中产阶级文化,压抑的不仅是少数族裔和少数群体的声音,它同样压抑那些试图在更广阔的文明世界中,探索人的精神自由和价值理念的作家和知识分子。所以,屈瑞林的批评能够提醒我们,在研究美国文学和美国文化时,要注意的不仅是少数族裔的声音,因为被中产阶级文化放逐到"边缘"的,同样也包括那些将视野投射到美国本土社会之外,或将想象延伸到内心世界最深处的精英文化群体。以亨利·詹姆斯为例,他所属的波士顿精英文化群体,就被布鲁克斯和帕灵顿认为是"逃避"美国现实,转而在异域的文明中寻找个人的精神寄托的人们。然而,这样的结论是否恰恰源自一种中产阶级文化主流的偏见呢?我们可以问,在何种意义上,亨利·詹姆斯等波士顿知识分子应该被看成是美国文化的"陌路人"呢?

换言之,如果我们试图重新"定位"詹姆斯与美国文明之间的关系,那么,要论证的不单

---

① 见 *The Liberal Imagination*,第 9 页。
② 同上书,第 10 页。

是詹姆斯与美国主流思想传统之间有哪些"契合"之处;首先应该思考,詹姆斯所属的波士顿精英文化群体,即便他们不属于美国中产阶级文化主流,我们是否就应该把他们所做的一切,都归结为沉迷于"唯我"和"怀旧"情绪的审美游戏?也就是说,如果要重新思考詹姆斯与美国文明的关系,首先应该重新评价的是内战之后的波士顿精英文化群体的地位。我们没有必要否认中产阶级文化在美国的主导性势力,但是应该去探讨,詹姆斯所属的这个精英文化群体与美国社会主流文化之间的"争论"何在?这样的"争论"的价值和意义何在?这样的"争论"与美国文明的内在复杂性有何关联?

一般而言,我们提到新英格兰精英文化传统,往往会用到两个形容词。一个是 genteel,这个词比较难以翻译,一般我们译为"高雅"或"雅致",但却未必达意。最早提出这个概念的,是 19 世纪西班牙裔的美国重要哲学家乔治·桑塔亚那(George Santayana)。他曾于 1911 年在加州大学伯克利分校做过一个著名的演讲,题目就叫《美国哲学中的"高雅"传统》。① 桑塔亚那对"高雅"传统持有非常强烈的批评态度,因为他比较注意的是这个传统过于重视"道德良心"的戒律,因而有着残存的清教意识;同时,他也批评"高雅"传统过于强调个体意识的主观性。这两者的叠加,使得美国知识分子往往无法面对复杂的生活经验和丰富的人性内涵。加尔文主义和新英格兰超验主义思想,在桑塔亚那眼中,其实都是"高雅"传统的表现。桑塔亚那的批评当然很有价值,但是也不乏盲点。除了道德性和主观性两个方面,"高雅"文化传统也有别的特点:它比较注意对欧洲经典文学艺术的吸收和传播;比较强调在大众文化之上,还应该有一种更为讲求"精致"(refined)和"高尚趣味"(taste)的文化;比较重视用这种"高尚"的文化趣味来教化一般民众。有关新英格兰精英文化,另一个常见到的形容词则是 cosmopolitan,即"文化世界主义";新英格兰知识精英具有的"文化世界主义"的一面,与他们注重学习、吸收和传播欧洲以及东方的文学与艺术有着密切的关系。

因此,我们在看待 19 世纪后半期的新英格兰精英文化时,不仅要注意桑塔亚那的批评,也要注意这个特殊的文化传统对美国文明的重要影响和价值。美国学者霍华德·芒福德·琼斯(Howard Mumford Jones)于 1970 年出版的名著《能量的时代:1865—1915 年间不同形式的美国经验》,就给出了与桑塔亚那颇为不同的、对新英格兰"高雅"文化传统的评判。② 琼斯认为,在 1865 到 1915 的 50 年间,新英格兰"高雅"文化实际上是美国文化规范和价值的标准制定者,而且也"逐步渗透到中产阶级的文化意识中"。琼斯指出,"高雅"文化为"审美价值、哲学思想、上层社会的宗教观念,以及高等教育都树立了基本的原则",而且它"也深刻地影响了美国的中学教育"。③ "高雅"文化吸收和传播了"欧洲文化,特别是英国的文学作品、古典音乐、以及符合道德标准的雕塑、绘画和建筑作品";新英格兰"高雅"文化的代表人物,大多具有一种积极参与社会的理想主义精神(an operative idealism)。他们创办了许多

---

① 见 George Santayana. "The Genteel Tradition in American Philosophy," 此文收入 Douglas L. Wilson (ed.). *The Genteel Tradition: Nine Essays by George Santayana*. Lincoln and London: University of Nebraska Press, 1998, 第 37—64 页。

② 见 Howard Mumford Jones. *The Age of Energy: Varieties of American Experience 1865—1915*. New York: The Viking Press, 1970.

③ 同上书, 第 216 页。

极具影响的文化文学刊物(包括《北美评论》《大西洋月刊》和《哈珀杂志》等);建立了像"现代语言学会"(MLA)这样开拓性的学术团体;而这些知识分子中不少人先后出任美国知名大学的校长,特别是按照德国模式建立的、新一代的美国研究性大学,从而深刻地改变了美国高等教育,特别是强化了专业化的、具有历史意识的人文学术,拓展了大学人文教育的内容。① 琼斯在书中特别提醒读者,"任何有关'镀金时代'美国社会的讨论,如果忽视了这个时期艺术、道德、哲学和宗教方面的理想主义精神,都将是片面的"。②

  琼斯的著作所针对的,显然是像布鲁克斯和帕灵顿那样的历史观,那种认为19世纪新英格兰精英文化是对美国社会现实的"逃避",以及对"个体审美"与"异域文明"的沉迷。琼斯所要批评的,也是那种认为凡不属于美国中产阶级文化"主流"的传统,皆是缺乏意义和价值的"私人游戏"而已的论点。按照琼斯的研究,詹姆斯所属的新英格兰精英文化群体,不仅不是美国文化中无关紧要的部分,恰恰相反,它们通过各种文化机制的建设,塑造了19世纪的美国文化,而且事实上也最终深刻影响了美国中产阶级的意识形态。在"高雅"文化传统之外,琼斯也注意到了新英格兰精英文化的另一个方面,即它的"文化世界主义"心态,并特地另辟一章加以详细的讨论。琼斯认为,19世纪美国的中产阶级和上层社会一样,都或多或少地受到了美国文明之外的文学、哲学和美学思想的影响。事实上,对美国自身文化状态的不满情绪也绝不只限于像詹姆斯或霍桑这样的作家。正是在这样的大背景下,以精英文化群体为代表的一代美国知识分子,开始在美国之外的世界中寻找新的文化与精神资源。这样的努力在美国国内催生了不同形式的文化机制,比如博物馆、世界博览会(特别是1876年的费城百年纪念博览会和1893年的世界博览会),以及各种为美国人游历外国所写的手册和书籍的大量出版。此外,特别值得一提的,是在"文化世界主义"思想的影响下,美国出版界开始大量编辑各类的世界文学文库,翻译并出版欧洲以及古典时期的经典作品以飨美国读者。③ 这个时期外国文学的翻译和大规模出版,当然和波士顿文化精英群体一直以来的努力密不可分。亨利·詹姆斯则可算是这个时期在美国系统评论介绍欧洲文学的力行者之一。早在1870年代,即詹姆斯定居英国并开始小说创作之前,他一项主要的工作就是为波士顿的《北美评论》和《大西洋月刊》撰写介绍法国、英国和其他欧洲作家的评论批评文章。因此,詹姆斯得以广泛涉猎和深入了解欧洲文学、特别是法国小说传统;而这段时期可以说是詹姆斯小说写作之前的"学徒年代"。不夸张地讲,美国精英群体的"文化世界主义"潮流正是造就亨利·詹姆斯的一个主要力量。总之,新英格兰的"高雅"文化传统,以及它的"文化世界主义"思想,都应该是美国文化在19世纪后半期的重要发展。

  琼斯历史研究的意义,最重要的一个方面就是纠正帕灵顿史学观中的"民主"和"反智主义"的偏见,从而更好地"复原"和展现美国19世纪后半期的文化图景。如果我们按照琼斯的逻辑,摆脱中产阶级文化"主流"的框架限制,我们所看到的,恰恰是屈瑞林在《自由的想

---

① 见 Howard Mumford Jones. *The Age of Energy: Varieties of American Experience 1865—1915*. New York: The Viking Press, 1970, 第227—228页。
② 同上书,第233页。
③ 见上书,第278—282页。

象》一书中所指出的,即一个国家的文明和文化必然是不同声音和形式之间的"争鸣"、互动和辩证联系。正是在这个意义上,詹姆斯所属的波士顿文化精英群体,原本就不是美国文化的"陌路人"。

美国学者马克·瑞内拉(Mark Rennella)于2008年出版的《波士顿的"世界主义者":国际游历与美国1865—1915年间的艺术与文学》,在在很大程度上,延续和细化了琼斯著作中有关波士顿精英文化问题的讨论。① 虽然瑞内拉在书中居然对琼斯及他的著作一字未提,多少令人感到诧异,但是这部以波士顿"文化世界主义"为主题的著作,实际上对琼斯所提出的观点进行了更加细致的展开和讨论。和之前的屈瑞林及琼斯一样,瑞内拉的研究也是为了纠正如桑塔亚那、布鲁克斯和刘易斯·芒福德(Lewis Mumford)等学者文化史研究中的偏见,特别是对波士顿文化精英群体的批评和贬低。瑞内拉的研究从当时波士顿文化精英普遍热衷于前往异域文明游历的现象出发,探讨了这批知识分子(包括亨利·詹姆斯在内)的文化理念和社会改革意识。与琼斯有所不同的是,瑞内拉的著作没有对这批知识分子的文化与社会建设工作加以特别多的关注,而是通过一系列的人物个案研究,将重点放在"文化世界主义"如何拓展了美国人的想象力,以及如何使他们的个体心灵变得更具开放性的方面。换言之,这些知识分子对异域文明的吸收和传播,并不是一种"唯美主义"的价值取向,而是试图从文化和心灵的角度,对美国的文明现状加以批判和反思。与琼斯的看法一致,瑞内拉也认为,镀金时代的美国文化有着复杂而多元的面相;随着美国国力的迅猛增长,美国人的文化视野也相应地延及美国之外的文明世界,而"文化世界主义",以及其背后的理想主义和精神追求,也是镀金时代美国文化中绝不可被忽视的重要组成部分。

在瑞内拉的描述中,亨利·詹姆斯是"文化世界主义"的一个代表性人物。在瑞氏的书中,他特地引用了詹姆斯早在1867年(24岁)时写给好友,另一位波士顿文化世界主义者托马斯·萨金特·佩里(Thomas Sargent Perry,他是用"黑船"打开日本国门的美国海军将领马修·佩里的后人)的信件。信中,詹姆斯充满理想主义地写到:

> 我觉得,作为一个批评家,我成功的唯一可能就是让所有来自西方的风(注:此不指美国西部,而是泛指外国的文化)自由而无拘束地吹遍我的全身。我们生来都是美国人,我们当然应该选择自己的阵营。我认为这是一个得天独厚的机遇;因为做一个美国人恰恰是吸收外部世界文化养分的最好准备。作为一个民族,我们有着极为优秀的品质,而且特别在一点上,我们要胜过所有的欧洲人,那就是他们不可能像我们这样,能够自由开放地与一切不同的文明形式打交道,我们可以自由地选择和吸纳这些文明。总而言之(从审美等等角度来看),我们可以把我们能够找到的一切都纳入到我们自己的文化之中。②

当时,拥有这样的理想主义精神的人当然不止詹姆斯一个。与琼斯的看法一样,瑞内拉也认为这一代波士顿文化世界主义者中,最有代表性的人物当属出身新英格兰名门世家的

---

① 见 Mark Rennella. *The Boston Cosmopolitans: International Travel and American Arts and Letters, 1865—1915*. New York: Palgrave MacMillan, 2008.

② 见上书,第24页。

查尔斯·埃利奥特·诺顿（Charles Eliot Norton）。他的父亲安德鲁·诺顿（Andrew Norton）是超验主义运动时期波士顿最重要的精英知识分子之一；作为一位偏保守的统一教派（Unitarian）牧师和哈佛大学神学教授，他曾撰文痛批爱默生于1837年发表的《神学院演讲》（Address to the Harvard Divinity School），并指责爱默生的"无神论"观念。出身新英格兰传统宗教精英家庭，却最终成为著名的文化世界主义者和哈佛大学欧洲艺术史的教授，查尔斯·埃利奥特·诺顿的人生经历反映了新英格兰文化精英群体，在内战之后的社会与政治环境中，将心灵与视野转向异域的文明传统和文化领域的心路历程。瑞内拉的研究指出，诺顿的转变不仅出自对内战后美国社会金钱主义泛滥的反感，更重要的是诺顿对新英格兰文化的封闭和狭隘深感不满和压抑。诺顿认为爱默生所倡导的、乐观的超验主义思想已经变成了一种自得其乐和盲目的"教条式的偏执"（bigotry）。① 在他看来，崇尚本土意识、只重视当下和日常经验的倾向，对美国人心灵和自我意识的钳制与封闭作用，丝毫不亚于对金钱和财富的追求。这些教条式的信仰让美国人的自我变得单薄、自大，而且让他们失去了对文化和趣味（taste）的追求，同时也缺乏历史性的认识维度。诺顿认为，区分不同形态的文化、明了古今的异同，可以说既是个体培养判断力的必要条件，也是个体实践其判断力的基本形式。② 没有判断力的自我，最多只是一个空洞的概念和浑噩的空白。这就如同詹姆斯在《美国游记》中所云，美国的民主社会的确释放出巨大的"力"与"能量"，但是它没有造就美国人"更好的自我"，反而使得美国人和美国社会变得越来越烦躁和单调。和詹姆斯一样同受英国文化批评家马修·阿诺德（Matthew Arnold）影响的诺顿，也信奉阿诺德所提出的改革文化的两个原则，一是"要真实和清醒地认识任何事物的本来面目"，二是要"努力学习全世界有史以来最好的知识和思想"。③ 1874年，在欧洲长期学习艺术史之后，这位来自于波士顿宗教精英家族的学者，受聘担任哈佛大学的艺术史教授；在其后长达四分之一世纪的时间里，诺顿通过系统地讲授欧洲中世纪以来的宗教和建筑艺术，教育了一大批学生和信徒，也塑造了新英格兰"文化世界主义"的思想传统。

像诺顿这样的新英格兰知识分子有很多，他们大多来自于"老钱"世家的背景，但都没有依循家族的传统（投身政治、宗教或商业），也都背离了爱默生那一代新英格兰超验主义者的本土主义文化意识。通过大学的人文教育、文学艺术的创作和文化机制的创设，他们为美国人带来欧洲和东方的文明与艺术成就；而且，更重要的是，他们为美国文化注入一种开放的心态，也让美国人意识到日常生活经验并非经验的全部。他们希望美国人能够看到，在个体日常生活之外，还存在着具有普遍性的、对审美、历史和文化的智性追求。所以说，新英格兰的"文化世界主义"并非对美国现实的逃避，它本质上源自美国思想传统的内部，并对美国社会与文化抱有很强的批评与改革意识。亨利·詹姆斯就是这个精英文化群体中的一员，也是信奉并践行"文化世界主义"的新英格兰作家。

---

① 见 The Boston Cosmopolitans: International Travel and American Arts and Letters, 1865—1915，第40页。
② 同上书，第46页。
③ 同上书，第49页。

我们之所以要了解琼斯和瑞内拉的文化史研究,是因为它们与我们全面理解詹姆斯的文学与思想有比较重要的关系。其理由有三。首先,琼斯和瑞内拉的研究,能够帮助我们更好地了解内战之后美国文化与思想的面貌,修正帕灵顿和布鲁克斯的历史与文化偏见;内战之后的半个世纪里,美国文化与思想出现了明显的分化和多元化的情况,而面对这样的情况,我们需要仔细辨析多元化图景中所包含的各个不同的要素、各个不同的"声音"、以及它们之间的"争论"和"联系"。这样的辨析比简单确立一个"主流"文化要有意义得多。其次,琼斯和瑞内拉的研究,也能够帮助我们更好地理解波士顿的精英文化群体,以及他们所倡导的"高雅"文化传统和"文化世界主义"思想,同时也让我们更好地把握这个传统在美国文明内部的位置和它的历史意义。再次,重新理解波士顿的精英文化传统,对我们正确"定位"詹姆斯与美国文明传统之间的关系,也能够起到关键性的作用。我们固然可以从审美价值或从思想史的研究入手,来论证詹姆斯文学创作的意义以及他和美国主流思想之间的联系;但是,琼斯和瑞内拉的研究告诉我们,事实上,詹姆斯从来就没有主动选择"自外"于美国的社会和文化现实。他的人生选择与文学实践,与他所属的波士顿精英群体的文化理想与改革意识,同出一脉而又声气相通,因此都应该被看成是镀金时代的美国在文化与思想上新的拓展和演变。

作者简介:毛亮,北京大学外国语学院英语系副教授。

博尔赫斯的"庄周梦蝶"
——一个西方人的"中国梦"分析

周荣胜

【内容提要】本文将"庄周梦蝶"析为四个层面,以此为基础考察了阿根廷作家博尔赫斯的独特诠释:一是将其纳入"幻想文学"考量,一是用英国经验主义哲学深化其思想。本文认为博尔赫斯对这一典故的重新诠释既丰富了它的意象和意义,也拓展了其自身的思想和创作空间。

【关键词】庄周梦蝶 寓言 幻想文学 不确定性

Zhuang Zi's Butterfly Dream in Borges' Texts

【Abstract】 This article analyses "Zhuang Zi's Butterfly Dreams" from four dimensions, based on which it then scrutinizes Borges's unique interpretation: on one hand, he took it into account within the perspective of the Fantastic Literature; on the other hand, he deepened his thought with British empiricism philosophy. This article proposes that the reinterpretation of this allusion by Borges not only enriches its images and meanings, but also develops his own thinking and expands the writing space.

【Key words】 Zhuang Zi's Butterfly Dream Allegory the Fantastic Literature Uncertainty

阿根廷作家博尔赫斯(Jorge Luis Borges)和他的友人比奥伊·卡萨雷斯(Bioy Casares)与西尔维拉·奥坎波(Silvina Ocampo)夫妇合编了一部《幻想文学选集》(*The Book of Fantasy*,1940)[1],评论家认为该选集在拉美文学史上有着独特的影响力:在选集出版的年代,拉美文学的创作模式基本上沿袭19世纪现实主义风格,选集把作家和读者的注意力吸引到另一种文学传统即幻想文学的传统上,为拉美文学开辟了一个新的空间。[2] 魔幻现实主义正是在这个空间里生长壮大的。在编辑《幻想文学选集》的同时,博尔赫斯自己也从事幻想文学创作,选集里收录了一篇他的小说《特隆、乌克巴尔、奥比斯·特蒂乌斯》。

---

[1] Jorge Luis Borges, Silvina Ocampo, and Adolfo Bioy Casares (eds). *Antología de la Literatura Fantástica*. Editorial Sudamericana,1940年出版,1965、1976年再版。此书1988年被翻译成英文出版:*The Book of Fantasy*. New York: Viking Penguin. 本文对"庄周梦蝶"的讨论主要参考这个英译本,同时对照了西班牙原文。感谢美国德堡大学(DePaul University)现代语言系的西班牙语教授 Glen Carman 在西班牙语文本上给作者提供的帮助和指点。

[2] Emir Rodriguez Monegal. *Jorge Luis Borges: A Literary Biography*. New York: E. P. Dutton,1978,p. 352.

《幻想文学选集》精选了古往今来世界各国的81篇幻想作品,其中取自中国的有11篇之多,分别出自《庄子》《太平广记》《聊斋志异》《红楼梦》等,本文要讨论的是取自《庄子》的"庄周梦蝶"选段,主要考察博尔赫斯如何编辑、改写和分析这个文本,以及他对这个文本的处理如何为理解这个众人熟知的典故提供了新的可能。

一

〔Chuang Tzu (c. 369—286b. c.), Chinese Taoist philosopher. His work is full of allegorical tales, of which only thirty-three have survived. They were translated into English by Herbert A. Giles and published in 1926.〕

【庄子(约公元前369—286年),中国道家哲学家。他的作品充满寓言故事,仅存33篇。赫伯特·翟理思将其译为英文于1926年出版。】

The philosopher Chuang Tzu dreamed he was a butterfly, and when he woke up he said he did not know whether he was Chuang Tzu who had dreamed he was a butterfly, or a butterfly now dreaming that it was Chuang Tzu.①

哲学家庄子梦见自己是一只蝴蝶,梦醒之后,他说他不知道自己是一个曾经梦见自己是一只蝴蝶的庄子,还是一只此刻正梦见自己是庄子的蝴蝶。

上引两段文字即《幻想故事选集》中关于"庄周梦蝶"选段的英文翻译,包括编者提供的作者简介。② 对照《庄子》原文,博尔赫斯的改写显然发生了若干变异:

昔者庄周梦为蝴蝶,栩栩然蝴蝶也。自喻适志与! 不知周也。俄然觉,则蘧蘧然周也。不知周之梦为蝴蝶与? 蝴蝶之梦为周与? 周与蝴蝶,则必有分矣。此之谓物化。——《庄子·齐物论》

按照文本自身的逻辑③,"庄周梦蝶"可以被析分为四个层面:两个叙事,一个抒情,一个议论。

叙事1:庄子梦见自己是蝴蝶。

---

① 显然,博尔赫斯的文本来源是英国著名汉学家翟理思的译本 Chuang Tzu. Trans. Herbet Giles. London: Bernard Quaritch, 此书出版于1889年,1926年再版。这段文字几乎原封不动地出现在博尔赫斯《探讨别集》中《时间的新反驳》(1946)一文里,参见英译本 Jorge Luis Borges. Selected Non-Fictions. Trans. Esther Allen, Suzanne Jill Levine, and Eliot Weinberger. New York: Viking Penguin Inc, 1999, p. 329;也出现在1967年博尔赫斯和 Adolfo Bioy Casares 合编的《奇异故事选集》(Cuentos Brevesy Extraordinarios)之中,参见英译本 Jorge Luis Borges and Adolfo Bioy Casares. Extraordinary Tales. Trans. Anthony Kerrigan. New York: Herder and Herder, 1971, p. 31. 这本选集跟他们之前编选的《幻想文学选集》趣味近似,选文也有部分重复,但影响不及前者。

② 英文翻译和西班牙语文本是完全一致的。只是在西班牙语文本中,编者似乎不知道"庄子"的"子"是一个尊称,所以在"庄子"这个名字第二次出现的时候,直接使用了"子"。英译本修正了原文的误解。

③ 在分析"庄周梦蝶"时,应尊重原文,不应以己意妄改。美国学者爱莲心(Robert E. Allison)为了让庄子表达他的意思,判定这个"庄周梦蝶"是一个"不成熟的版本","一个截断过的或自相矛盾的和难理解的文本"。这是很可质疑的。参见爱莲心:《向往心灵转化的庄子——内篇分析》,周炽成译,南京:江苏人民出版社,2010年,第109页。

叙事 2：蝴蝶梦见自己是庄子。

抒情：不知究竟是谁梦见谁？

议论：人与蝴蝶的分别与转化。

叙事 1：梦见自己是蝴蝶，不胜快意，只知这个世界是蝴蝶的世界，全然忘记自己是庄周。

叙事 2：没有明确的描述，只以一疑问句的形式提示，在抒情层面有"蝴蝶之梦为周与？"的疑惑。文本省略蝴蝶的视角：蝴蝶梦见自己是庄周，或在人间倾轧不胜其苦，或在人间自适其志。

抒情层面：两个疑问句表明叙事者对前两个叙事无所适从，醒后对自己是庄周的确信表示怀疑，则是对另一种叙事的肯定，即自己不过是蝴蝶梦中的一个存在而已。因为自己在梦中作为蝴蝶的经验太真实了，实存的庄周反而显得不真实，于是，疑问出现，实存的庄周说不定只是蝴蝶梦中之物。整个故事扑朔迷离，具有不确定性的特征，庄子称之为"吊诡"。

议论层面：作为一个寓言故事，作者给出了明确的寓意，说明"物化"是其主题。

究竟蕴含怎样的寓意，这是寓言的关键。我们可以合理地从两个叙事以及叙事者对此的反应推演出来。梦中是蝴蝶，醒来是庄子，庄周与蝴蝶的区分等同于梦与觉的区分，因此，寓意在于借助庄周与蝴蝶的互相转化传达梦与觉的转化，从而消除对"觉"对"梦"的执着（对人而言，主要是破除对"觉"的执着）。郭庆藩引成玄英《庄子疏》给出的释义依然是可信赖的："夫生灭交谢，寒暑递迁，盖天地之常，万物之理也……托梦于生死，寄自他于物化，是以梦为蝴蝶，栩栩而适其心，觉乃庄周，蘧蘧然畅其志也。"[①]其解释基于两个叙事：梦为蝴蝶，梦为庄周，各自适心畅志，各有其存在理由；然后他们又互相转化，进入对方世界而存在；既分别又转化的蝴蝴蝶与庄周蕴含什么寓意呢？既然可转化，就不必执着于某一种形态，对人而言，既然现世为蝴蝶梦中世界，就不必沉迷其中。

成玄英的解释更推进了一步，引入"生死"观念，认为这个寓言不仅是"寄自他于物化"，而且是"托梦于生死"。在这段文字里，并没有"生死"，那么这个推论能成立吗？考虑到"庄周梦蝶"仅是《齐物论》的一小节，如果将其置于整个《齐物论》中，那么从梦觉之分到生死之辨也是可理解的。在"庄周梦蝶"稍前的一段文字里，作者讲述了另一个可称为"大圣梦"的故事，应该将这两个梦的故事视为一个整体的两次呈现，可以见出大圣梦更清晰地言说了蝴蝶梦所蕴含的生死之辨：

> 梦饮酒者，旦而哭泣；梦哭泣者，旦而田猎。方其梦也，不知其梦也。梦之中又占其梦焉，觉而后知其梦也。且有大觉而后知此其大梦也，而愚者自以为觉，窃窃然知之。君乎、牧乎、固哉！丘也与女，皆梦也；予谓女梦，亦梦也。

常人所谓梦觉，不过是小梦小觉，还有大梦大觉，人生倾轧，自以为觉，焉知不是处于大梦之中？知人生为一场"大梦"才是"大觉"，孔子与愚人一样，也在梦中，说这话的我也在梦中。庄子此文旨在强化对生为大梦的认知，生既为梦的转化，而生的对立面本为"死"，梦的转化就被等同于死的转化，梦是生的暂时终止，死是生的永久终止，不过是物的一种形态罢了，何

[①] 郭庆藩撰：《庄子集释》，王孝鱼点校，北京：中华书局，2004 年，第 112 页。

必不忍？生死转化像四时运行一样"悠悠而往,悠悠而来",所以,庄周妻死,他鼓盆而歌。这样的大圣取消了万物间的差别和对立,而任之自然、随物变化,终入"物化"之境。

可见,庄子通过物化将梦觉与生死连为一体,"物化"使齐物我、一生死成为可能,如王叔岷引王安石《拟寒山拾得》诗句"死生如觉梦,此理甚明白"①。在这一点上,"庄周梦蝶"跟大圣梦是没有区别的。

蝴蝶与庄周是怎样转化的呢？原文没有意识到这个问题,因为梦觉的交替自然想到了万物的转化,如果进一步追问具体是怎样转化的,就必须预设蝴蝶与庄周各自的实存性,而不是让蝴蝶仅依附庄周的梦而丧失自己的独立性。"周与蝴蝶,则必有分矣",刘武在《庄子集解内篇补正》中解释"必有分"时说："栩栩然者蝶也,蘧蘧然者周也。魂交则蝶也,形接则周也。故曰:'则必有分矣'。然蝶为周所梦化,则周亦蝶也,蝶亦周也,分而不分也。"②用"魂交则蝶也,形接则周也"解释蝶周之分是最没有想象力的一种解释。首先人被视为灵魂和形体的统一体,然后用现实的逻辑解释庄子的蝴蝶梦,认为蝴蝶仅仅是庄子寐时灵魂的出窍,蝶周之分被缩减为灵魂与形体的差异,这与庄子梦觉齐一的思想是相矛盾的。叙事2在本体论上的地位与叙事1是一样的独立存在,只依从现实原则解梦,则完全不假定蝴蝶（彼,他）世界的独立存在,魂的交接,终究是依附于形体的,蝴蝶不是蝴蝶,只是灵魂的拟人而已。叙事2的主体蝴蝶不是独立实存的,第三层次的疑惑便失去了根据,读者无从体验究竟是庄周梦蝶还是蝶梦庄周的困惑,从而削弱了原文幻想的美感。

虽然庄子更关注的是人蝶不分、梦觉不辨、生死合一的齐物寓意,但是脱却寓意的"庄周梦蝶"也是一个饱满的整体,其丰富的浪漫情感和生命沉思让后世文人难以释怀,如李群玉《半醉》诗云:"渐觉身非我,都迷蝶与周。"异域的博尔赫斯也无数次地追想庄子的这次蝴蝶梦③,以独特的视角重新塑造了一个自己的"中国梦"。

二

博尔赫斯主要从两个方面入手重新诠释了"庄周梦蝶":一是将其纳入"幻想文学"考量,一是用英国经验主义哲学深化其思想。我们再看看他的翻译:

> 哲学家庄子梦见自己是一只蝴蝶,梦醒之后,他说他不知道自己是一个曾经梦见自己是一只蝴蝶的庄子,还是一只此刻正梦见自己是庄子的蝴蝶。

博尔赫斯明确指出此文选自翟理思英译的《庄子》,但是他的选文和翻译并不忠实,而是做了

---

① 王叔岷:《庄子校诠(上册)》,台北:"中央研究院"历史语言研究所,1988年,第96页。
② 见王先谦、刘武:《庄子集解庄子集解内篇补正》,北京:中华书局,1987年,第73页。
③ 除了注3提到的三次外,博尔赫斯诗文中还多处提及"庄周梦蝶",如《马塞多·费尔南德斯》《文字》《原因》等,此外,还有作于1981年的《漆手杖》,唯一一首纯粹吟咏中国的诗篇。1978年,博尔赫斯偕妻子儿玉逛纽约唐人街,购买了一支产于中国的黑漆手杖,因赋该诗。在诗中,博尔赫斯看着手杖,想起了帝国、长城、庄周梦蝶、匠人、易经直至九亿三千万的人口数字,构成了一个较为完整的"中国形象":"我看着那根手杖,想起了那位梦见自己变成了蝴蝶、醒来之后却不知道自己是梦见变成蝴蝶的人还是梦见变成人的蝴蝶的庄周。"见博尔赫斯:《博尔赫斯全集·诗歌卷下》,王永年、陈泉译,杭州:浙江文艺出版社,1999年,第296页。

删节改造。我们先看翟理思的译文。

> Once upon a time, I, Chuang Tzu, dreamt I was a butterfly, fluttering hither and thither, to all intents and purposes a butterfly. I was conscious only of following my fancies as a butterfly, and was unconscious of my individuality as a man. Suddenly, I awaked, and there I lay, myself again. Now I do not know whether I was then a man dreaming I was a butterfly, or whether I am now a butterfly, dreaming I am a man. Between a man and a butterfly there is necessarily a barrier. The transition is called Metempsychosis.①

从前,我庄子梦见我是一只蝴蝶,四处飞舞,全然一只蝴蝶样子,跟随我的幻想我意识到我是一只蝴蝶,而没有意识到我作为一个人的个体性。忽然,我醒过来,发现躺在那里的还是我自己。现在我不知道我曾是梦见我是一只蝴蝶的人,还是此刻梦见我是一个人的蝴蝶。人与蝴蝶之间必然存在界限。这种变化就是转生。

《庄子》原文、翟理思的译文和博尔赫斯的译文,三个文本各有特色,差异明显。翟理思的译文篇幅最长,他给出的是一种解释性的翻译,添加了"跟随我的幻想"和"个体性"之类的语词,有利于读者的理解;而且行文生动,比原文和博尔赫斯改写的文本都更具文学性,主要原因是他将叙事人称从第三人称更换为第一人称,从而增强了这个做梦经验的真实感。

博尔赫斯的文本则十分简洁,内容大幅缩减,人称恢复到第三人称,形容词一概删去,"自喻适志与"一句历来被视为一窜入的注文,也被略去,最后的评论句子也被忽视,只剩一个描述框架。这种做法体现了他们编辑此书的贯通策略②,同时也符合博尔赫斯所推崇的简朴风格。实质性的改变是:博尔赫斯去掉了庄周梦蝶中的第四个层次,也就是总结寓意的议论层次,保留了叙事1、2和抒情层次,这样一来,"庄周梦蝶"变为一个纯粹的故事,而不再是寓言。博尔赫斯在庄子简介里曾点明"他的作品富于寓言故事",可见他知道这原本是个寓言,上述改动是有意识的改动。

博尔赫斯在1949年的随笔《从寓言到小说》(From Allegories to Novels)里明确宣称,"寓言是一个美学错误"(allegory is an aesthetic mistake),"寓言体裁不仅不堪忍受,而且笨拙轻率"(And not only intolerable; we also feel it to be stupid and frivolous.)。③ 他从寓言兴起的思想背景论证了寓言和小说的差异:寓言对应于唯实论,而小说对应于唯名论。他引

---

① Chuang Tzu. Trans. Herbert Giles. London: Bernard Quaritch, 1889. p. 32.
② "他们翻译时很自由,完全不尊重原著。费尔南多·索伦提诺曾显示两人是如何将入选《幻想文学选集》的H.G.威尔士文章片段从504字删减到220字。"见 Jason Wilson. *Jorge Luis Borges*. London: Reaktion Books Ltd, 2006, p. 97.
③ 博尔赫斯:《博尔赫斯全集·散文卷上》,王永年、陈泉译,杭州:浙江文艺出版社,1999年,第474页。参见英译本 Jorge Luis Borges. *Selected Non-Fictions*. Trans. Esther Allen, Suzanne Jill Levine, and Eliot Weinberger. New York: Viking Penguin Inc. 1999, pp. 337—338页。中译本将此文的一个关键词 realism 译为"现实主义",不妥。与 Nominalism(唯名论)构成一组对应词,realism 在哲学界一般译为"唯实论"或"实在论",相应的,realist 应该译为"唯实论者"或"实在论者",而不是"现实主义者"。唯实论与唯名论的区别就是博尔赫斯所谓的柏拉图主义与亚里士多德主义的区别,凡是认为观念(idea)是实存的就是唯实论,而认为观念仅仅是抽象的概念的就是唯名论。

用柯尔律治的名言"每个人天生不是柏拉图主义者就是亚里士多德主义者",具体地说,柏拉图认为理念(idea,或译观念、相)高于个体事物,是实存的,个体事物是理念的仿形,而亚里士多德则认为个体事物高于理念,理念仅仅是范畴事物的抽象概念。中世纪经院哲学分别将其推至极端,以论证上帝实存的问题,便形成了重视共相或本质的唯实论和重视殊相或个体的唯名论的两大对立学派;当然,唯实论在当时占据上风,推崇寓意的寓言体裁在中世纪大行其道与唯实论思潮的强势密不可分,而伴随着唯名论在中古后期的兴盛,注重个体命运的小说也渐渐兴起,成为现代文学的主导文类。博尔赫斯甚至暗示寓言产生于中世纪:"对于中世纪的人来说,实质事物不是具体的人而是人类,不是个人而是属类,不是各个属类而是种类,不是各个种类而是神。依我的看法,寓言体裁文学就出自上述观念。这就是抽象事物的寓言,如同小说是个体事物的寓言一般。"①这个说法是不准确的,故事加寓意的寓言写作早在轴心时代就出现在世界各地,例如在希腊有伊索,在中国先秦有庄子。博尔赫斯采用这一夸大的说法是为了说明寓言仅仅是一个历史的产物,已然过时,现在应该转向把观念融化在个体事物中的小说体裁。

"从寓言到小说"成为博尔赫斯美学上的自觉追求,也是他诠释"庄周梦蝶"的指导方针。那么,他的小说理想是什么呢?概言之就是超越现实主义的幻想文学(the Fantastic Literature)。不妨读一下《幻想文学选集》的序言,这篇序言虽然署名比奥伊,由他主笔,应该也表达了博尔赫斯的一些想法。序言考察了幻想文学的来源,提出"跟恐怖一样古老的幻想故事比文学还要久远"②,并认为有多种幻想小说,文中列举了鬼怪、时间旅行、三个心愿的实现、地狱之行、梦幻、变形、类似作用的平行行动,以及不朽等三类幻想情节。不过,这只是就题材而言的浅表认知,尚未触及幻想文学的本质。博尔赫斯自己的幻想小说更倾向于有形而上学意味的幻想情节,而不是实体形态的鬼怪地狱之类的超自然情节。这篇序言显然并没有完全表达出他对幻想文学的认识。

1949 年 9 月博尔赫斯以幻想文学为专题做过一次演讲,概括了幻想文学的四种程序:艺术品中的艺术品(the work of art inside the work of art)、梦对现实的搅乱(the contamination of reality by dream)、时间旅行(travel through time)以及双重性(the double)。③ 这四种程序也是幻想文学的四种创作技巧和四大主题,作家可凭借它们突破传统的现实主义小说程式,也可摧毁对于现实的既有看法。这四大主题比他们在《幻想故事选集》序言中罗列的三类题材更为深入,可以在此基础上推进对幻想文学的本质探讨。

博尔赫斯对不确定性有深刻的领悟,这四种程序都通向不确定性。第一种即所谓的"书中书",如《哈姆雷特》中的戏中戏:哈姆雷特观看戏剧,戏剧再现了正在发生的"哈姆雷特故事";第二种就是"庄周梦蝶"式的主题;第三种是通过时间旅行搅乱现在与过去或未来的存在秩序,如威尔斯《时间机器》中的主人公从通往未来的旅行中带回一朵凋谢的花;第四种程序双重性(the double)不是指常见的"双重人格",而是其他世界与现存世界的交织,类似平

---

① 《博尔赫斯全集·散文卷上》,第 476 页,参见英译本 Jorge Luis Borges. *Selected Non-Fictions*, p. 339.
② Emir Rodriguez Monegal. *Jorge Luis Borges: A Literary Biography*. New York: E.P. Dutton, 1978, p. 350.
③ Ibid., p. 406.

行宇宙的构想,如他笔下的老年博尔赫斯与年轻博尔赫斯在查尔斯河边椅子上的相遇就属于这一类。四种类型的共同之处在于都有两个世界——幻想世界和现实世界,有两种原则在各自的世界中运行——幻想原则与现实原则,而在幻想文学中,两者并行不悖,交织在一起,在读者心中引发两者皆可能而在现实中又绝不可能的不确定性效果。

其中的第二种将梦引入现实从而窜改现实,这种程序十分古老,"庄周梦蝶"便是其中的典范,与之媲美的是博尔赫斯多次引证的柯勒律治的一个表述:"如果一个人在睡梦中穿越天堂,别人给了他一朵花作为他到过那里的证明,而他醒来时发现那花在他手中,那会怎么样?"①现实被梦窜改,幻想与现实原则同时起作用,两者皆难以拒绝。在人类历史上,"庄周梦蝶"与"柯尔律治之梦",一道构成了一个完美的梦系列,异曲同工地表达着一种观察世界的两可方式以及不确定性的审美幻景。

博尔赫斯在自己的创作中也多次描写这样的幻景,比如他的《圆形废墟》:魔法师借助火神的帮助用梦创造出一个传人,最终,在慰藉、羞辱和恐怖中,魔法师意识到自己也是一个幻影,一个别人正梦着的人物。

在序言中,比奥伊曾将幻想小说按其结局归为三类:(1)需要超自然的解释(supernatural explanation);(2)有幻想的而不是超自然的解释;(3)既可以作超自然的又可以作自然的解释(natural explanation)。② 自然的解释就是按照现实原则加以解释,超自然的解释就是无法用现实原则而只能用幻想原则加以解释。博尔赫斯虽然也认可多种多样的幻想文学,但是他推崇的只是第三类作品。以幻想为题材的文学作品并非都是真正的幻想文学,比如描写幽灵鬼怪的童话故事是单纯的幻想作品,一些描写狼人、吸血鬼等的恐怖文学也是单纯的幻想作品,它们可以用单一的幻想原则给以解释,读者并不把它们视为现实中的真实发生。只有能够同时接受幻想与现实两种原则的解释的作品才是真正体现幻想本质的幻想文学,比如哈姆雷特中的亡父的幽灵,可以理解为真的幽灵出没在宫廷里,这是超自然的解释,也可以理解为哈姆雷特的幻觉,这两种可行的解释令读者彷徨不定,正是这种不确定性决定着幻想文学的本质。

博尔赫斯深刻地认识到幻想文学的不确定性本质,并极大地深化了对"幻想"的体认和表达,他在这方面的巨大贡献还没有得到应有的肯定。

1970 年法国理论家托多罗夫把"不确定性"确定为幻想文学的本质。他的《幻想文学导论》(*Introduction à la littérature fantastique*)是幻想文学研究的方向标式作品,他在书中频繁使用"含混"(ambiguity)、"犹豫"(hesitation)和"不确定性"(uncertainty)等词语,都意在表达这一特征:"当一个只知道自然法则的人遭遇了明显超自然的事件,他体验到的犹豫不决就是幻想",③他不确定面对这样的事件该用自然的或超自然的哪一个原则来解释。这个界定与博尔赫斯的表述相当一致,但是,博尔赫斯的名字始终没有在此书中出现。

---

① 《博尔赫斯全集·散文卷上》,第 343 页。参见英译本 Jorge Luis Borges. *Selected Non-Fictions*, p. 240.
② Emir Rodriguez Monegal. *Jorge Luis Borges: A Literary Biography*. New York: E. P. Dutton, 1978, pp. 351—352.
③ Tzvetan Todorov. *The Fantastic: A Structural Approach to a Literary Genre*. Trans. R. Howard. Ithaca: Cornell University Press, 1975, p. 25.

就"不确定性"的观念而言,托多罗夫并非首创,他承认他的观点是直接承袭弗洛伊德而来。弗洛伊德于1919年创作的《恐慌》(the Uncanny)一文至今依然是探讨这一幻想主题的核心文献,该文主要探讨了"恐慌"的深层心理机制,而达致"恐慌"效果的最佳手段是幻想文学:"想象与现实之间的界限一旦消失(比如,我们一直认为是想象中的事突然出现在现实中,或者,一个象征物具有了它所象征的东西的全部功能),恐慌效果便应运而生。"①他认为霍夫曼是制造恐慌效果的大师,读者不能确定他作品里的幽灵究竟是主人公因恐惧而生出的幻觉还是现实生活中发生的事件,"作家的确有意从开始就不让我们知道,他是要把我们带到现实世界,还是要把我们引进他创造的那个纯粹幻想的世界,从而在我们心中引起某种不确定性(Uncertainty)"②。可见,弗洛伊德将"不确定性"看作为想文学的必要条件,后来的博尔赫斯、托多罗夫都秉承了同一观点。博尔赫斯不仅做幻想文学的理论探究,更致力于幻想文学的编辑与创作。幻想文学经过博尔赫斯的编译、创作和评论得以发扬壮大,而经他一番诠释的"庄周梦蝶"也作为幻想文学的典范为世界上更多读者所欣赏。

博尔赫斯曾颇为赞同地引述克罗齐的象征理论——象征与被象征之物水乳交融来对抗寓言模式:当彭斯说"我的爱人是一朵红红的玫瑰"的时候他的爱人就是玫瑰,爱情就被直观为玫瑰;当布莱克说"玫瑰,玫瑰你病了"的时候,被邪恶或错误侵蚀的爱情就直接体现为病玫瑰;庄周梦蝶,他就是进入蝶的世界,蝶梦庄周,它就是进入人的世界,不是比喻,不是寓言,在本体论上存在着两个世界以及两个世界的交织,通过梦的通道,他们成为彼此的梦中存在。而当象征与被象征之物分离的时候,文本便降格为寓言,叙事就会被寓意分割,读者在前面建立起来的对叙事2的信任就荡然无存,只剩下对叙事1的信任,幻想的实质消失了,不确定性缠绕而成的世界就不复存在了,于是,整个文本又为现实原则所主导,丧失了幻想文学的魅力。

"庄周梦蝶"最打动博尔赫斯的无疑正是其不确定性:两个叙事,两个角度缠绕在一起,是庄周梦中的蝴蝶还是蝴蝶梦中的庄周,还是蝴蝶与庄周各各有别?依据幻想原则("跟随我的幻想"),庄周乃蝴蝶的化身,蝴蝶乃庄周的化身;依据现实原则("我作为一个人的个体性")庄周就是庄周,蝴蝶就是蝴蝶。在这个文本里,那让人疑惑的句子阻止了读者的选择,读者不得不交替地经验这两个原则下的世界而无所适从,达到了幻想文学的最强烈的效果。

博尔赫斯不看重最后的寓意,不看重物化,而是将原文的美学效果最大化。去掉议论的层面,去掉冗余的修饰,在简单的一句陈述(做梦)之后,只有疑惑:"他说他不知道自己是一个曾经梦见自己是一只蝴蝶的庄子,还是一只此刻正梦见自己是庄子的蝴蝶。"是不是因其单纯朴素的行文,反而唤起了更强烈的不确定性呢?

---

① Sigmund Freud. "The Uncanny." In *The Standard Edition of the Complete Psychological Works of Sigmund Freud*. Ed. and trans. James Strachey, vol. XVII. London: Hogarth, 1953, p. 243.
② Ibid., p. 229.

三

在博尔赫斯看来,一切神学和哲学都是幻想文学,现实是一端,哲学家构想出来的理念、实体、时间、空间、变化、永恒等等是另一端,哪一端是真实的呢?还是每一端都是真实无妄的?在实际生活中这是个或此或彼的问题,在博尔赫斯的叙事中,两端却扭结在一起,亦此亦彼,呈现出不确定性的梦幻效果——幻想文学的理想形态。两个叙事的不确定性,两个世界的不确定性,同时也引发出本体论层面的疑惑,所以,这不仅仅是一个美学效果问题,也是关于世界是怎样构成的本体论问题。

博尔赫斯的作品充满观念,甚至被称为"形而上学小说"(metaphysical story)①,其作品始终没有摆脱寓言的纠缠。一方面他积极倡导"从寓言到小说",让小说成为有趣味的小说,而不是观念的传声筒;另一方面,他又反对现实主义的原则,鼓吹想象为先的魔法原则②,让小说成为充满观念的景观,而不是现实的再度呈现。从这个意义上看,寓言与小说又是互相补充促进的。"抽象事物拟人化了:所以在一切寓言中都有一些小说因素。小说家提出的个体因素都竭力成为普遍因素(杜宾就是理智,堂塞贡多·松勃拉就是高乔人),小说中就有寓言成分。"③

就"庄周梦蝶"而言,虽然他删去了"物化"寓意,却丝毫没有弱化其蕴含的深刻思想。在《时间的新反驳》一文中,博尔赫斯将"庄周梦蝶"作为核心例证来讨论他的感知观念和时间观念,从而极大地深化了这个故事。博尔赫斯先用了很长的篇幅讨论贝克莱和休谟的经验主义哲学,然后将其结果运用到"庄周梦蝶"上,一个独出心裁的诠释,博尔赫斯思想的灵动性于此可见一斑。

"存在就是被感知"是贝克莱哲学的核心命题,也是博尔赫斯倾心的思想。我们对外间世界的一切知识都来源于感官知觉,不能被感知的存在是不存在的。"各种感觉,即各个感官形成的概念,无论是以什么形式组合(也就是说,无论他们组合成什么客体)都只能存在于感觉它们的思维中。我说这张桌子存在,即意味着我看到了它,我摸到了它。如果桌子远离我的书房,我说它存在,我只是想说,假如把它放在我身边,我就能感觉它,或者想说,另一个灵魂能够感觉它。"④贝克莱用感觉经验否定了物质,却保留了实体化的感知主体,休谟则进一步将感觉经验贯彻到底,不赞成贝克莱对主体的保留,因为感知之外有无实体存在那是不可知的。休谟对物质实体的怀疑与贝克莱的理由相似,这些理由是:我们只有关于感觉性质的观念,对性质的寓所或支撑没有任何知觉。纵使我们把注意力移至身外,伸展到宇宙尽头,也超不出感知范围之外,想象出一种感知不到的存在。同样,对于心灵实体,我们也没有

---

① Emir Rodriguez Monegal. *Jorge Luis Borges: A Literary Biography*. New York: E. P. Dutton, 1978, p. 351.
② 他早在《叙述的艺术和魔幻》(1932)一文中就明确反对模仿的现实主义及心理小说,认为小说应依照巫术的程序和逻辑,而不应依照科学与自然所谓的"真实"世界的程序和逻辑。见《博尔赫斯全集·散文卷上》,第155—163页。
③《博尔赫斯全集·散文卷上》,第476页。参见英译本 Jorge Luis Borges. *Selected Non-Fictions*, p. 340.
④ 参见《博尔赫斯全集·散文卷上》,第502页。参见英译本 Jorge Luis Borges. *Selected Non-Fictions*, p. 327.

任何知觉。如果认为"自我"是一个心灵实体,那么,对这样一个独立存在的实体,我们是不可知的。"自我"并不像贝克莱所说的那样,是感知的寓所或感知活动的承担者,理由很简单:我们没有这样的知觉。休谟在否定实体化的主体存在之后,承认存在另一种意义上的"自我",即可以感知到的"自我"。休谟说:"我们就是一串或一组以难以想像的快速互相接续的感知……思维是一种剧场,感知在那里出场、退场、返回并以无穷尽方式组合。"①换言之,精神实体的存在是不可知的,可知的只是正在进行中的知觉连续。

贝克莱的"存在就是被感知"否认在感官印象之后有一个客体;休谟的怀疑论则否认在对变化的感知之后有一个客体。前者否定物质,后者否定精神;前者不希望我们在印象的连续中添加对物质的形而上学概念,后者则不希望我们在心灵状态的连续中添加对一个"我"的形而上学概念。博尔赫斯《时间的新反驳》一文中运用贝克莱的学说论证了做梦瞬间的真实经验,而无必要假设外物的支撑;应用休谟的理论表明自我不过是一串感知束,而无必要假设一个感知主体。

然后,博尔赫斯充满激情地转向"庄周梦蝶":"在每种感知(真实的或推测的)之外不存在物质;在每种心灵状态之外不存在精神;在每个现在瞬间之外也不存在时间。我们选取一个最为简单的时刻:例如庄子之梦的时刻。"②

> 我们永远不知道,庄子是否看到一个他觉得在其上空飞舞的花园,或一个移动着的黄色三角,那无疑是他自己;但是我们很清楚,这个形象是主观的,尽管它是由记忆提供的。心身平行论可能会断定,这一形象应该是做梦者神经系统中某种变化产生的结果;根据贝克莱的观点,在那个时刻不存在庄子的身体,也不存在他做梦的黑暗的卧房,除非作为神圣思维中的感知。休谟把上述事件更加简化。照他所说,在那个时刻不存在庄子的精神;只存在梦的色彩和一只蝴蝶的确切信念。其存在是由"一串或一组感知"构成的瞬间项,在基督之前四个世纪时就是庄子的心灵;感知的存在是作为一个时间无穷序列上从 $n-1$ 至 $n+1$ 之间的 n 点。对于唯心论来说,除了心灵过程外没有别的现实;把一只客体蝴蝶加入一只被感知的蝴蝶似乎是种徒然的复制;把一个"我"加入到过程中也有嫌过分。唯心论判定有一次做梦,一次感知,但却没有一个做梦者,甚至没有一个梦。③

庄子梦见自己是一只蝴蝶,在那个梦中他就不是庄子,而是一只蝴蝶,准确地说是"一个移动着的黄色三角",除了梦的时刻感知到的瞬间知觉,不存在任何实体。博尔赫斯的这番诠释带来的思想后果就是:如果论证了做梦时刻真实无妄,庄子做梦成为蝴蝶的感知、蝴蝶做梦成为庄子的感知便是自足自在的世界,在本体论上是真实的,无须依托一个外在的对象(蝴蝶或庄子),也无须依托一个外在的主体(庄子或蝴蝶),作为个体的庄周和蝴蝶全然是醒觉后从梦的时刻中推演出来的,在感知之内经验不到它们。有论者认为经验论混淆了感知和

---

① 参见《博尔赫斯全集·散文卷上》,第504页。参见英译本 Jorge Luis Borges. *Selected Non-Fictions*, p. 329.
② 《博尔赫斯全集·散文卷上》,第504页。译文参照英译本略做修改,见 Jorge Luis Borges. *Selected Non-Fictions*, p. 329.
③ 参见英译本 Jorge Luis Borges. *Selected Non-Fictions*, pp. 329—330.

感知对象的区分才会推演出"存在就是被感知"的命题,但这已不在本文论题范围之内了。我们认为这种推论对现实主义的思维方式是一种有效动摇,可以让我们以另外一种方式感知现实,并对其他世界保持开放,不然的话,我们就进入不了贝克莱和休谟给我们打开的思想空间,也欣赏不到博尔赫斯的幻想文学展示给我们的奇异风景,自然也领悟不到"庄周梦蝶"所蕴含的深刻思想。

博尔赫斯进一步推想"庄周梦蝶"所包含的时间问题,如果可以经验时间不存在,也就可以经验由时间构成的做梦主体的不存在:

> 在中国,庄子之梦广为人知;我们可以想像,在其不计其数的读者中,有一位做梦成为蝴蝶,然后就成为庄子。我们再想像,由于一个并非不可能的巧合,这个梦完完全全地重复了大师的梦境。提出这一同一性后,有必要问:那些巧合的瞬间不是同一时刻吗?"单一重复项"不就足以打乱搅混世界的历史,并宣称没有这种历史吗?①

博尔赫斯在此基础上再增加一个叙事,读者读庄周梦蝶化为蝴蝶的经验,以此构成一个不间断的梦的经验序列,也可能庄子书写的这个梦蝶故事前人也经历过,不一定是梦见自己化为蝴蝶,可能是梦见自己化为鸟化为鱼。因为做梦时刻的真实无妄,因为做梦时刻的纯然自足,在那一时刻感知不到做梦主体,也感知不到做梦对象,同样感知不到这一时刻之外的所谓过去或未来,在梦的经验世界里不存在连接过去、现在和未来而成的时间洪流,在现实世界不断重现的庄子之梦这些时刻不可思议地是同一时刻,而不是先后的连续,梦的时刻是时间停滞的一次证明,是时间不再流逝的一次证明:博尔赫斯书写庄周梦蝶,他不存在,庄子不存在,阿根廷不存在,中国不存在,他们之间相隔 2400 年的时间也不存在,存在的只是他梦见自己成为庄子在梦见成为蝴蝶,梦中梦,推翻了现实原则和时间空间原则,在阅读书写做梦的这一时刻,只有幻想原则在发挥作用。

可是在《时间的新反驳》结尾,博尔赫斯又来了个 180 度大转弯,宣称:"时间是构成我的实体。时间是将我卷走的,但我就是河流;撕碎我的是老虎,但我就是老虎;吞噬我的是烈火,但我就是烈火。世界,很不幸,是真实的;我,很不幸,是博尔赫斯。"②显然,现实原则在这时奋起反击幻想原则,让他不能不确信主体存在,对象存在,他们寄身的空间存在,公元前 4 世纪和 20 世纪的历史长河存在。博尔赫斯的"庄周梦蝶"不正是给读者提供了一个魅力无穷的两可空间吗? 幻想原则与现实原则同时并存其中,这是幻想文学最纯粹的时刻。

"庄周梦蝶"的叙事 2 蕴含着"人生如梦"的观念,博尔赫斯的文本更强调叙事 2,也必然蕴含"人生如梦"的观念,不过,经过博尔赫斯的一番演绎,两种"人生如梦"固然有承袭的一面,但是其意义已呈现出深刻的差异:与博尔赫斯传达的个体瓦解、感知实存的观念相比,庄子寓言意在传达"浮生若梦"、虚妄不实。经验论者以及信奉经验论的博尔赫斯相信感觉经验,认为个人的感觉是认识的来源。庄子却是以怀疑现实而著称于世的,他不相信感性经

---

① 《博尔赫斯全集·散文卷上》,第 508 页,译文参照英译本略做修改,Jorge Luis Borges. *Selected Non-Fictions*, p. 330.

② 《博尔赫斯全集·散文卷上》,第 508 页,译文参照英译本略做修改,参见 Jorge Luis Borges. *Selected Non-Fictions*, p. 332.

验,主张放弃一切感官,"忘其肝胆,遗其耳目",做梦时刻的感知经验是虚幻不真的,以梦譬喻的现实自然也是虚幻不真的,周与蝴蝶之"有分",在于"有辨";去智无辨,认同梦幻,则可以离形不分,而不必执着真妄。庄子的蝴蝶梦更多地寄寓了人生在世的悲哀、无奈与迷惘。

在东方,除了庄子讲述"人生如梦"外,佛教也常以梦喻法,以梦喻世,佛教哲学一向认为世间万象都是虚幻,"一切有为法,如梦、幻、泡、影,如露亦如电。应作如是观"。《金刚经》结尾处的偈颂是最简洁的宣示。《金经大乘法》有更具体的阐发:

> 《金经大乘法》云:"身便是幻,幻时所化,又是幻中之幻。世即是梦,梦时所见,又是梦中之梦。辗转虚妄,如声外有响,形外有影,形声影响,起于一真。影外影为三等妄,梦中梦是两重虚。"①

佛法以梦观世的目的是希望籍由认识梦境的虚幻体认现实生活的虚幻,如果山河大地都如梦幻虚幻不实,那么,人生就更不必执迷于自我实体。佛教与庄子在"浮生若梦"这一点上的确可以相通,博尔赫斯对此也不陌生,这些"影外影""梦中梦"的表达都是他十分迷恋的形象。

博尔赫斯1914年在日内瓦通过叔本华发现了佛教,从此终生迷恋佛教。1976年,他和朋友艾丽西亚·胡拉多合著了《佛教是什么》。他确信佛教重述了他在休谟作品中所发现的思想:我们每个人都是一种幻觉,在晕眩中产生于先前一系列短暂而孤立的瞬间自我②。无疑,佛教、休谟和博尔赫斯在怀疑和否定实体自我方面有着一致之处,尽管博尔赫斯与佛教有共鸣,但是,他并没有全盘接受"浮生若梦"、梦为虚幻的观念。

博尔赫斯通过贝克莱、休谟的论证演绎出(本体论上)存在着的只有无数经验的瞬间,做梦的瞬间,庄子梦蝴蝶,蝴蝶梦庄子,读者读庄子,博尔赫斯翻译庄子,在梦连接着梦的经验之流里不存在作为个体的庄子或蝴蝶,庄周是蝴蝶梦中的存在,蝴蝶是庄周梦中的存在,他们是彼此梦中之物,其各自的现实存在是推论而来的,其实存地位不能得到感知的验证,只是梦的经验以及梦中事物。在博尔赫斯看来,庄周梦蝶最重要的含义不是人生如梦的感叹,而是本体论上的疑问:对僵硬现实的质疑、对其他世界的感知、对时间的存在与否质疑等形而上学激情,这些才是博尔赫斯解读庄周梦蝶的核心所在。

梦的时刻真实无妄,博尔赫斯的这个诠释强化了叙事2蝶梦庄周的经验,弥补了庄子原文中的薄弱环节,并且扭转了梦为虚幻的东方观念,使我们能够更坚定地去经验人作为蝴蝶的梦中存在,这给我们提供了别样的一种感知现实的方式,**中国**音乐人吴青峰用他的一首《各站停靠》完美地演绎了博尔赫斯的这一诠释。

---

① 此为《遵生八笺·清修妙论笺》引《金经大乘法》语,参见高濂:《遵生八笺校注》,北京:人民卫生出版社,1993年,第12页。
② According to Borges's take on Buddhism, each of us is an illusion vertiginously produced by a series of momentary and solitary versions of previous selves. 参见 Jason Wilson. Lordon *Jorge Luis Borges*. London: Reaktion Books Ltd, 2006, p. 17. 钱钟书也谈到休谟与佛教的相通之处,"按释氏破我,论证与休谟要义相同",又增补道:"偶检五十年前盛行之英国文学史巨著,见其引休谟言'自我不可把捉'(I never can catch myself)一节,论之曰'酷似佛教主旨,然休谟未必闻有释氏也'。大喜说与合,标而出之。"见钱钟书:《谈艺录》(下卷),北京:三联书店,2001年,第794—795页。其实,博尔赫斯的演绎展示了三者之间的相通是似是而非的,存在着深刻的差异。

昔者庄周梦为蝴蝶，栩栩然蝴蝶也，自喻适志与，不知周也。俄然觉，则蘧蘧然周也。不知周之梦为蝴蝶与？蝴蝶之梦为周与？

春立下分际的标竿时，我做了一个梦。我梦见我竟然变成了人，走到草原上，看着自己飞来飞去。雨水沾湿了翅膀，却让花香更清明；谷雨虽然寒冷，却让鲜艳的颜色更磅礴。当我还是蝴蝶的时候，我不知道自己如此地快乐。我遇过这丛花吗？或是这花的诞生是因为我？我能再遇到他吗？还是我从未盛开过？不过，我知道那花从此印记成我的纹路。

Chaque papillon était le fantôme d'une fleur passée, revenant à la recherche d'elle-même.

（每一个蝴蝶都是从前的一朵花的鬼魂，回来寻找它自己。）

那个隐居的女人，她的朋友说。

当我梦为人的时候，我才发觉这被忽略的快乐。寻找前世的蝴蝶，在梦的触须中成了人；身体形式是生命的各站停靠。懂得太多的人，被心眼绊倒，在计较间迷走打转，而那不怕獏、不懂生死的翅膀，正飞舞在最美的风景间。我期待梦醒的时候，要做一只顺应快乐的蝴蝶。Elle a dit [m]，Elle a dit [n]，Elle a dit [m]，En suite, elle a dit [pok]。A la fin, elle a dit [ch]。

《各站停靠》是对叙事2的生动展开，开篇部分照录了庄周梦蝶的前两个叙事，而舍弃了作为寓言点题的第四层观念，跟博尔赫斯一样只关注作为故事的部分；然后醒目地以蝴蝶作为叙事者来演绎庄周梦蝶的故事，成为"蝶梦庄周"的一个精致版本，这是最具博尔赫斯精神的一个演绎：蝴蝶梦而为人才知人世因为计较而迷失痛苦，才想起作为蝴蝶时的自由快乐，而蝴蝶又是谁变化而来的呢？蝴蝶忆起隐居者张爱玲在《流言》里的句子："每一个蝴蝶都是从前的一朵花的鬼魂，回来寻找它自己。"蝴蝶原来是花魂化身。庄周、蝴蝶、花，不过是各种身体形式，是生命的各站停靠。

作者简介：周荣胜，复旦大学中文系教授。

上帝存在的文学理由
——读《上帝存在的36个理由:虚构作品》

刘建华

【内容提要】 "9·11"事件让无神论者找到了否定上帝的新理由。以"四骑士"为代表的英美新无神论者把上帝看作仇恨的播种者,把宗教说成恐怖主义的主要根源,提出应彻底清除上帝和宗教。对于新无神论者的这些攻击,对于如何看待上帝和宗教这样的古老话题,文学还能说点什么呢?在她的小说《上帝存在的36个理由:虚构作品》(2010)里,哲学家小说家瑞贝卡·纽伯格·戈德斯坦试图用文学抵制"野蛮的确定性",表现宗教经验的复杂性和宗教思维的普遍性,为理解上帝、宗教和当今世界提供了一个较为独特的文学视角。

【关键词】 上帝 文学 戈德斯坦

The Argument from Literature for the Existence of God:
Reading *36 Arguments for the Existence of God: A Work of Fiction*

【Abstract】 The 9/11 terrorist attacks give atheists new reasons for negating God. The British and American New Atheists represented by the Four Horsemen regard God as a sower of hatred and religion as a major source of terrorism. To these attacks on God and religion from the New Atheists, what else can literature say? In her *36 Arguments for the Existence of God: A Work of Fiction* (2010), philosopher novelist Rebecca Newberger Goldstein attempts to resist "savage certitude" and to represent the complexity of religious experience and the universality of religious thinking, so as to provide a unique literary perspective on God, religion, and the present world.

【Key Words】 Rebecca Newberger Goldstein Literature God

一、作品结构与主旨

仅从书名看,美国当代著名作家戈德斯坦[①]的《上帝存在的36个理由:虚构作品》(以下

---

① 戈德斯坦(Rebecca Newberger Goldstein),美国作家,哲学教授,发表过五部小说(*The Mind-Body Problem* (1983), *The Late-Summer Passion of a Woman of Mind* (1989), *The Dark Sister* (1993), *Properties of Light* (2000), *36 Arguments for the Existence of God: A Work of Fiction* (2010)和一些短篇小说、论文和哲学家传记。1950年生于纽约州怀特普兰斯(White Plains)市的一个犹太家庭。巴纳德学院学士,普林斯顿大学博士。曾在巴纳德、哥伦比亚、拉特格斯和三一学院(康涅狄格州哈特福德)教授哲学。2005年当选美国艺术与科学院(American Academy of Arts(转下页)

简称《理由》)也许能算得上世界文学史上志向最高、体系最大的宗教小说,目的是要全面证明上帝的存在。

翻开小说,我们首先看到的是一个非常正式的目录,里面先是整整齐齐地列着全书36章的标题。每个标题都以"The Argument from"这三个词开始,清楚地概括了每章所表现的一个有关上帝存在的理由,总共36个。36章标题之后是"附录",标题与小说的主标题一样,也是"上帝存在的36个理由"。目录的最后还有"致谢"。总之,这个目录在形态上与学术著作的目录相去无几,让人觉得此书俨然是一部神学著作。

那么,此书究竟是学术著作,还是如其副标题所示,是一部小说呢?其实,只要细看一下书的目录,尤其是那36个"The Argument from"后面的词语,再把这些词语与附录的目录中那36个"The Argument from"后面的词语稍加对比,就能形成一个初步的答案。附录目录中那36个"The Argument from"后面的词语都大而抽象,比如"宇宙论""本体论""设计论"等,而全书目录中那36个"The Argument from"后面的词语都小而具体,比如"难以置信的自我""露辛达""有斑点的物体"等。显然,附录目录里的词语更加正式,更像是来自学术文献。而全书目录里的那些词语则不太正式,不像是来自学术文献,而是来自描写人物和景象的文学作品。这个目录里还有"反讽的永恒性""极度的孤独""奇怪的笑声""尸骨""偏见""庄严的感情""沉默拉比的舞蹈"等显然与人物的命运、心理、反应、状态、行为等有关的词语,都能够表明此书是文学作品。

不过,此书的目录也想告诉读者,如同此书的书名不是纯粹的小说书名,此书的内容也不是纯粹的小说。首先,它是由两个主要部分即正文部分(约350页)和附录部分(约50页)构成的。正文部分是小说,而附录部分则是学术著作。其次,正文部分也不是纯粹的小说,因为36章的题目里都有"Argument"一词,表示每章除了文学任务,还有提供一个有关上帝存在的理由的学术任务。

那么此书的实际内容是否真的如其目录所反映的这样呢?它想证明上帝存在的任务到底完成得怎么样呢?读完正文部分,我们会发现,故事的主人公并不是上帝,而是一个名叫卡斯的宗教心理学学者,上帝也不是任何意义上的人物。故事的主要内容似乎也不是在证明上帝的存在,而是围绕卡斯的三次恋爱、两次还乡、一场辩论等主要事件讲述了卡斯的生活故事。

卡斯的故事是分现在和过去两个部分来讲述的。现在部分历时大约一周;过去部分历时大约20年。现在部分里,卡斯42岁,在马萨诸塞州的一所虚构的法兰克福特大学担任心理学教授。一直默默无闻并被前妻帕斯卡尔抛弃的他突然之间交了好运,他的著作《各式各样的宗教幻觉》出版后大获成功,连续43周出现在《纽约时报》的畅销书榜上,不但广受学术

(接上页) and Sciences)院士。戈德斯坦的作品喜欢描写大脑与肉体、精神与物质、理性与感性、传统与身份、宗教与世俗的复杂关系,富有形式试验和思想探索。《上帝存在的36个理由:虚构作品》是当代尤其是"9·11"事件之后的宗教热在美国小说中的一个集中体现,艺术地反映了西方数百年来对宗教的思考,成功塑造了一个"有灵魂的无神论者",戈德斯坦本人也因此被誉为"有灵魂的哲学家小说家"。

界的好评,还被译成 27 种文字①畅销全球,使他名利双收。此后,喜事就接踵而至。先是他得到了才貌双全的博弈学家露辛达的青睐。接着他又收到哈佛大学的聘书。就在他开始考虑是否应聘的当口,他研究生时期的恋人、人类学家罗兹又慕名找了回来。在哈佛大学组织的一场辩论上,卡斯成功驳倒了诺贝尔经济学奖得主菲德利教授有关上帝存在的论断。当然,发生在现在部分里的也不都是喜事。卡斯的久无音信的博士导师约纳斯就突然在《纽约时报》上发表文章抨击他的著作。在看到卡斯的哈佛聘书后,露辛达出于嫉妒奚落了他一顿,并与他分道扬镳。最后,卡斯与罗兹重访了哈西德派犹太教教徒聚集地新沃尔登,旧情复活,卡斯的故事有了一个比较美满的结尾。

卡斯故事的过去部分被分成许多片断,不规则地安插在现在部分的各章之间。大致说来,这一部分可分为 20 年前卡斯的大学时代和 10 年前卡斯开始工作以后这两个阶段。20 年前的主要事件包括大学时代的卡斯偶然被约纳斯的学识迷住,不顾家人反对放弃医学改学文学,并跟随约纳斯从哥伦比亚大学来到法兰克福特大学攻读博士。在此期间,他爱上了攻读人类学博士的罗兹,和罗兹一起陪约纳斯访问了新沃尔登,在那里发现拉比的 6 岁儿子阿扎利亚有数学天赋。由于不愿跟随迷上犹太教的约纳斯去以色列,也不愿按照约纳斯的建议在博士论文里研究犹太人食物的神学意义,卡斯离开了约纳斯。专心学术的罗兹也拒绝了卡斯的求婚。10 年前的主要事件包括获得心理学博士学位的卡斯开始在法兰克福特大学任教,娶了诗人帕斯卡尔为妻,帮助阿扎利亚到麻省理工学院学习数学。阿扎利亚却因为父亲去世而放弃学习机会,回新沃尔登继承了拉比职位。

在这 20 年的时间里,卡斯先后受到对宗教感兴趣的导师约纳斯和女友罗兹的影响,以及哈西德派犹太教两位拉比的影响,再加上他本人在哈西德派犹太教中的亲身体验和对宗教心理的深入研究,他对上帝和宗教的态度发生了巨大变化,从一个无知的无神论者变成了一个有知的有神论者。如果说他写《各式各样的宗教幻觉》时还只是想以比较客观的态度研究宗教,提出"彻底推翻[上帝存在的]这些理由对于宗教经验中的实际感受并不会产生什么影响"(11),结果被读者看成一个无神论者的话,那么在故事结尾,当他引用天主教神秘主义者朱莉安(Julian of Norwich)的话来预言未来会更美好时,了解他的罗兹已觉得这个"闻名全球的无神论者"的宗教观已完全被世人误解了(339—340)。

总之,上帝在《理由》里并不像在《失乐园》里那样是一个人物,戈德斯坦也没有像弥尔顿用上帝的具体言行证明上帝的英明那样证明上帝的存在。

既然上帝在《理由》里不是一个具体人物,没有证明他的存在的任何言行迹象,那么戈德斯坦是否就把他写成抽象品质来进行证明了呢?答案也是否定的。在那个同样被称作"上帝存在的 36 个理由"的长达 50 页的附录里,作者罗列了上帝的几乎所有的常见抽象品质,包括第一因、必然性、完美现实、最高智慧、道德支柱等,但这些抽象品质被罗列出来并不是作为证明上帝存在的理由,而是作为批判的对象。这一批判不是戈德斯坦本人直接做出的,

---

① 小说第 11 页上说被译成 27 种文字,第 296 页上又说是 28 种。可能是在故事进展的一周时间里又增加了一种。Rebecca Newberger Goldstein. *36 Arguments for the Existence of God: A Work of Fiction*. New York: Pantheon Books, 2010. 以下小说引文在文中标注页码,不另作注。

而是通过卡斯这个专门研究宗教心理学的人物间接做出的。戈德斯坦把这个附录写成了卡斯的《各式各样的宗教幻觉》一书里的附录,也就是说,把这个附录的作者写成了卡斯,而戈德斯坦本人只是移花接木,把这个最受卡斯的编辑和读者推崇的附录借来作为自己作品的附录。这么做除了想沾卡斯的光,或许还为了方便读者了解卡斯的才华。当然,戈德斯坦让卡斯写这个附录,也是给了之所以写它的明确理由的,那就是卡斯发现所有用这 36 种抽象品质来证明上帝存在的理论都不同程度地存在着问题。

卡斯的这一批判还基于他的一个重要发现,即无论人们怎么批判那些有关上帝存在的理由,无论人们怎么辩论上帝是否存在的问题,甚至无论上帝是否真的存在或不存在,都对实际的宗教经验没多大影响。这就是说,他批判上帝存在的理由并不是出于某种无神论立场。他从不认为自己是个无神论者。当然,由于认为上帝与宗教经验没有太大关系,他也难以被看作一个严格意义上的有神论者,尽管他非常尊重宗教。他自己曾说过,有神论和无神论都是信仰,而信仰是无法证明的。可以说,他是站在一个宗教心理学学者的立场上,以超越了有神论和无神论、不带宗教感情倾向的客观态度,来批判那些理由的。

卡斯对待上帝的这种态度在一定程度上代表了戈德斯坦的态度。戈德斯坦出生于一个笃信犹太教的家庭,从小到大一直是正统的犹太教信徒。直到大学阶段的后期,她才"放弃上帝",成为一个"快乐的小无神论者"。之后,她依然"极为关注犹太人",但"上帝却没有在这当中出现过"。如同卡斯,戈德斯坦也对研究犹太教怀有浓厚兴趣,"曾在不同犹太教堂做过住堂学者"。[①] 至于创作《理由》的动机,戈德斯坦曾这样解释过:"我之所以写那本书,是因为我觉得道金斯等新无神论者身上缺少某种东西。当然,在哲学层面上,我同意他们的观点。但他们所做的激辩完全停留在理智层面上。他们不知精神问题的内心感受。宗教的世界观植根于内心深处,极为生动可感。只有小说才能接近它。"[②] 由此可见,卡斯在一定程度上确实能够代表戈德斯坦对待上帝和宗教的态度。一方面,他们都倾向于把上帝与宗教经验分开。另一方面,他们都具有丰富的宗教经验,比无神论者,尤其是那些新无神论者,更清楚宗教的复杂性。

既然戈德斯坦不信上帝,既然她创作《理由》主要针对新无神论者"不知精神问题的内心感受"的问题,那么是否就可以说,《理由》并不像其书名及其各章标题所表示的那样想要证明上帝的存在,或所有那些名称只是一种反讽,讽刺那些证明上帝存在的努力呢?要回答这些问题,我们先来看一下《理由》的第八章。在所有 36 章的标题里,这一章的标题——"来自诗歌的存在的理由"——与本文话题的联系是最为明显的。这个标题的字面意思是,诗歌的存在能证明上帝的存在。打开这一章,我们发现,"诗歌的存在"这个短语出现在一段写卡斯与同学吉迪恩的辩论中。吉迪恩的观点是,科学不比艺术,没有真正意义上的天才。卡斯则认为,科学领域也有极具创造力的天才。由于不满人们怀疑科学天才而不怀疑艺术天才的做法,卡斯引用了美国诗人华莱士·史蒂文斯的一句话:"我们不去证明诗歌的存在。"(108)

[①] Luke Ford. "Novelist Rebecca Goldstein—The Mind-Body Problem. I spent 90-minutes over the phone with her Tuesday afternoon, April 11, 2006." www.lukeford.net/profiles/profiles/rebecca_goldstein.htm.

[②] Jake Wallis Simons. "There's a third person in this marriage—Spinaza." *The Times*, 12 March 2010.

卡斯引用这句话是想说,人们根据诗歌是一种无需证明的虚构存在就以为诗人的天才也无需证明,而这其实是不对的。也就是说,卡斯引用这句话不是为了证明上帝的存在。那么戈德斯坦用这句话作此章的标题,又是想表达一个什么意思呢?是否想说,上帝如同诗歌,也是一种虚构,因而也是无需证明的呢?

为了理解第八章标题的意思,也为了弄清《理由》是否想证明上帝的存在,我们再来看《理由》中与上帝的存在问题关系最为明确的一个事件,即哈佛大学组织的一场由诺贝尔经济学奖得主菲德利教授和卡斯担任辩手、旨在彻底解决上帝是否存在这一问题的辩论。辩论中,菲德利是正方辩手,要为上帝的存在辩护。他主要是从道德角度来进行辩护的,提出的主要观点包括:上帝是赋予人类行为以正确意图的"大脑"(307),是裁决道德是非的"最高权威"(315);有了上帝,就有了道德;上帝不变,道德也不变;丧失了永恒不变的上帝和道德,人类就堕落,就自私,就会出现纷争和混乱,就会发生"9·11"事件这样的惨剧。作为反方,卡斯认为上帝不存在的主要理由包括:世上充满苦难,许多人毫无选择的自由,甚至连让灵魂在苦难中得到成长的机会也没有,所以不存在一个公正而强大的造物主的保佑;既然我们早就知道上帝会赋予我们正确的意图,那么上帝就显得多余;既然上帝裁决不会随意,肯定会有理由,那么这个理由也会使上帝显得多余;道德的走向不是由上而下,而是由此及彼,想要别人怎么待己,就必须怎么待人,因此上帝没有必要;道德是发展变化的,不是永恒不变的,奴隶制社会的道德必然不同于后奴隶制社会的道德,因此就不存在确定永恒不变的道德的永恒不变的上帝。总之,在卡斯的反驳中,上帝不是不存在就是多余或无必要。但他并没有全盘否定上帝和信仰。他在辩论中强调了这么两个基本观点:(一)信仰或感情态度往往先于辩论或理性认识,对人生的影响也往往大于是非标准。(二)宗教感情各色各样,有的简单幼稚、限制思考,应该否定,有的博大精深、激发活力,值得肯定,所以不能全盘否定。

这场以卡斯的胜利而告终的辩论或许并没有如其组织者所期待的那样彻底解决上帝是否存在的问题,却能够说明不少问题,其中较为重要的一点,也是与《理由》和本文主旨关系较为紧密的一点,就是理性辩论难以证明上帝的存在,无论找出多少理由。在这个意义上,戈德斯坦为《理由》及其36章所起的类似于被卡斯所驳斥的那36个理由的那些名称,确实含有反讽意味。也就是说,戈德斯坦只是让《理由》看上去像是在为上帝的存在做理性辩护,其实并不是这样,而是在讽刺理性的这种努力,就像讽刺在哈佛辩论中用理性为上帝的存在进行辩护的菲德利那样。在很大程度上,菲德利的败因就是在于他相信理性胜于相信上帝。卡斯正是看到了菲德利的有神论中的理性主义或功利主义实质,并通过深入揭露他信仰背后私利动机,最后将他驳倒。所以,理性辩论难以证明上帝的存在这一点还有另外一层重要意思,那就是证明上帝存在与相信上帝并不完全是一回事,有时它们是分离的,甚至是对立的,就像在菲德利身上所表现的那样。菲德利满口的上帝和道德,但他简单绝对的思路和骄横跋扈的言行则处处反映出他信仰的虚伪性。

至此,我们可以说:虽然戈德斯坦是个无神论者,但她知道上帝问题在实际经验中的复杂性以及全盘否定的不可能性;虽然戈德斯坦讽刺了用理性为上帝辩护的某些做法,但她也没有全盘否定理性在这方面的所有努力,尽管她更赞成用感性或文学,通过深入表现实际经验和内心感受,来为上帝辩护。其实,《理由》就是感性和理性并用的一个范例:作品的本文部分用的主要是感性或文学；作品的附录部分用的主要是理性或哲学。在本文部分所列的36个理由中，只有一个理由的名称与附录里的一个理由的名称是一样的，那就是本文里的第一个理由和附录里的第十三个理由。它们的名称都是"来自难以置信的自我的理由"（The Argument from the Improbable Self）。下面我们就比较一下这两个理由，看看理性和感性分别是怎么使用的，都产生了哪些不同的效果。

先来看来附录里的第十三个理由或第十三节。与附录里的其他35节一样，此节也是由理由、缺陷和评论这三个部分构成的。第一部分详细介绍了前人是如何把"来自难以置信的自我"看作上帝存在的理由的。其中的主要思路是：我是完全独特的，既不代表某一类型的人，也不属于古老的智人，而是一个独一无二的有意识实体。因此，世上没有任何存在能解释我的独特性，因为世上的规律只适用于一般性事物。只有世外的关心我的某种存在才能解释我的独特性。上帝是唯一身处世外而又关心我们每一个人的存在。因此，有上帝存在。第二部分呈现的是卡斯在此理由中所发现的缺陷：用独一无二的上帝解释独一无二的我，就是用神秘解释神秘，这是不可能有任何结论的。在第三部分里，卡斯对此理由做了这样的评论：许多其他人原本有可能替代你来到人世，所以为什么来到人世的偏偏是你并没有什么必然的理由，事情就是这么发生的，在你问起你何以会来到人世之前，你已经存在于这个让你出生的人世了。

如上所示，那些根据"来自难以置信的自我"证明上帝存在的人使用的是理性，一步一步地由自我的独特性推导出上帝的存在。卡斯对此理由的讨论用的也是理性，指出了用神秘解释神秘的荒谬性以及个人存在的偶然性。理由的提出者与卡斯用的都是理性，但比较而言，卡斯的观点更加可信，更符合实际和常识，说明理性会因为使用者知识量等方面的差异而导致不同的结论，另外，理性是能够纠正理性所造成的错误的。

下面再来看《理由》本文的第一章是如何用感性来写"来自难以置信的自我"这个理由的。在这一章里，那个抽象的"自我"被具体化为卡斯，分别是刚接到哈佛大学聘书的现在的卡斯和出现在他记忆中上小学六年级时的过去的卡斯。现在的卡斯在接到哈佛大学聘书后兴奋得睡不着，于凌晨四点来到哈佛附近的威克斯桥上，在严寒中思考"已经发疯的世界"如何给他的人生带来了"难以置信的逆转"。（3—4）小学六年级时的卡斯，也曾经历过一个难忘的失眠之夜。那是他刚把自己想要的上铺让给弟弟杰西、自己在下铺上躺下之后。在叙述结构上，叙述者把这件事恰好安排在提到卡斯在他的附录的第十三节里讨论了那个"来自不可思议的自我的理由"之后，显然有强调卡斯的那次失眠与讨论那个理由这两件事之间的关系的意图。那么这两件事到底有什么关系呢？在下铺躺下之后，卡斯开始思考为什么他是卡斯而不是杰西的问题，想到如果他和杰西调个个儿，有谁能把他们区分开来，想到自己像是一个别人，正在观察他在如何充当卡斯。他发现，"他越是持久地确定他是这里的卡斯这一事实，关于它的全部想法就会在离开他的路上走的越远"。（17）

与附录第十三节里的那个自我相比，卡斯的这些经验和感想可以反映他的自我的这样一些特点：（一）卡斯不觉得他的自我有多么了不起、自己的诉求有多么重要。他可以把自己想要的上铺让给杰西，自己睡不想要的下铺。（二）他不认为自我像上帝那样独一无二，而是觉得自己与杰西是可以互换的。（三）他不认为自我是固定不变的，而是把自我看作一个不断充当或实现的过程。(四)他不认为自我独一无二到了在世上找不到任何解释、只有在世外独一无二的上帝那里才能找到解释的程度,而是认为人们可以采用不同视角反观自己,获得某种程度的自知。

卡斯的上述经验和感想发生在他小学六年级时,可见他从小就对自我有着不同于附录第十三节里的那个自我的认识。了解了一点过去的卡斯,我们就能更好地认识现在的卡斯。前面提到现在的卡斯在接到哈佛大学聘书后兴奋得失眠了,于凌晨四点来到哈佛附近的威克斯桥上,思考起他生活道路的不可思议的转折与现时世界的关系。这一思考在这个名为"来自难以置信的自我的理由"的第一章的结尾段里得出了这样一个结论:

> 这就是存在,感觉中它就是这么一个巨大空间,人进来了,带着惊讶,这就是人,由生命和历史、基因和文化构成,在世界的偶然之中,这就是人,他不知道是怎么回事,不知道是什么原因,突然间又不知道他在哪里、是谁或是干什么的,只知道他是存在的一个部分,一个被关注的有意识的部分,在存在之中被以一些他所不解的方式生出来和维持着,尽管他始终对此、对存在、它的丰富性、它的无所不及的广袤和跳动不止的复杂有所意识,而且他想以某种至少是开始适合它的方式生活,他想尽可能地扩大他在存在中的范围,甚至想超出它,以某种与作为一个部分并对整个动态的辉煌的无限世界有所意识的特权相称的方式生活,这个世界如此难以置信地还包含一个名叫卡斯·塞尔策的宗教心理学家,他在一些外力的推动下做成了一件比构成他难以置信的存在的所有难以置信的事情所能导致的还要难以置信的事情,这件事为他赢得了某个别人的生活,一种更美好的生活,一种更明媚的生活,一种超出他在充满期待的无名期里所渴望的所有生活的生活,因为所有这、这、这、这一切都不可能属于他,他这个正站在威克斯桥上的人,围着他曾热爱的前妻帕斯卡尔为他织的围巾,织因他永远也不会知道,也许是想给他某种保护,抵御她知道他不久将会感到的孤独,后来他果真感到了,但已经完全好了,此时站在崇高之上,他的脸颊因兴奋或寒冷而发红,他拉上拉链的口袋里装着一封印有拉丁词"真理"的信,他会与一个名叫露辛达·曼德尔鲍姆的姑娘分享这一切。(18—19)

这段话由一个句子构成。作者使用这样一个长达16行的长句,也许是为了强调卡斯思想流动的持续性和卡斯思想中自我与世界的关系的紧密性。在这段描写中,我们不难发现过去的卡斯的影子。卡斯依然不觉得他的自我有多么了不起,认为自我只是巨大存在中的一小部分,自我的难以置信性来自无数构成它的难以置信成分,他所取得的成就应归功于神秘外力的推动。卡斯依然不觉得他的自我像上帝那样独一无二,认为他的成就给他带来的美好生活就像他的成就不属于他那样也不属于他,而是属于别人,他的一切都可以与他人分享。卡斯依然不认为自我是固定不变的,懂得个人的存在是一种偶然,是由多种因素构成的,身处这个动态世界中的个人具有一定的选择生活方式、改变生存状态的自由和能力而且也一直希望这么做。卡斯依然不认为自我能够独一无二到在世上找不到任何解释、只有在世外独一无二的上帝那里才能找到解释的程度,认为人对充满偶然和变化的世界和自我是有所意识的,尽管他有许多不懂的东西。

显然,虽然同样被命名为"来自难以置信的自我的理由",《理由》本文第一章里的理由与附录第十三节里的理由非常不同。首先是两个"难以置信的自我"不同。附录里自我的"难以置信"指的主要是自我的独特性,即自我的这种不同于任何他人、世上无人能解的独特性是"难以置信的",而本文里自我的"难以置信"指的主要是自我的偶然性,即自我的这种恰恰是自我、不是别人的偶然性是"难以置信的"。其次,这两个不同理由所证明的上帝是不同的。附录里的理由所证明的上帝存在于世外,是全知全能的,能够解释世上一切秘密,而本文里的理由所证明的上帝则存在于世上,并非全知全能,体现在各种偶然性、神秘性和局限性之中,类似于梯里希所说的人类生存不可或缺的"存在之基"。① 当然,这两个理由的一个最明显的不同还是在语言形式上。附录里用的是哲学的形式,语言简明规范,充满逻辑推理,没有感情色彩,而本文里用的是文学的形式,语言模糊复杂,虽然表现了不少思维活动,但更多的是寓意丰富的内心感受和没有明确结论的思索想象。所以,仅通过这两个例子的简单比较,我们就能够看到戈德斯坦选用文学形式表现宗教经验的复杂性、批判新无神论者的简单化问题的积极意义。下面就围绕这里的话题看看戈德斯坦使用文学的具体做法。

二、"野蛮的确定性"及其文学再现

先从在上面那一大段引文中出现的卡斯的前妻帕斯卡尔谈起。卡斯对帕斯卡尔的关爱真可谓无微不至。这一点帕斯卡尔自己非常清楚,但她也发现卡斯有时固执得连一些最简单的事理也弄不明白,令她感到既"神秘难解",又"极其恼火"(26)。比如,卡斯总是不明白她对概率论的理解。在她看来,事情要不就发生,要不就不发生,绝对不可能既发生又不发生,因此"概率就只有百分之百或百分之零。这就是逻辑!"(26)由此,她形成了这样一个封闭的环形思路:可能性就是混乱;混乱就是怯懦;怯懦就是不道德;不道德就是可能性。总之,"凡是帕斯卡尔相信的,都是她所知道的;凡是她所知道的,她的知识都带着野蛮的确定性"(27)。帕斯卡尔是诗人。但读过其作品的卡斯的同事莫娜却认为它们是"胡话""反艺术"(27)。她的理由是:"艺术本应增强我们的注意力。而帕斯卡尔却不会懂得什么叫注意力,哪怕注意力咬到了她瘦小的法国屁股。"(27)除了被帕斯卡尔彻底迷住的卡斯,很少有人对帕斯卡尔缺乏注意力的问题如此视而不见。就连16岁的阿扎利亚第一次接触帕斯卡尔时也意识到了她对犹太文化的无知与偏见。听到帕斯卡尔对于世界的看法——"世上的事情要不就是绝对的不可能,概率为零,要不就是绝对的必然,概率是百分百或无穷大。不过如此",熟悉概率论和犹太人受迫害史的阿扎利亚的眼睛里立即充满"惊恐"(269)。阿扎利亚所感到的"惊恐"不久就在卡斯身上得到了印证。帕斯卡尔因右臂上出现肿块住进了医院,医生们就是否手术争论不休,令一向拒绝可能性、主张非百分之百即百分之零的帕斯卡尔烦恼不堪。整个医院里,只有神经科的麦克斯韦尼医生始终坚定地反对手术。与帕斯卡尔一样,麦克斯韦尼对于他所知道的东西的知识也带有"野蛮的确定性"(29)。因此,帕斯卡尔就对麦克斯韦尼产生了百分之百的爱情,把"忠贞不渝的"卡斯的地位降到了百分之零,最

---

① Paul Tillich. *Systematic Theology*, vol. 1. Chicago: University of Chicago Press, 1951, p.235.

终使毫无思想准备的卡斯饱尝了她"野蛮的确定性"的野蛮性。

早在攻读研究生时，卡斯就领教过导师约纳斯的"野蛮的确定性"。如同帕斯卡尔，约纳斯的"野蛮的确定性"也是反映在两个相互关联的方面，一个是在对待别人方面，一个是在对待自己方面。在对待别人方面，约纳斯很少把什么人真正放在眼里。他之所以离开哥伦比亚大学、到不知名的法兰克福特大学成立由他一个人组成的信仰、文学和价值系，主要是因为他跟哥伦比亚大学的同事都闹僵了。而他最后之所以离开法兰克福特大学，也与他跟法兰克福特大学的激烈冲突不无关系。约纳斯跟哥伦比亚大学同事的矛盾与他的文学观有关。他所开的课程只教"死人白人男人"(247)，与同事们尤其是系主任的文学观大相径庭，而他又固执己见，矛盾不断激化，最后他只好选择离开。约纳斯跟法兰克福特大学的矛盾则反映出他科学观上的问题。学校想把他的一人系所占的办公室拿出几间来给新成立的大脑认知科学中心，约纳斯就大发雷霆，主要原因不在物质上，不在他将失去几间办公室，而在思想上，在他绝对不能容忍他所代表的人文受到他所鄙视的科学的挤压。在他看来，科学没有多少真知灼见，基本上都是妄自尊大的科学至上主义。他是这样理解那些大脑认知科学学者觊觎其办公室一事的实质的："这些人都是些无知的暴徒，试图践踏和清除约纳斯·以利亚·克拉珀所懂得并塑造的智力和精神生活，那个他用历代的信仰、文学和价值所织造的美妙空间。这个大脑认知科学中心代表了最坏的科学至上主义，因为它竟然让其符号染指人学。"(250)

在对待或肯定自己方面，约纳斯也表现出"野蛮的确定性"。其实，他对别人的绝对否定和对自己的绝对肯定是密不可分的，他否定别人就是为了肯定自己，为了肯定自己就必须否定别人。对于约纳斯的专横和自我中心倾向，罗兹早有察觉。与卡斯第一次陪约纳斯去新沃尔登时，她就发现约纳斯是个"暴君般的傻瓜……只对他自己有兴趣，对一切都漠不关心"(177)。可就是这样一个只顾自己不顾别人的人，最后竟然会去以色列的一个偏僻小城支教。不过与其说他是去帮助孩子，不如说他还是为了自己，为了实现当救世主的梦想。他是这样解释他为什么要去的原因的："他们缺乏资源，无法通过神圣的学习找到方向。拉比说，在他认识的所有人中，只有我才有帮助这些孩子的关系。"(253)约纳斯还承认过，以色列的"那个圣城斯法特一直是我的脚步所朝向的地方"(254)。这就是说，他去那里的主要目的不是助人，而是当神，实现他个人奋斗的最终目标。在写给《纽约时报》的文章里，他在谴责卡斯的同时也似乎想说，他已经实现了这一目标。他把背叛他的卡斯比作背叛基督的犹大，也就是在把自己比作基督。他说"背叛……是通往救赎的一个站点"，也就是在说只有他才能施救。文章最后，他说"我就是方向、真理和生命。除了经由我，没有人能够接近天父"(290)，就是在宣布他就是基督了。

在这样一个浑身"野蛮的确定性"的导师手下读研究生，卡斯的受害程度是不难想像的。罗兹早就注意到约纳斯"整天骑在他的脖子上"(177)。但直到约纳斯像上帝选人进天堂那样选了卡斯陪他去以色列(254)，并要他在博士论文里研究犹太人爱吃的土豆布丁的神学意义时(233)，卡斯才意识到再不离开约纳斯就真会成为毫无自由和尊严可言的奴隶了。

对于浑身"野蛮的确定性"的约纳斯，卡斯是自己离开的。而对于浑身"野蛮的确定性"的女性，卡斯每次都是被甩的对象，先是被帕斯卡尔甩了，后来又被露辛达甩了。露辛达身上的"野蛮的确定性"比起帕斯卡尔来有过之而无不及,与约纳斯比也不相上下。露辛达长得如花似玉,在她所从事的博弈论领域出类拔萃,在各方面都有资格盛气凌人,但也因此而广遭嫉恨,她不得不离开普林斯顿,来到求贤若渴的法兰克福特大学,成为富有爱心的卡斯的恋人。

露辛达的"野蛮的确定性"主要表现在她眼里没有人,只有赢,而且还是大赢。她所从事并精通的博弈论恰好助长了她的这一倾向。博弈论假定人都想以最少的付出获得最大的回报,并根据这一假定分析人的行为。这一理论的假定本身就已经具有了相当的"野蛮的确定性",而露辛达的主要贡献是"将博弈论运用于一切领域",包括"那些似乎与理性毫无关系的领域"(32),将它的"野蛮的确定性"发挥到极致。在露辛达眼里,一切都是竞争,人人都是对手,人际关系就是输赢关系。露辛达患有面容失认症(24),总是不认人,问对方多少遍也记不住。这种毛病跟她眼里只有赢没有人不无关系。

露辛达的面容失认症在她与恋人卡斯的关系中表现得最为充分。成为卡斯的恋人后,露辛达终于记住了他的面容,但对于他的内心,露辛达却始终没有记住或不愿去记。露辛达外出开会期间,在电话上都是卡斯关心她的情况,而露辛达却连卡斯将去哈佛参加辩论这样的大事也忘了,被再次告知后也从未想到过从博弈论角度提供任何帮助,可见她的面容失认症或目中无人问题的严重程度。她倒是对卡斯的成名作有过一点贡献,但那完全是一种偶然。是她出于对宗教心理学的无知或蔑视而提的一个问题,使得卡斯决意要尽其所能把问题解释清楚,终于在克服了种种困难之后完成了为他赢得广泛赞誉的《各式各样的宗教幻觉》一书。

大赢之后的卡斯却没有什么赢家的感觉,因为他从来就认为自己"不是为赢而生",相反,他觉得自己是"穿上了某个别人的衣服"(201)。这完全不符合露辛达的观念。露辛达始终认为自己"不为输而生"(201),只为赢,不是小赢,而是大赢,"任何比大赢逊色的结果都是输"(201)。这就在很大程度上决定了她会离开大赢的卡斯,尽管卡斯赢的是他的同行,不是博弈学家,更不是他的从事博弈学研究的恋人。露辛达开会回来看到哈佛寄给卡斯的聘书后陷入了沉默。卡斯立即就开始责备自己没有提前告诉她,就像不懂帕斯卡尔跟他离婚前的沉默那样不懂露辛达的沉默,最后还需要露辛达像帕斯卡尔那样向他解释。露辛达先是指责卡斯给她看哈佛聘书时所流露的"极端洋洋自得"的表情及其所反映的"争强好胜心"。当卡斯说了自己不够资格与她竞争后,露辛达就责怪卡斯"极端不敏感",给她看哈佛聘书时没有考虑正处于学术低谷的她会有何感受。当卡斯说了哈佛聘书对他们两个人都有好处时,露辛达终于忍不住倒出了她之所以不快的根本原因,那就是卡斯所研究的宗教心理学"空洞""低劣",却获得了这么大的成功,而她研究的博弈学"重要得多",成就却在卡斯之下,用她的话说,"这是我不能容忍的"。最后,说完"和你在一起,就是容忍你把所有学术弊端朝我脸上扔"(332),露辛达就毫不犹豫地离开了卡斯。

可以说,露辛达代表了与约纳斯相对应的另外一极:约纳斯是极端地抬高人文贬低科学,露辛达是极端地抬高科学贬低人文。但在"野蛮的确定性"上,他们俩是一样的,无论是在搞自我中心上,还是在简化世界、划定界限、拒绝对话上。他们的这种"野蛮的确定性"不但扭曲了世界,伤害了别人,也使他们自己广泛树敌,最后成为孤家寡人和野蛮非人。约纳斯自我神化的过程就是沉溺宗教神秘主义传统、脱离现实和人性的自我非人化过程。为了证明其自我中心主义的正确性,露辛达也像约纳斯那样求助于犹太教传统。她引用了一位古代拉比的名言——"我不为我谁为我?"但她不知此言还有后半句——"我只为我是人吗?"(244)然而,知道了这后半句之后的露辛达仍然只为自己考虑,用实际行动回答了她到底是不是人的问题。

"野蛮的确定性"是导致非人的一个重要原因,也是非人的一个重要特征。浑身"野蛮的确定性"的帕斯卡尔、约纳斯和露辛达就是《理由》里三个非人的代表。书里也写了一些没有"野蛮的确定性"却充满人性的人物,主要以卡斯、新沃尔登的拉比及其儿子阿扎利亚为代表。

前面提到,卡斯的自我没有多少确定性。上小学时,他就开始对自己为何只是自己而不是别人的问题感到奇怪。在其著作大获成功后,卡斯觉得那不是他的成功,他只是穿上了某个成功者的衣服而已。前面还提到,卡斯发现,他越是努力确定自己的身份,就越是觉得不可能做到。没有确定的自我就是没有固定的边界,就是有交流、沟通和融合的更大可能性。小说开头写卡斯虽然独自站在被严寒包围的威克斯桥上,感到的却是自己的扩展、与世界的融合、对于全部存在的爱。卡斯的这种宽广胸襟很好地体现在他这时已享誉世界的《各式各样的宗教幻觉》一书里。尽管卡斯说自己不是无神论者,他写此书的目的不是要否定上帝的存在,而是要说明上帝是否存在与宗教经验并无太大关系,但评论界普遍把他看作"有灵魂的无神论者",也就是说,他是无神论者,但又不是一般的无神论者,与一般的无神论者(包括新无神论者)不同,他是有灵魂的。他的灵魂主要表现在他对上帝和宗教的看法上没有什么偏见和"野蛮的确定性",所根据的并不是抽象理论和主观想像,而是实际经验和深入观察,因而他对上帝和宗教的看法更加全面和真实。在《各式各样的宗教幻觉》最著名的部分即那个附录里,卡斯收集介绍了上帝存在的 36 个理由,并逐一加以分析批判。卡斯的分析批判在系统性、思想性、逻辑性等方面可以说是超过了那些新无神论者,但他这么做的目的却与新无神论者不同,他不是要否定上帝的存在,相反,他是要指出那些理由不合逻辑、不够可信的方面,从而使那些理由有可能丰富发展得更合逻辑、更加可信,尽管经过他深入细致的分析,许多理由似乎已失去了这种可能。此书之所以广受欢迎,无论是在无神论者还是有神论者当中,主要原因是它较好地表现了一个实事求是的学者的真诚态度和丰富人性。

没有真诚态度和丰富人性,没有灵魂,也很难说会有真才实学,而卡斯在那场哈佛辩论中的对手菲德利却只见卡斯的才学,不见卡斯的灵魂。他在给卡斯下的挑战书里说,他与那些新无神论者辩论时都赢得太轻松,因为他们的知识面太窄,"而你却知识广博,熟悉宗教、心理学、哲学、科学和历史,所以将会是个强劲的对手"(225)。正如菲德利所言,卡斯果然强劲。面对着并不好辩的无神论立场、菲德利的凌厉攻势和主持人的有意偏袒等不利因素,卡斯沉着应战,终于赢得了这场辩论。卡斯的赢所依靠的除了菲德利所看重的广博学识,更是他的灵魂,他的真诚态度和丰富人性。当露辛达不解菲德利这个彻头彻尾的理性主义者怎么会站在有神论的立场上与卡斯进行辩论时,卡斯解释说:"对于许多人,关注神学不过是政治结盟的需要。我的敌人的敌人就是我的朋友。如果自由派在宗教与理性的辩论中朝着为进化论和世俗人本主义辩护的方向走,那么新保守派就会觉得他们应该走一个相对的方向。

他们也会认为,和他们一样已经彻底开化的人质疑上帝的存在是没有问题的,但如果广大群众都开始质疑上帝,那就会造成道德混乱。我猜那就是菲德利所相信的。"(225—226)这就是说,卡斯在辩论前就知道菲德利并不是一个真诚的有神论者,知道他为有神论辩护有着某种宗教之外的目的。辩论中,卡斯紧紧抓住他的这种不真诚,指出他所谓的上帝不过是他的功利意识的代名词,为赢得辩论的打开了一个关键的突破口。

可以说,菲德利主要输在他缺少灵魂上。他不但对他所辩护的上帝不够真诚,对被他称作"强劲对手"的卡斯也很不尊重。他以诺贝尔奖得主、社会名流自居,以为与卡斯辩论必胜无疑,所以他的表情、体态、语言和语气,包括对卡斯直呼其名的叫法,都反映出他根本不把卡斯放在眼里。他也是《理由》中较为典型的一个学识浅薄却又浑身"野蛮的确定性"的人物。戈德斯坦塑造这样一个有神论者,似乎想说,正如对无神论者不可一刀切,他们当中既有帕斯卡尔、露辛达这样无灵魂的,又有卡斯这样的有灵魂的,有神论者的情况也不简单,他们也不清一色的都是有灵魂的,约纳斯和菲德利就是无灵魂的有神论者。戈德斯坦也写了"野蛮的确定性"在有的人那里是可以减弱的。发现阿扎利亚有数学天赋却又不可能像一般孩子那样自由地发展这种天赋后,罗兹曾不无"野蛮的确定性"地喊出"这是一场该死的悲剧"(205),并想到将阿扎利亚从他的"宗教狂"家庭里拐走。在卡斯向她指出阿扎利亚其实是生活在一个幸福的家庭里,而且阿扎利亚自己并不像罗兹那样感到不幸之后,罗兹的"野蛮的确定性"明显减弱了,她开始把注意力从阿扎利亚的"宗教狂"家庭转到新沃尔登与外界对教育的不同理解上。

其实,正如卡斯所言,阿扎利亚并不像罗兹想像的那样感到了任何的不幸,他甚至都不觉得自己有什么特殊天赋。听到父亲对客人们说新沃尔登的所有孩子都很特殊,阿扎利亚补充说:"如果某个孩子是唯一一个不特殊的,那么他就因为不特殊而是特殊的。……如果他因为不特殊而特殊了,那么他也就不特殊了。如果他不特殊了,那么他就特殊了,而如果他特殊了,那么他就不特殊了。"(163)这就是6岁的阿扎利亚的特殊观,其不确定性能令人联想到卡斯小时候在思考自己为什么是自己时所感到的不确定性。总之,阿扎利亚并不认为特殊和不特殊之间有什么确定的界线,并不觉得生活在新沃尔登就意味着浪费了天赋,就成了罗兹所说的一场悲剧。

阿扎利亚不但否认特殊与不特殊之间的明确界线,认为人人都特殊或不特殊,特殊或不特殊是由观察角度或衡量标准决定的,他对于不同领域之间的界线也没有任何概念。在约纳斯眼里,文学与科学之间的界线、文学高于科学的地位都是绝对的。在露辛达眼里,科学与文学之间的界线、科学高于文学的地位也都是绝对的。而在阿扎利亚眼里,数学和宗教之间的界线却并不绝对,比如他就用意第绪语里的"天使"一词来称呼素数。在阿扎利亚眼里,数学也不绝对高于宗教。为了哈西德教派的生存与发展,他在其父亲去世后毅然放弃了在麻省理工学院学习数学的机会,回家接任了新沃尔登的拉比,只是在空余继续研究数学。对于这个在如此多的界线和矛盾之中总是以集体利益为重、围绕集体利益安排个人生活的年轻人,卡斯情不自禁地感叹道:"谁能比这个小伙子更富有人性呢?"(344)

至于不确定性与人性之间的关系,孔子曾这样概括过,"仁者,其言也讱",意思是说,"仁

者,他说话很迟钝"。① 当代著名社会学家鲍曼曾对这一关系作过如下具体描述:

> 我们现在认识到,不确定性并不是一种短暂的麻烦,可以通过学习规则、听从专家建议或只是仿效别人的做法等途径来消除。相反,它是一种永久的生活状态。我们还可以说,它就是道德自我在其中扎根和生长的土壤。道德生活就是一种充满持续的不确定性的生活,因此做一个有道德的人必须具备巨大的力量、恢复力和承受各种压力的能力。道德责任感是无条件的,原则上也是无穷尽的。因此,如果某人对自己的道德行为总不满意,总是痛苦地觉着自己还不够道德,我们就可以说他是一个有道德的人。②

按照这里的观点,我们就不难理解为什么充满不确定性的卡斯会被人们认为是有灵魂的,为什么充满不确定性的阿扎利亚会被卡斯看作最有人性的人,为什么约纳斯、露辛达、帕斯卡尔和菲德利等充满"野蛮的确定性"的人如此不受欢迎。

三、宗教经验的复杂性和宗教思维的普遍性

《理由》的一项重要任务就是表现宗教经验的复杂性和宗教思维的普遍性。这一任务主要是通过卡斯的观察与思考来完成的。可以说,《理由》写的就是卡斯的宗教观的发展历程。

卡斯在归纳《各式各样的宗教幻觉》时说:"我的书的全部要点,就是宗教信仰的心理与争论没有什么关系。"(313—314)这就是说,在卡斯看来,宗教主要是一种经验,不是一种思想或思想斗争。对于宗教经验,卡斯也不把注意力局限在教堂里,他感兴趣的是"所有广义的宗教经验",他发现"宗教思维潜行于一切领域,披着伪装出现在最为世俗的场合,在政治、学术和艺术中,甚至在人际关系中"(5)。他写《各式各样的宗教幻觉》就是要表达他的这样一种"信念",即"宗教感觉是以许多不同方式出现的,并非只限于那些确切无误的宗教场合"(101—102)。

在某种意义上,卡斯的宗教经验从他小时候在床上思考他自己为什么是他自己而不是别人的问题时就开始了。施莱尔马赫(Friedrich Schleiermacher)说过:"承认一切个体都是整体的一部分、一切有限都代表无限,就是笃信宗教。"③卡斯当时可能还不一定有无限整体的概念,但他显然开始意识到自己并非唯一、还有别人存在以及世界是由大家组成的,这或许可以看作卡斯的宗教经验的起点。

不无讽刺意味的是,在卡斯的宗教观形成的道路上起了关键作用的,竟是约纳斯和露辛达这两个不承认自己是整体一部分的人,而且他们所起的作用都是一种偶然,不是有意要让卡斯获得什么宗教经验。约纳斯是出于自己的宗教兴趣而叫与新沃尔登有血缘关系的卡斯带他去认识那里的拉比。在那里,卡斯第一次感觉到宗教的复杂性。一方面,他看到,在这个哈西德派犹太教教徒聚集的小镇里,公共场合都设有区分男女的标志,连道路都分男女两

---

① 孔子:《论语》,张燕婴译注,北京:中华书局,2006 年,第 172 页。
② Zygmunt Bauman. *Alone Again: Ethics After Certainty*. London: Demos, 1994, p. 36.
③ Paul E. Capetz. *God: A Brief History*. Minneapolis: Fortress Press, 2003, p. 116.

边,似乎有着严重的性别歧视。另一方面,卡斯发现,拉比在问到他脱离了新沃尔登的母亲时不但丝毫没有责怪,而且非常亲切。罗兹也发现,虽然她在男性区里随意说笑,拉比却并不在意,不比约纳斯更歧视女性(173)。卡斯和罗兹还注意到,一方面,小镇里的孩子接受的是传统的教育——主要是阅读意第绪语犹太教经典,不是外界的现代教育,另一方面,连英语也不会写的6岁阿扎利亚却有着非凡的数学才华。至于拉比本人,一方面,他是镇里宗教事务的总负责,履行着新沃尔登精神领袖的义务,另一方面,他还是新沃尔登的镇长,还具有处理各种世俗事务的丰富知识和出色能力(154)。新沃尔登的这些矛盾现象让卡斯在他与宗教的第一次直接接触中就感到了它的丰富性,使他开始喜欢上这个地方和这里的宗教。

不久,卡斯陪约纳斯又去了一次新沃尔登,去参加那里的共餐仪式,对新沃尔登和哈西德教派有了进一步的了解。共餐仪式是哈西德教派特有的一项由男性教徒参加的、可以分享拉比的食物的仪式。卡斯听说过这一仪式,但直到亲临现场,才知道仪式已有改进,变得"更文明了,食物是分发出去的,不是从盘子里抢得的"(213)。仪式开始了,卡斯的臂膀与其他参加者的臂膀连接到一起,"他感到自己被吸收进一排人中、一屋人中、一种神秘的友谊之中"。歌声响起,"所有的男声会合成一种有力而又微妙的载体,承载起那迷人的旋律,就像众多巨手轻柔地托起一个纤弱的人体"。卡斯被迷住了,"被它深沉的优美,还有它奇特的亲切"。他觉得自己"就像一个熟悉他母亲的新生儿",情不自禁地加入了这一旋律亲切地吟唱(214-215)。在此过程中,卡斯突然意识到,哈西德教就像迷人的音乐,你可以"直接和亲密"地感知它,但它"抵制解释"(215)。

在其致词里,拉比提到宗教的一大作用就是净化灵魂,不断地将净化了的个人交还给世界,让他们重新投入神圣的服务之中,直到最后的救赎(217)。众声呼应过后,6岁的阿扎利亚被抱上桌子。他接过他父亲的话说道:"天使之美降临我们。天使在天上。但也在地上,在一切地方,在一切事物中。他们既是天使,情况就必须如此。"(218)情况必须如此,天使之美必须降临人间,宗教必须联系世俗,精神追求必须解决实际问题。对于哈西德教派的这种务实精神,连6岁的孩子也耳熟能详。卡斯后来了解到,哈西德教派创立的初衷就是为了抵制犹太教中的理智化倾向。这就是为什么他们的礼拜具有较多的"经验、感性和狂喜"成分,为什么他们要跳舞和唱歌(220)。天使之美在天上,但也在地上——在狂喜洋溢的教堂里,在手臂连接的舞蹈里,在饱含博爱的歌声里,在热泪盈眶的眼睛里,在充满感激的表情里。在所有这些具体经验中,卡斯第一次感觉到神人合一的大美,看到了宗教在这种美感产生过程中的作用。

不过,那时卡斯正在攻读文学博士,还没有开始研究宗教心理。即使是十年之后,卡斯已经开始研究宗教心理了,他也还没有把他在新沃尔登的宗教经验整理上升为理论。他甚至都没能回答16岁的阿扎利亚向他提的一个问题:"为什么世界各地和所有时代的人都如此强烈地相信他们没有证据证明的东西,而且信得如此强烈,以至要根据它来安排自己的一生呢?"(276)使卡斯开始把他在新沃尔登的宗教经验理论化的,是露辛达就卡斯的研究领域所提的问题。露辛达起初的问题还不难回答,尽管也带有嘲讽意味:"宗教心理学?是变态心理学的一个分支吗?你是否也是那些试图为集体疯狂做进化论解释者中的一员?"卡斯的回答是:"并不确切。我感兴趣的是宗教在其所有变体中的现象学问题。在其内部的感受是怎样的？它关注的是哪些类型的恐怖行为，以及它阻止和促进哪些类型的感情增长？宗教反应是怎样显现的，包括以那些不像宗教的方式？"(39)真正令卡斯受到刺激的是露辛达在谈话结束时问的一个问题：研究非理性是否有利于宗教心理学这一领域？露辛达的这个"如此直率而又暧昧"的问题把卡斯"震"住了。"他必须得回答她。他必须得从过去二十年里一直在他脑海里翻腾的那些问题中找出一个答案。那些他记忆犹新的与约纳斯·以利亚·克拉珀有关的问题和与阿扎利亚有关的问题。他还从来没有利用那段经历来提出任何有力的深刻思想。"(40)因此便有了《各式各样的宗教幻觉》，便有了此书写作过程中卡斯在宗教观上的飞跃："是对不可能的热爱使得一切成为可能。他被无限欲望的翅膀击打过，但它们也提升了他。挨击打、受鼓舞和被提升，这三者同时发生。"(40—41)就是在这一被不断提升的过程中，卡斯完成了他的著作，充分利用他与约纳斯和阿扎利亚在一起时的经历整理提炼出他对宗教经验复杂性和宗教思维普遍性的认识。罗兹说，她一打开此书，就看出那是根据他们的亲身经历写出来的，没有那种经历的人是写不出来的。但罗兹没有看出，卡斯的书是为了解答露辛达的问题而写的，没有受过露辛达的问题的刺激的人，也是写不出来的。很难说从来不把非理性或与非理性有关的学科放在眼里的露辛达是否真的被卡斯的认真解答说服了，因为她在与卡斯分手时还说卡斯的领域空洞低劣，但她有一段时间一直把卡斯的著作放在随身带的包里，而且不久之后又同意做卡斯的女朋友，这些似能说明，卡斯的著作对露辛达也不是毫无触动作用。

当然，在《理由》里，让卡斯的宗教观发挥最大作用的，还是他与菲德利在哈佛的那场辩论。尽管卡斯不认为自己是无神论者，但菲德利是把他当作无神论者来挑战的，所以卡斯就不得不违愿地设法证明上帝不存在，反驳菲德利的上帝存在论。辩论中，菲德利多次借用《各式各样的宗教幻觉》里的观点，增加了卡斯反驳的难度。但卡斯还是在揭露菲德利的有神论的功利主义实质的同时，从世上充满痛苦以及道德能够自律等角度有力维护了无神论、抨击了有神论。然而，在自己书里强调过宗教与争论无关这一观点的卡斯并没有陶醉于自己的雄辩，他在辩论中从不同角度反复强调了真实宗教的超辩论或超理性特性。辩论开头，他指出，有神论和无神论都是不可证明的，因为它们所依赖的是信仰，不是经验(311)。辩论中间，他又指出，某些感情态度尽管不教真假，却比争论有力得多，能够左右人们的生活道路(313)。辩论结尾，他郑重声明："宗教冲动和感情是各式各样的。宗教场合有着肯定生命的丰富感情的自然表达。这就是为什么我从不全盘否定宗教，尽管菲德利教授似乎认为我那么做了。"(323)

菲德利打的是有神论旗号，但他的思想言行却不像一个有神论者，而像一个简单绝对、争强好胜的新无神论者。卡斯虽然被迫为无神论辩护，但他对于宗教的感情和理解却深于一般的有神论者。他对宗教的这种感情和理解，是菲德利这样的不懂得如何用感官去直接感知宗教的理性主义者所无法获得或理解的。卡斯与16岁的阿扎利亚所做的那次深入而又感人的交谈，就是菲德利这样的人所难以做到的。在这次交谈中，卡斯了解到，阿扎利亚觉得自己如果到麻省理工学院来学习，他在感觉上可能会比待在新沃尔登更加自然一点，因为新沃尔登人都把他看作圣人，祈祷时都会"愚蠢"地喊着"圣人阿扎利亚"，让他觉得就像"往棺材上铲土"(280)。听到这里，卡斯被感动了，就像十年前看到6岁的阿扎利亚向他挥手告别时那样。但阿扎利亚也告诉卡斯,新沃尔登的法律成了他的第二天性,他必须当好他父亲的儿子,必须像他父亲那样,对他祖父带领那些有幸逃脱纳粹迫害的哈西德教徒创建于1933年的新沃尔登负责,因此他不可能为了个人爱好而牺牲社会责任。没有满意的答案,对于被称作"圣人"的阿扎利亚也是这样:"我唯一能够证明的就是没有答案。……上大学是必须却不可能。待在新沃尔登是不可能却必须。"(280)卡斯认为,阿扎利亚对人类智力的责任要重于对新沃尔登的责任,但阿扎利亚却说,人类智力没有他会照样发展,而新沃尔登却不一样,一个民族、一种生活方式、一种文化、一种语言的消失才是真正的悲剧,他不能让他祖父从纳粹魔掌里抢救出来的血脉断送在他的手上。这就是16岁的拉比继承人的心理。卡斯沉默了:"瞧瞧他用矛盾的语言倾倒出来的这些痛苦的思想。瞧瞧那此刻正从他脸上钻出来、从眼里涌出来并使他上唇颤抖的真实痛苦。"(282)现实就可以是如此的复杂和沉痛,宗教经验和宗教心理就可以是如此的复杂和沉痛。也就是在这次交谈之后不久,阿扎利亚的父亲突然去世,阿扎利亚告别麻省理工学院回新沃尔登接任了拉比一职。

卡斯第三次回新沃尔登是在十年之后,在《各式各样的宗教幻觉》出版、露辛达与他分手、罗兹返回他身边之后。卡斯是带着罗兹和父母一起去的,人数比前两次多了,即使不算之前已回新沃尔登定居的弟弟杰西。从事"高风险"金融活动的杰西是在成为囚犯之后才接触到哈西德教的温暖。被宗教找到的他也找到了宗教。他最终回到了新沃尔登,换上了犹太名字"耶什亚"。卡斯的母亲这个早年逃离新沃尔登的叛逆者也回来了。她曾给予阿扎利亚不少帮助,帮助他发展数学天赋,被阿扎利亚看作第二母亲。重回新沃尔登,卡斯的母亲这时已经能够毫无怨言地遵循新沃尔登的规矩了。对此,卡斯的父亲评论道:"她一定是过了她的叛逆期了。"(338)

罗兹关心地询问卡斯是否过了被露辛达抛弃后的痛苦期。卡斯说他真的过了,而且还对各式各样的宗教幻觉有了新的见解,那就是"男女迷恋也是一种宗教幻觉"(340)。如同宗教幻觉,它也是一种感情态度,是超越理性的,是不关真假却能左右人生的,是遭受挫折之后仍然无法放弃的。被露辛达抛弃的卡斯仍然相信爱。经过二十年的分离,卡斯和罗兹终于意识到了他们之间的真爱。他们再次进入教堂,再次被教堂的气氛带到那个充满大美的辽阔世界:"卡斯一进门,就听到成千上万的载歌载舞者发出的雷鸣般欢乐声,充满生命活力的大厅里的景象给了他有力的一推,使他旋转起来,感官越出了原来的轨道,因而他就能识别旋律的浓烈芬芳和感情色彩的变化……"(341)这里的描写再次强调了卡斯之前的感觉,那就是宗教像摄魂夺魄的音乐,你只能直接、亲密地去感受,无法分析,没有答案。

没有答案,连最具天赋的阿扎利亚也没有找到如何协调必然性与不可能性之间关系的答案。"因此,我们要努力地公正对待我们的这个大得难以置信的存在。因此,我们要努力地为自己活着,否则谁会为我们而活呢?而且我们还要努力地为他人活着,否则我们又是什么呢?"尊重存在,利己利人——这是《理由》结尾里的教导,也是卡斯从宗教经验中收获的最大心得。

四、结语

　　《理由》反复强调了这样两个思想：(一)有神无神不重要，关键要看什么神。(二)判断信仰好与坏，须看效果怎么样。在《理由》里，有上帝、信上帝，"野蛮的确定性"就少，爱就多，人就更像人。无上帝、不信上帝，"野蛮的确定性"就多，爱就少，人就更不像人。也就是说，在《理由》里，上帝主要是存在和人性的最高境界，不是造物主和审判官。哪里有这种境界，哪里有人知道自己的局限和差距，哪里"野蛮的确定性"少，哪里人性丰富，哪里就有上帝存在。这是上帝存在的最大理由，无论还有多少其他理由。新无神论者们的首要问题并不是他们否定了上帝的存在，而是他们固守上帝是造物主和审判官这样的陈旧观念，忽视了上帝与存在和人性关系中最为密切的部分。另外，他们无视经验，无视上帝和宗教之所以长期存在的实际原因，用臆想出来的上帝和宗教取代实际经验中的上帝和宗教，然后再加以简单粗暴的否定，最终造成了错上加错的结果。通过塑造帕斯卡尔、约纳斯、露辛达、菲德利等反面人物和阿扎利亚、卡斯等正面人物，通过表现开放务实、重视"经验、感性和狂喜"的哈西德教派的发展历程和生存状态，戈德斯坦全面深入地批判了新无神论立场、观点和方法上的"野蛮的确定性"，为客观理解上帝、宗教和当今世界提供了一个较为独特的文学视角。可以说，上帝存在的文学理由，就是戈德斯坦心目中最接近实际的上帝存在的理由。

作者简介：刘建华，文学博士，北京大学外国语学院英语系教授。

> 异邦新声

米哈伊尔·巴赫金与米歇尔·福柯:在"话语"概念的源头

В. И. 秋帕(В. И. Тюпа)
段丽君 译

  1952年初,М. М. 巴赫金着手写作《言语体裁问题》时,就叹息语言学中缺乏一个将言说作为"完整言说"而非语法句子的概念。这个"完整言说""已非语言单位"(也非"话语流"或者"话语链"单位),而是*话语交际*(*речевое общение*)①单位,它包含的不是意义(значение),而是……与价值——真理、美等等相关的思想(смысл)——它要求得到包含评价的回应性理解②。在巴赫金看来,言说的意义,"无法从一个方面得到理解。当理解本身作为对话时刻进入整体的意义"(5,337),那时,文本的意义之全部才可能被"从一个方面"揭开(例如,从语言学角度)。

  巴赫金没有找到的那个术语本来倒是可以用"话语(дискурс)"来替代的——这个概念是泽利格·哈里斯(Zellig Harris)1952年引入语言学的,不过,巴赫金当时并不知道(《言语体裁问题》写于1953年)。直到米歇尔·福柯(Michel Foucault)之后,话语范畴才固定下来,并在人文学科中得以广泛使用。

  米歇尔·福柯从另外一些视角研究晚期巴赫金曾经研究的问题时,使用了早在1960年代就已出现的"话语"这一术语,用它指称"介于思想与言语之间(между мыслью и речью)"③的交际现实,福柯认为,这一现实是一贯被哲学和语言学所忽视的。

  在《知识考古学》(1969)中,福柯称,研究话语就意味着"确立个体为成为该言说的主体能够和应该占据的位置"④。他曾写道:"我们正拒绝将话语作为表达的稀有现象进行审视……我们正试图在话语中找到主观性的各种不同位置的固定性场域"(56)。在论述话语主体的时候,福柯说的"根本不是言说着的意识,不是表述的作者,而说的是在某些情形下可能被不同个体所占据的那个位置"(116)。法国哲学家福柯一直坚持认为,从话语分析角度,"不应该将言说主体等同于作者……它(言说主体——译者注)是一个确定的、空虚的位

---

① 斜体字为论文作者 В. 秋帕所加。以下不再另注。
② Бахтин М. М. Собр. соч.: в 7 т. Т. 5. М., 1996. С. 337 (выделено Бахтиным). В дальнейшем цитаты из этого издания приводятся с указанием тома и страницы в скобках.
③ Фуко М. Порядок дискурса // М. Фуко. Воля к истине: по ту сторону знания, власти и сексуальности. Работы разных лет / пер. с фр. М., 1996. С. 74.
④ Фуко М. Археология знания / пер. с фр. Киев, 1996. С. 96. В дальнейшем цитаты из этого издания приводятся с указанием страниц в скобках.

置,可能被各种不同的个体占据"(96)。此外,"如果提议、句子、符号总体能够被称之为'言说',那么只是因为主体的位置能够被确定"(96)。

福柯,与巴赫金一样,将这个元主体的话语阶段命名为言说的因变函数(因变现象)(*функция*)。在数学中,"因变函数(因变现象)是一个与其自变量相关的数值,并随自变量的变化而有规律地发生变化"。言说的社会文化因变函数(因变现象)也如此与它的文本直接相关。对待书面话语实践的类似观点已经将诸文本自由自足创造者的浪漫主义形象排挤出了语文学:"言说主体是确定的因变函数(因变现象)……这个空虚的因变函数(因变现象)能够被填补……某一个特定的个体总是能够在一连串言说中占据各种不同的位置并扮演不同的主体角色"(94)。

这些观点与巴赫金的言语体裁理论明显一致。甚至赫赫有名的"作者之死"现在也被当做是对巴赫金论"作者之危机"思想的延续,尽管其中并无确实的联系。

在思考言语体裁的时候,巴赫金也曾思考了话语的演说体参数:"作为谁和怎样(也就是说,在怎样的情形下)言说者进行言说……。作者的形式和言说者(领袖、沙皇、法官、士兵、祭司、教师、私人身份、父亲、儿子、丈夫、妻子、兄弟等等)的等级地位(位置)。言说接受者相对的等级位置(子民、受审者、学生、儿子等等)。谁在言说和对谁言说。"(6,371)文本生成的交际战略的体裁确定性由此而来:"领袖的话、法官的话、教导者的话、父亲的话等等",它们都"相当传统并正成为古老的历史"。在新语境下它们也正在更生。它们是不能够臆造的(正如不能臆造语言一样)(同上)。

对于两位思想家来说,后一个思想尤其重要。只有表现的外部形式(手法)或者行为的手段(包括交际行为的手段)应当翻新花样,而不是战略。与受行为者本人构建与掌控的手段相反,战略是从有限的可能范围内遴选出来的。而且,被自由遴选出来的战略立刻就对行为者进行限制,将他交际行为的一些基本参数强加于他。当然,战略几乎总是可以改换的。但在社交中,转向新战略不可避免地意味着打断一个言说开始另一个新的言说。

"话语"一词在现代学术语境中有两层含义:

话语 I——指的是单个(单文本)的交际事件,它具有自己多文本的不变量的体裁结构(*инвариантная жанровая структура своей текстуальности*)。

话语 II——指的是不同体裁的、文本间的"原则性空间"(福柯),和受限于社会文化实践各主导边界的场域结构(*полевая структура*)。

有关话语定义的这一可作为讨论基础的双重性也在福柯那里出现,他一方面写道:"言说行为——是不可重复的事件;它拥有自己的时空唯一性,这个唯一性不能不加以考虑。"(102)但另一方面,他又认为:"战略的可能性(选择——论文作者 B. 秋帕注)为言说构建了稳定场域(*поле стабилизаций*),这个稳定场域使得它们在自己的同一性中重复,而无视言说诸行为的所有差异。"(104)

在 1950 年代初期,巴赫金也以相似的形象进行过思考。"在每一个行为的范围中,他写道,都有话语体裁的一个完整剧目表(*целый репертуар речевых жанров*)在起作用,它根据该范围的复杂和发展的规模而细分、增多。"(5,159)按照福柯的说法,这个范围是已知一种交往的"稳定场域"。这个话语固定性的场域由那些"引向主体在维持话语时可能占据或者接受的不同状态、地点和立场观点"的战略所构建(55)。

要成为言说的接受者,接受者应该不只是听完或者读完它——他还必须"维持话语以免中断"(поддержать дискурс)。按照巴赫金的思考,"任何具体的言说——都是具体范围中言语交流链上的一环"(5,195),其结果是,甚至违背该言说发起者的意愿,"言说本身在该交往范围中占据某种确定的位置"(5,196)。由此得出,"在每一个言语交往领域的每一个言语体裁都有自己接受者的典型观点,这个典型观点将它确定为一个体裁"(5,200)。这样,接受者,就跟言语主体一样,也是话语的一种因变函数(因变现象)。

巴赫金所研究的交际事件的文本间性链条,福柯进行讨论时将它作为话语的"实践,该话语实践系统地构建它们(诸话语)谈论的诸对象(客体)"(50)。在这个认识上,就与巴赫金的观点有了本质上的呼应,巴赫金曾写道:"说话者言语的对象……已经以不同方式被指明、辩驳、阐明及评价,各种视角、世界观和潮流在其中交织、汇集、分散 。说话者——不是圣经中只与尚未被命名的原始事物……发生关联的亚当,因此,他(说话者)言语的那个对象不可避免地成为与其它观点……视角、世界观、潮流、理论等等相遇的场所(5,198-199)。

相似的被话语实践所构建的交际元客体(коммуникативный метаобъект),也应当被看作使其具有现实意义的话语的因变函数(因变现象)。米歇尔·福柯曾写道,言说的所指方面(референтная сторона)"不是由'各种东西''各种事实''各种现实事物'或者'各种活物'所建立的,而……是由对诸客体而言的那些存在规则(правила существования)所建立的,它们(这些客体——译者注)是已经被命了名、已经被赋予了意义的"(92)。

由于任何话语实践不可避免的战略有根据性,我们所有人,按照巴赫金的思想,都"只用已经确定的言语体裁说话,也就是说,我们所有的言说都具有确定的、相对固定的、典型的构建整体言说的形式"(5,180)。这些结构上的要素,作为"构建整体的类型、完善整体的类型、说话者对其他人态度的类型"(5,164),自身都带有"明确交往的其他参与者积极回应的观点的能力"(5,185)。因此,作为接受者的角色并正确猜测交往战略的同时,"我们从一开始就感觉到言语整体,它是之后才在言语过程中产生分化的"(5,181)。

巴赫金1950年代的探索有机地体现在了构建新演说体的历史进程之中,尽管思想家本人并未将自己的探索与它(新演说体)进行比照。

演说体的诸根本(корни риторики)在西方文化比在俄罗斯更深、更坚实,但在20世纪中期,即便在此地也需要付出相当努力来"复兴"演说体。在英语和法语文化区,这些脉动与巴赫金的研究在时间上是彼此吻合的。艾弗·理查兹(Ivor A. Richards)的《演说体哲学》1950年问世[1],哈伊姆·别利尔曼(Chaim Perelman)的《演说体与哲学》1952年面世[2]。复兴的演说体此时已经不决定、不构建言语行为的范式基础,它正进入鲜活的交往实践,正进入人意识的相互作用中。其目的是"研究人们之间的未完全理解,并探索消除它的方式,试图预见并消除交际过程中的缺损现象"(理查兹)。复活的演说体的创新品质在于拒绝那些决定文

---

[1] Richards I. A. *The Philosophy of Rhetoric*. New York, 1950.
[2] Perelman Ch., Olbrechts-Tyteca L. *Rhétorique et philosophie*. Paris, 1952; Perelman Ch., Olbrechts-Tyteca L. *La nouvelle rhétorique*. Paris, 1958.

本生成的"规则",在于探索稳定人们交际行为"规律性"交往的战略合理性(в поиске стратегических закономерностей, стабилизирующих общение «регулярностей» коммуникативного поведения людей)。

巴赫金专注于言说理论之后,发现了毗邻课题的处女地:"文学研究的风格学在这里直接从语言学领域跳跃到了美学领域……语言学的风格学止步不前,没有涉及这些边界问题。"(5,294)巴赫金在这里发现了新学科的必要性,他将这个新学科命名为元语言学,因为它所研究的问题超越"语言学界限之外",是"临界的","具有相当重要的原则性意义",带有"哲学的特性"(5,294)。

"元语言学"一词出现在巴赫金的《文本问题》(1959—1960)中。它是从西方日常学术用语中借用来的。在对于复活演说体具有重大意义的 1952 年,本杰明·沃尔夫(Benjamin Whorf)发表了《元语言学论文集》(巴赫金在他 50 年代的工作年谱中注意到这本论文集)。巴赫金用自己的学科设想充实了沃尔夫的术语,然后,将这个术语用于指称就其实质而言的新演说体问题。他将"贯穿言说内部及各个单独言说的、各言说之间的对话关系"引出到元语言学领域(5,321)。在此我提醒诸位,福柯也发现了"贯穿各独特作品的、话语实践的诸类型与诸规则"(139)。

20 年代"巴赫金小组"的一些研究成果中也能发现对涉足这类问题所作的准备。巴赫金早在那一时期就以批判的态度看待费尔迪南·德·索绪尔(Ferdinand de Saussure)的语言(*langue*)和言语(*parole*)二分法,并不止一次提出,有必要引入第三个范畴——交际的言说范畴,在这个交际言说的范畴中,言辞(слово)"是三方社会学的相互作用的表现和产物——说者(作者)、听者(读者)及谈论的对象(主人公,谁或者什么)"①。此三位一体以鲜明的形象进入亚里士多德(Аристотель)的演说体中,亚里士多德曾在言语发声的交际事件中区分出:"作者本人""他所谈论的对象"以及"他向他谈论的那个人"。

尽管假装脱离古典演说体(对比:"演说体,根据其虚伪性的要求"等等(5,63)),正如伦纳特·拉赫曼(Renate Lachmann)公正地指出的那样,巴赫金的探索"与演说体传统紧密相关,不但如此,演说体传统已深入其探索之中"②。

尤其是,按照巴赫金的观点,任何言说体裁,都是历史有效的"典型言说形式"(5,191),它将"典型的言语交往环境"(同上)与它固有的谈话或书写"对象"和"目的"协调一致。所有的言语体裁——从最简单的到最复杂的——区别在于"对象、目的及环境",或者换句话说,"在于主题、结构、风格"(同上),因为在巴赫金的理解中,言语风格与其说是主体的自我表现,不如说是指向接受者的。在巴赫金的这些"言语体裁"的基本特性(主题—结构—风格)背后不难看到演说体的基本观念:主题—结构—表达风格(inventio—dispositio—elocutio)。

按照巴赫金的观点,一个作为"说话者"的"社会的人",不是与作为抽象的主导规范的语言发生关系,而是与许许多多的,如果用福柯的话来说,就是,跟许许多多的话语实践发生关

---

① *Волошинов В. Н.* Слово в жизни и слово в поэзии [1926] // В. Волошинов, Философия и социология гуманитарных наук, СПб., 1995. С. 72.
② *Лахманн Р.* Риторика и диалогичность в мышлении Бахтина // Риторика, № 1 (3), М., 1996. С. 17.

系。这些话语实践整体上构成了该社会富于变化的口头文化:"语言是被历史地当作一个彼此抵触的构成(становление)加以实现的,其中挤满了未来的和过去的语言、濒死的、古板语言贵族、语言新贵、数不胜数的觊觎者,或多或少地成功了的觊觎者,带着或大或小的社会风暴、有这样那样的意识形态运用范围。"①

在通过这个形象进行思考得出结论的时候,巴赫金不仅排斥费尔迪南·德·索绪尔的语言学观点,也排斥斯大林的命令式文章《马克思主义与语言学问题》:"斯大林的语言观点——是将语言视为一个体系的观点(而且,是一个与言语交往不相符合的规范体系,这个体系还是言语交往的前提条件)。"(5,272)巴赫金认为,元语言学研究的是"多语言的意识",对于它而言,"语言总的说来获得了新的品质,变成与它之前,对于耳聋的单语言(规范的——本论文作者 B. 秋帕注)意识来说,完全不同的东西"(5,157)。

巴赫金将"对话交际"的事件视为元语言学的研究对象,而非"语言体系"和被排除于对话交际之外的"文本"。换句话说,元语言学的研究对象应该界定为话语。此后,梵·迪克(Teun Adrianus Van Dijk)将"语言运用与话语"划清边界,即开始将后者视为"社会文化相互作用的交际事件"展开讨论与研究,并偶然重新转达了巴赫金的表述,将"说者、听者、他们个人的和社会的特点、社会情景的其它各层面",尤其是,"对于交际参与各方而言人人皆知的通俗意义、语言的涵义、世界的涵义……目标与具体形象观念"② 纳入话语的构成部分。

以上所述使得我们能够认定,在当时并不知道如今人所共知的"话语"这一术语的巴赫金,其实是当代作为*话语研究*(дискурсоведение)的交际理论的真正奠基者。

公平而论,巴赫金对话语范畴概念化的实质性贡献在于他"对话关系"的观点。其(对话关系)言语显示(речевая манифестация)的实质也就是话语实践。

在当代大谈交际斗争和立场划界趋势的文化中,对话的概念与争论、探讨、辩论紧密相关。与福柯学说不可分割地联系在一起的法国话语分析 *analyse du discours*,指向的首先是对言说的解构、"权利话语"对立的可能性、在文本中揭示"在意识形态情境下与其它力量对立的那个力量"③。但,按照巴赫金的观点,不是观点的冲突,而是"和谐的对话关系"才是所有交际性的"最终目的"(5,364)。话语实践的类型学在巴赫金看来不只是言语体裁的分类学,还同时是对话关系的分层体系。

在这种聋人间一般喜剧性对话分层体系中,存在一种"零对话关系","在这种关系中,来言去语之间(语轮之间 между репликами)存在言语对话接触,但并无思想上的接触(或者说,假想的接触)"(5,336)。

通往意识间相互作用的交际顶峰的最低阶段是"对他者话语的独白式信任、虔敬地接受"和"学生气的缺乏独立性"(5,332)。

较高的阶段是"不和谐(несогласие)",它苍白,没有成效(5,364);是作为"一些表面上较

---

① Бахтин М. М. Вопросы литературы и эстетики. М., 1975. С. 168—169.
② Дейк ван Т. А. Язык. Познание. Коммуникация. М., 1989. С. 122.
③ Haroche C., Henri P., Pêcheux M. La sémantique et la coupure saussurienne: langue, langage, discours // Langages, 1971, № 24. P. 102.

为显在的,但却是对话性(диалогизм)的拙劣形式"的"争吵、辩论、讽刺性模仿"(5,332)。

比这些接受—不接受他人言语的极端情况稍高的是"意见分歧(разногласие)",它,实质上,是倾向于其中总是保留着各种声音的不融合与差异的和谐(5,364)。

最终,在各种交际可能的最高阶段,会有"丰富多样的各种形式与声调的和谐(богатство и разнообразие видов и оттенков согласия)",这个和谐天性是自由的(свободно),因为"在它之外总是可以穿越的辽阔之地和靠近(但不是交融)"(5,364)。按照巴赫金的观点,"复调的和谐不融合各种声音,不是同一,不是机械刻板的回声"(6,302)。尤其是,"在陀思妥耶夫斯基的世界中,即便*和谐*(согласие)也保留着自己*对话的*特性(*диалогический* характер),也就是说,从不将各种声音和真相融合为同一的*无个性的*真相(слияние голосов и правд в единую *безличную* правду)"(6,108)。可是,陀思妥耶夫斯基的小鬼(черт Достоевского),用巴赫金的话来说,"……就像惧怕失去自己的个性那样惧怕和谐"(6,302)。

巴赫金话语研究的基础是他独创的哲学观点,既避开了相对主义,也避开了教条主义。与巴赫金的想法一致,"唯一真理要求意识(认知)的多样性",因为它"原则上不被置于一个意识(认知)的界限之内",它"天性是*事件性的*(событийна),诞生于不同意识(认知)的交汇点上"(6,92)。正是由真理的这个"事件性(событийность)"发展出作为话语的言说的事件性。

福柯与巴赫金的哲学观点是不同的,但在理论探究意象与它们的精神作用力之间的话语实践中,确实出现了巴赫金所言的"和谐的对话(диалог согласия)"。

作者简介:В. И. 秋帕(В. И. Тюпа),语文学博士,俄罗斯国立人文大学教授;段丽君,文学博士,南京大学外国语学院俄语系副教授。

现代化话语中的世界主义:两种启蒙的观点

G. 提哈诺夫(Galin Tihanov)

刘梦诗 译

从历史的角度思考世界主义可以让我们 A)理解世界主义及全球世界秩序的观点如何形成及面对与之相关的质疑。B)对世界主义话语在现代社会中的基本作用提出假设("现代"社会是指从 18 世纪下半叶开始),换句话说,就是认识到世界主义在散漫的现代主义社会中的特殊地位。C)明确世界主义理念存在的各个领域(政治、艺术及学术等领域)。此文我主要阐述 B)和 C)论点,A)已在别处讨论。首先我将构建一个关于世界主义话语在现代社会中的深层作用的假设。世界主义话语的双重性之前已阐明,这里我着重探讨世界主义观点存在的各个领域,主要集中在政治哲学和比较文学两个领域,其中特别强调了启蒙主义起源的两个经久不衰的论点(永久和平论和"世界文学"理论)。对启蒙主义的起源我仅略作表述,以便于后边论点的扩展和详解。

世界主义和城邦的重新定义

本论文的假设部分是基于塞拉·本哈比的最新著作。本哈比通过引述民主合法性的张力来探讨民主的根本矛盾所在:当我们用"我们"这个词来表达普世权力时,实际已经有排外行为。"我们"的称谓合乎情法,但对其他人则是一种排外。这种观点已不新鲜。在本哈比之前,克里斯特瓦也曾引用汉娜·阿伦特《极权主义的起源》中的观点,在其著作《我们自己的陌生人》中提出对这一悖论的深刻思考。她仔细查阅了法国大革命时期的人权宣言和公民权利宣言的前几部分,发现一个特定城邦如果建立起其自有的社员和归属制度,那么普世权利也就变成了具体权利。本哈比的新作不仅重申了这种矛盾的必要性,更是试着提出了解决方案。本哈比认为,民主在一定地域范围内建立起来,且民主主权属于该领土范围内的人民。同时,她也看到称之为"民主迭代"的过程,即民主主义起起落落,本地主义与普世主义交替涌现。在这种情况下,她认为人民必须坚持对固有领土的控制,此外,也可参与立宪,同时行为受宪法的约束,这种宪法可以不断调整人民的界限。鉴于此,她提出"世界联盟主义"的观点,她认为这个观点可以回应民主的合法性。康德积极响应这一说法,因为他的永恒和平论是基于共和制国家联盟的初步构想,而不仅仅是将世界作为一个整体国家而已。

我的假设保留了本哈比关于人民可以调整领土范围的观点,但和她不同的是,我认为世界主义是一种初步实践,可以作为历史发展的标志,见证社会共同体的发展和裂变进程(共同体不仅指本国人民,也可能是其分属国家或跨国群体),作为自我认知的结果,社会共同体可能走向两个相反的方向,要么融入更大的群体,要么分离成一个个独立排外的团体。期间,可以用世界主义这个标志去检验。我不赞成意识上的共同体,我建议将世界主义话语看做历史的风向标,通过人类自我反思及大量实践,见证共同体界限的扩展、人类自我认知的发展(通常也包含落后的认知)、社会共同体的逐步建立。

因此,综上所述,每当出现关于世界主义的论述时(自20世纪90年代早期提出以来,一直备受热议的话题,目前再度蹿红),我们需要从历史发展的角度来解释这些论述对社会发展的作用。世界主义作为一种初步尝试有可能亦或没有可能成为指导工具,但它无疑对城邦的重新定位指明了方向。我在表述"城邦重建"时用"城邦"而非"人民",是想表达对汉娜·阿伦特在《人类生存条件》中诉求的认同。她期望人们坚持思考政治哲学的经典问题之一:一个城邦要有多大的规模才是合适的?(此文的"城邦"是指具有自身统治制度的政治团体。)

世界主义不是唯一这样的标志。在我看来,在政治学科和历史学科之间颇有争议的领域,出现了一系列同类概念,比如"国际主义""普世主义""跨国主义""多元文化主义"等。他们不完全等同于"世界主义",可以理解为执行相同的功能:见证城邦重组(或者帮助社会合理化建设)。世界主义与它们的区别在于:同普世主义相比,世界主义允许求同存异;同国际主义相比,它不只考虑某个国家,允许差异的存在;同跨国主义比,它不主张毫无意义的语言框架;同频繁滋生出异类人群、跟风人群及孤立主义者的多元文化相比,国际主义的理论主张人类相互欣赏和肯定。世界主义与跨国主义的差异尤其明显:跨国主义在20世纪70年代由美国政治科学家首次提出,旨在找到阻止人类本体诉求的办法,而世界主义,正如它传达的意思一样,始终建立在一个完整清晰的人类共同体的构想上,而这个共同体正在逐步建立,或至少已经引起重视。

自由主义者(主张人权)与民主主义者(主张民权)的对立,阿伦特、克里斯蒂娃、哈比卜和其他人都曾探究过(尤其在德里达对《独立宣言》执行法案的解析中更为突出)。这种对立使我们注意到任何有关世界主义的讨论中都有民族主义的身影。曾经一度,尤其是在20世纪90年代,世界主义仅被理解成是全球化理论不公正的保守补救方案(乌尔里希·贝克和戴维·赫尔德是这个趋势的热情倡导者)。至此,世界主义开始登上世界舞台,一些全球性的组织相继成立,比如无政府组织、全球压力集团及"世界公民"等。问题接踵而至,世界主义被定义为特殊主义的缺失,而不是一种积极向上的归属感,克雷格·卡尔霍恩对这个问题的阐述极具说服力。撇开"全球公民/世界公民"定义不明确的事实,世界主义概念的真正问题还在于在历史和现实上它忽视了与国家和民族主义的的联系。民族主义不仅适应了新的跨国环境,而且历史证据表明,它和世界主义的共生连体曾好几次出现在欧洲近代史上。这不是恢复到"方法论的民族主义",即完全带着曲解和偏见去分析一个国家的社会现象。(节选自弗里德里希·梅尼克对国家组织主义从世界公民国度向民族国家"演变"的著名研究)这篇论文关注了世界主义和民族主义的共存,重申了世界主义的历史意义,并指出它是城邦重组的标志和征兆,尽管它的作用不全于此,但凭借它可准确辨别国家边界和地位的变更。

观念的领域

世界主义和民族主义的共生性,为探讨世界主义观点和理念的存在领域提供了基础。这里涉及启蒙主义的发展衍生出的两个领域,政治哲学(我会简单分析康德的永久和平论及它引出的一系列重大反响)和比较文学(我的关注点在"世界文学"理论的发展史,包括从某种意义上讲相关联但未被提及的地方)。

但在此之前,我先在这一节试着区分"世界主义"的不同意义,追溯这一概念的定义发展史。这需要从大型的历史片段中对"世界主义"这个本质敏感的概念分类和定义。我认为"世界主义"已被理解为和代表着:a) 个人对一个城邦的归属感的民族精神(民族抱负),而这种归属感(民族抱负)恰恰同世界(宇宙)相吻合;这种民族精神使我们接纳未体验过和未适应过的文化;b) 维持政治世界秩序的基石;c) 方法论典范(一个 20 世纪 90 年代产生,相对新的说法),在诠释我们居住的这个彼此关联的全球化世界时,与跨国主义的理念相辅相承,我要强调的是,以上三个定义并非孤立存在,它们在历史意义上是相互重叠的。此外,还有几点需要考虑,前两个定义语义宏观,与第 3 个定义有不同之处。从历史的角度看,城邦制和城邦行为的概念,是世界主义的雏形表现,与整个世界(宇宙)的含义有相似之处,这一说法最早由犬儒学派和斯多葛学派(强调世界主义是个人民族精神)提出,之后演变为各种话语,许多话语至今尤存。这些话语促进了人类对文化差异的认知和接受,起初是个体,之后发展到群体(在讨论"世界主义"的观点时会谈到这点)。近几年,有学者,尤其是玛莎·努斯鲍姆,尝试着重启这个话语,并把它与现代世界主义联接起来,作为统一世界秩序的基础,她在文章将斯多葛学派和康德理论相互关联。从哲学的角度看,努斯鲍姆对康德和斯多葛学派的解读为我们找出同异之处提供重要参考,从政治和认知历史的角度来看,却明显有断层的感觉。与斯多葛学派不同,康德认为世界主义是集政治权力,群体及其共同目标于一体。即使受道德约束,其本质仍是政治性的。这一观点超越斯多葛学派的观点,后者认为世界主义是公民的个体民族精神,无需用特别的政治手段建立一个世界新秩序。于是,世界主义作为一个现代政治性话语被写进了康德的著作中,尤其体现在他的著作《永久和平论》一书中,自从书中用了世界主义这个话语之后,人们在构建世界政治秩序的时候才开始引用"世界"的含义。(因而,自从康德发表这一观点以来,人们常把"世界主义"等同于"全球性的世界秩序",事实上也如此,现代世界主义是有史以来最前沿的观点,展现了建立一个全球性世界秩序的美好愿景。)

接下来,我集中对之前提及的世界主义相互内在关联三个方面的前两个展开讨论,即世界主义作为建立世界秩序的基础和与全世界形态一致的大规模城邦的民族精神,这种民族精神能培养起人们对不同文化的赏鉴能力。

世界主义是建立世界新秩序的基础,是对永久和平的追求

现在我对康德的著作《永久和平论》的分析及后来人们对他的观点的评析的思考已经接

近尾声,这里我想表达自己的几个观点供广泛讨论。首先,要认清康德的全新理念,把它与之前的和平论区别开来。欧洲首个和平论,皮埃尔·杜布瓦的《圣地的光复》(*De recuperatione Terre Sancte*),主张基督徒和平共处,从而使大家能够齐心协力重拾圣地。伊拉斯谟在《和平怨诉》一书中从道德上谴责战争,威廉·佩恩的文章《展望欧洲现在与未来和平》被看做是最后从宗教意义上诠释和平。"永久和平"一词首次出现在圣皮埃尔的三卷书《欧洲永久和平计划》(*Projet pour render la paix perpetuelle en Europe*)中,那时已经涵盖全球联合国家的意思。卢梭在两篇论文中回应了圣皮埃尔,一篇是《圣皮埃尔永久和平计划摘要》(1756/1761),一篇是《对圣皮埃尔的永久和平计划的评价》(1756 创作;1782 年出版)。伏尔泰,笔名"好心医生",也谈到圣皮埃尔的观点,他批判了圣皮埃尔的联合国家论,认为和平只有通过道德建设才能实现。康德了解圣皮埃尔的观点和卢梭的《摘要》一文,不过似乎未拜读他的《评价》。

然而,与伏尔泰不同的是,康德排斥构想出的世界联合国家用权利和权威去发动战争以实现和平。康德承认哲学和政治理论的启发性进步可以促进必要的变革(尽管这些变革是依靠上天眷顾和人类兴趣共同完成的杰作),但他不赞同伏尔泰相信和平来自于道德进步的观点。另外,与圣皮埃尔不同,康德并不用历史上的证据去佐证和平的理想的合理性;相反,他尝试建立在哲学的基础上去诠释和平的理想,这一理想并非伴随着几个特殊的历史的发展事迹而产生(这不是说康德没有意识到或没有对应到特殊的历史和政治群体)。最后,关键之处在于,康德的观点超越了前辈们的欧洲中心论;而其他人,包括莱布尼茨,仍然认为欧洲的对外战争(莱布尼茨以对抗土耳其为例)是合法的,而康德的和平论是针对全球范围而言的。

18 世纪最后十年的德国,历史遗留下来一个千疮百孔的局面,在这种情况下,肯定康德的文章显得尤为重要。早前这类讨论颇多,我认为可以把康德的论文放在其它文体类作品的背景下去讨论,比如德国日益繁盛的旅游文学,以"世界之旅"(Kosmopolitische Wanderungen)这类标题命名,不仅记录了国外的旅途见闻,也有德国各省的游记。"世界性的"引发人们对外面的世界的观察,因而得以开发德国这片土地。格奥格·雷布曼的著作《穿越部分德国的世界远足》(*Kosmopolitische Wanderungen durch einen Teil Deutschlands*,1793)由 14 封按先后顺序排列的书信组成,这些书信记录了他从埃尔兰根经莱比锡到柏林的旅程,以雅各宾派的视角批判德国骇人听闻的社会不公正现象。雷布曼说道,德国人不要去追求错误的爱国主义,而应努力建设一个政治性的、有道德的和文化气息的国度。从另一方面讲,由此及彼的旅游可以了解不同文化(德国文化或受德国影响的文化),增长见识和阅历,这些也是旅游的意义所在。记住,"世界性的"的意思可解释为"精悉时事,具有文化沉淀和良好修养,聪明睿智"。要从康德的文章中看到隐含的现实,即德国民族主义的萌发及政治体的不断扩张(及跟随而来的自我认知的变化)。这种变化不利于定位世界主义和民族主义的不相容,两种理论同时全面的发挥作用:

一方呼吁重建城邦(以扩展为目的),一方呼吁"自我提炼",即通过旅游或其它发觉未知世界的方式来进行自我教育和自我提高。后一种方式是非物质性的,因为康德深信,阅读旅游作品,如果不能更好地,至少可以很好地,认识这个世界。难怪他把柯尼斯堡描述为呆在城市里就可以研究不同语言和文化的地方的论断受到批评。他在文中描述了柯尼斯堡的多个民族和多元文化,甚至用大量笔墨描述经验老道的水手。不过,康德也主张学习和教授地理,他担任大学客座教授期间,物理地理的调查课上了48节课(而道德哲学也才上了28节课)。更重要的一点,他的和平共处论的核心是起源于对空间和地理的思考:"地球是一个球体,(人们)一个无限的区域里无法分散,势必要容忍对方的存在。"如果既不是主人也不是被邀请的客人,这就意味着在日常活动及社交中,我们在某些时候必须要与其他陌生人接触。这就使得在跨界进程中制定国家与来访者之间相互遵守的文明守则必要。要认识到,"世界旅游"的宗旨不仅是像与康德同时代的人那样撰写游记,而要时刻关注人们在穿越界线过程中的相互交往,根据普遍待客原则拟定一种"普遍权利"。更为突出的是,康德所谓普遍权利的含义不同于国际法律,它不仅包含国与国的关系,也包含国家与非本国公民的关系。因为这个不同之处,难以找到切实有效的方法去落实康德的理论(尽管不乏相关的提议,尤其是哈贝马斯的提议)。

关键在于,康德提出的待客原则是针对访问而非定居,这一事实却招致人们反对他的和平论道德推论。首先,我们看到,普遍待客原则不等于可以毫无条件地在当地定居(康德有言,当地人民拥有土地财产,即使他们没有使用或修缮,仍然享有该土地。他因此反对洛克关于土地经使用而得到所有权的观点)。其次,人们怀疑他的待客原则(具体到访问他国的权利)并不能帮助解决全球化社会的问题。康德的款待原则缺乏激进主义,尤其是跟费希特的《自然法权基础》(1796—1797)里的观点相比,后者主张人人享有访问地最基本的权利,而康德的哲学在这方面已呈现不足(比如她的种族歧视或对妇女的偏见)。

当代人对康德的文章的评析使世界主义和民族主义的意义更加清晰和明朗,尤其是费希特的论文《锁闭的商业国》(*Der Geschlossene Handelsstaat*, 1800)很好地回应了康德的观点。费希特想用康德的世界主义理论来维护法国大革命,比如在他的早期文集中,尤其是在1796年的康德书评中就分享了康德的观点(但比康德的观点更深入,提出了联合国家权力的构想)。但面对德国城市的重建,他深感世界主义的合理性首先需要每个国家的认同。他的书《锁闭的商业国》绘制了一幅国家社会主义(集权主义)的蓝图,同时也维护了法国大革命和永恒和平的世界理想。

我们来简短回顾一下相关历史背景。康德的和平论(1795年完成)问世之时,普鲁士王国与法兰西共和国签署了巴塞尔和约(1795年4月5日),普鲁士推出反革命同盟,承认莱茵河左岸归属法国。费希特认为,为了保护法国大革命和维护永久和平,一些国家(如德国)必须放弃对法国动武的动机。只有压制住侵略的冲动,国家才能壮大,才能在管辖的领土上发展经济,一旦经济上独立,就不会开战。这篇本意维护法国大革命和永久和平世界秩序的论文于是成了规划和传播自主与专制的民族梦想的契机。很少看到如此自相矛盾和相互纠缠的理论,世界主义者和民族主义者可以在具有鲜明特色的社会和经济圈里共处(到处都是商业的气息,从贸易往来、汇率规范到行业协会组织)。

20世纪的同行们对康德论的回应,关注点同样在民族主义、国家主权和历经重大历史变革后的城邦重建。两个观点截然相反的思想家(从某种意义上讲,他们的观点普遍不一致)汉娜·阿伦特和卡尔·施密特,同时回应了康德的观点。阿伦特在她的《康德政治哲学讲稿》中,主张永久和平是扩展理想中的空间的前提条件,也是扩展拥有自主权领域的前提,她在题为《卡尔·雅斯贝尔斯:世界公民?》的文章中回应雅斯帕斯,对建立世界秩序的种种条件提出质问,她认为创造没有战争的世界的理想是不现实的,主张放弃这个理想,并警告世人这一理想将造成的后果:"取消战争,就像废除主权国家,会招致危险;因循国家传统的军队,高尚的荣誉守则,会被联合警队取代,我们成天面对的是现代警察和专职政府,旧的军队失去优势,逐步被联合警队所取代。基于此,我们对建立一个世界秩序的愿景感到不太乐观。"阿伦特表示,战争可以解决非专制世界政治秩序里的挑战和冲突。在这点上,她与她的密友雅斯贝尔斯的意见一致,在1945年以后的德国,她俩共同呼吁对康德的政治哲学的关注。1957年,雅斯贝尔斯在对康德的和平论的解析中写道:"从以人为本的文化出发,战争是促使进步的必不可少的推动力。"雅斯贝尔斯也发现康德本人对战争充满敬畏,早前他在《判断力批判》(1790)一文中,曾把战争与和平时期的商业精神相提并论(这种商业精神与德国保守思潮相对立,尤其体现在维尔纳·桑巴特和恩斯特·荣格的文集中)。

我们也应记住,汉娜·阿伦特将一战后国家的衰落视为滋生极权主义的原因之一。最后,相对于不可分割的启蒙人权,她认为由伯克和国家保障的"继承下来的权利"更实在。她坚信世界主义能确保个体作为人类的一员被接纳,同时又担忧"一个高度自制和运作的人类社会有一天会以十分民主的方式(大部分人的意志)宣布,人类社会需要清除另一小部分才能走向更美好"。

保守政治哲学提出了战争论,同时我们也要看看卡尔·施密特关于地缘政治学的著作。问题在于,尽管施密特坚决反对世界主义,但他对民族政治也颇有不满。不得不承认,他在二战前的论著确实让我们刮目相看。施密特没有提到康德,但是非常坚定地反对世界主义,他认为世界主义不过是帝国欲实现世界霸权的意识工具。他1940年发表文章《空间革命》(*Die Raumrevolution*),贬斥"日内瓦的国家联盟的和平主义者",他们认为地球就是一个"唯一的世界性旅馆"。"旅馆"一词,自然给我们一种无家可归的感觉,居无定所,不承担国民责任,仅是人类中一个"嫌疑者"。同理,施密特借鉴别人的说法,认为大英帝国的存在使那些小国成为"世界餐馆厨房里的鸡肉"。这种犀利的比喻隐含的意思就是,我们应当努力创造条件帮助一战后蒙羞受辱的衰落的德国复兴;独立政策也许是一剂脱离被他国(及他们的帝国)殖民统治的良方,并且已初见成效。

真正的困难在于二战后如何去诠释施密特的立场,那时他仍然反对世界主义,同时又站在另一个立场质问这是否是一个完善的国家。施密特认为世界的两极结构最终会被真正的多元化政治结构所取代,而多元化政治结构是建立在大量有望实现的政体上。他不再把这些"大空间"看作是与一个强大国家联合的国际性帝国,而是具有影响力的地方政权,是政治及地位独立的国家的同盟国。

1955年,在恩斯特·荣格的纪念文集中(或许是施密特最好的地缘论),他认为东方与西方的二元关系、资本主义与共产主义的二元关系,就像最初地球上陆地与海洋的二元关系。这种二元现象非常明显,差不多同一时期,施密特追切想勾勒出一个不再由两大超级力量掌控而是具有多元中心政体的世界。这个新政体需要和平,但和平并非人类长存的条件,仅是"有条件的"和平,是军事力量暂时平衡表现出的妥协。在1955年写给科耶夫的信中,施密特认为,多元化政体的相互对立状态是实际存在的,这样才能不断创造历史。因此,施密特一面否定康德关于世界主义和永久和平的主张,同时又抛开了狭义的民族国家政治论,他构想出一个在战后重新构建的"大空间"里脱颖而出的与众不同的城邦(既非民族国家,也非帝国)。

世界文学与比较文学史学科

18世纪,政治哲学、文学和美学在知识探索中各自有所发展,并由此产生了一种辩论和劝说的认知体系。它在上述学科之中形成,它的产生同这些领域同样重要。康德的《世界公民观点之下的普遍历史观念》(写于1784年)比"永恒和平论"大约早10年,康德有点讽刺地认为,这本书与其说是一本史书,不如说是一本小说,它只是按照作者事先预设的构思,以一种合适的文学形式来描绘历史的发展过程。我对考证为何(文学和艺术本身)如此有创造力的兴趣不大,相比,我对追朔某种文学历史观和比较文学学科以及了解它们的前景更感兴趣(它们为世界主义和民族主义共生的复杂关系提供了一种反思的方法)。

"世界文学"的概念是由是由歌德于1827年提出来的,他认为世界文学是作家同作家以及作家同读者之间长期交流的一个过程,而不是一个已完成的理想作品。启蒙历史学家奥古斯特·施勒策尔(1735—1809)早在50多年前就有过类似观念。施勒策尔在圣彼得堡呆了很长一段时间后回到了哥廷根,并于1769年在那被聘为俄国文学历史教授。施洛泽在教书期间(今天看来,他的广泛学术兴趣也正反映了那个时代人们的共同兴趣)出版了一卷《冰岛文学史》(1773)。他得出结论:中世纪的冰岛文学同世界上盎格鲁-撒克逊、爱尔兰、俄罗斯、拜占庭、希伯来、阿拉伯和中国等其它国家的文学一样重要。就行施勒策尔的世界文学理念反映了他通过探索启蒙思想,发展现有文化的抱负。世界文学必需包含之前被视为外来文化(文学)或根本不存在的文化(文学)。修正后的欧洲中心主义就是在这个过程中产生的结果,它丰富了现代世界文学,是现代世界文学的重要组成部分。

启蒙主义和浪漫主义都遇到如下问题:关于外来文学和外来艺术从陌生到逐渐流行,艺术家常疑问怎样去表达文学间的差异,使其符合西方文化规范,既能适应于西方人的理解方式又能保留其本意。赫尔德的《民歌》略晚于施勒策尔,这是他的第一本诗集,印于1778或1789年。为了搜录此诗集中一些口头诗的内容,他甚至最远去了秘鲁。《民歌》再版时改名为《民歌——歌曲中各族人民的声音》(1807),他再次将这种好奇心延续到了马达加斯加。施勒策尔通过观察文学发展的这面镜子了解到文学发展其实是源于世界上每个人的成长,这一点至关重要。在施勒策尔看来,"世界文学"是不断累积而成的,它为国家不断地增添文化财富。因此,无论在集体/民族(国家),学会欣赏和理解文化间的差异被提上议程,以作为对更广义人性(经验证实)团结概念的延伸。但是即便如此,施洛泽并不关注于促进这些文学间的对话,而且它们之间的动态交流很难体现在他的研究志向中。

跟世界主义一样,世界文学还有其它的含义。它类似于一种文化规范性理念同一定程度的文明和博识联系起来。这在维兰德字条中得以证实(字条写于1790—1813年的某个时间,因此早于歌德 1827 年的评论)。维兰德认为"博学"和"礼貌"是"世界文学"的代名词。尽管歌德比施勒策尔和维兰德对"世界文学"的意义更为深远,然而,世界文学理念的雏形似乎源于默西尔对席勒的法译本《奥尔良的姑娘》所提的序文部分,这比歌德的世界文学理念早了 25 年。在此,有两个时间点意义重大。首先,默西尔在第一时间把"世界主义"用法语传播(见法译本 'Heureux qui connaît le cosmopolitisme littéraire!'),这具有特别积极的意义。在默西尔之前,世界主义者(COSPOLITAN)这个词被用来指一个没有固定住所的人,同样在卢梭的《爱弥尔》中,"COSPOLITAN"被描绘成一个不完美的、懦弱的爱国人士。世界主义一词也出现在莎士比亚和席勒的文学作品中,在这些作品中它成为一个令人敬仰、高尚、跨越民族障碍的代名词。其次,对我论文中关于世界主义和民族主义长期共存的假设以及世界主义城邦重新定义的世界性话语非常重要。世界文学的概念刚形成时正逢德国民族主义崛起,德国民族主义在同法国文化碰撞中寻求自我定位。默西尔的货币制度,引入了一系列双边国家和睦相处的条款,这无疑是一剂定心丸。歌德主要通过关注当代法国文学和法文译作以及自己作品的改编,总结出世界文学不是偶然产生的,是各民族所有文学的融合,是各民族人民长期交流的产物;跟施勒策尔不同的是,歌德的文学事实求是(没有任何添加成分),因此不可避免地成为一种相对静态的文化财富理念;另外,他认为世界文学是各民族所有文学相融合的过程,应该免费共享。

世界文学话语在 19 世纪的重要特征。勃兰兑斯于 1872—1887 年写的第一版《19 世纪文学主流》里面就讨论过流亡世界主义者,尤其提到斯达尔夫人;在勃兰兑斯后来的作品《世界文学》(1899)中,他明确表达过世界主义和民族主义具有兼容性。但中心之作无疑是约瑟夫·戴克斯特(Joseph Texte)1895 年的研究《让-雅克·卢梭和文学世界主义之起源》,副标题为《研究在十八世纪的法国和英国文学关系研究》(一部振奋人心的巨作——直到 20 世纪 50 年代,法国比较文学传统研究强调事实联系(rapports de fait),加强了文学的联系;这篇论文不是偶然产生的,它是在布吕纳蒂耶的监督指导下完成的)。戴克斯特,正如他法语名字的意思一样,研究各国文学之间的相互关系。他的一些理念源于卢梭法译本的《英国文学》。卢梭作为一种潮流的领头人,见证了启蒙主义跨入浪漫主义、民族和民族之间关系更为紧密的过程。斯达尔夫人的"德国文学对法国民众的影响"也对戴克斯特的文学作品起着重要作用,这也被认为是卢梭贡献的延续。

卢梭对启蒙主义既支持又批评的矛盾思想,体现在戴克斯特的故事中。故事中的男主角通过觉悟到后来自立更生、自强不息,也代表着一种法国精神的逐渐觉醒,想要向盎格鲁-撒克逊人和德国民族学习。文中详细描述了英国文学以及德国文学和文化对法国的影响,得出的结论正如斯达尔夫人所概括的那样,浪漫世界主义建立在启蒙主义对世界主义价值观及世界文化秩序的关注之上,这个过程历经文化障碍的跨越、南北文化的碰撞,通过构建一个双边文化的联结来允许双方欣赏彼此的差异。

戴克斯特无疑是启蒙思想延续的点睛人物;对于斯达尔夫人,他如此评价:"凭借她对历史的普遍看法,她仍然是一个 18 世纪的孩子,她是一部划时代的百科全书。她生性自由,即使在她表达时也是如此。"戴克斯特把她同卢梭、伏尔泰、莎士比亚及孟德斯鸠进行了比较,认为她和孟德斯鸠最相似;孟德斯鸠为她提供了一个关于文化多样性以及南北之间极端差别的思维框架。在《论法的精神》(XXIV.5;XXV.2)中,他把北方和南方描绘成不同的两个世界,北方比南方更具独立精神。他还衍生出宗教的差异,书中人们相信新教就是追求独立性(这也是卢梭和斯达尔夫人都关注的中心),并且独立性这种绝对优势是南方所不具备的。斯达尔夫人和戴克斯特认为,通过建立"宗教和艺术"之间的联系(这种联系孟德斯鸠没有做过),他们能更有所建树;斯达尔夫人阅读了北方的审美学,它同孟德斯鸠和卢梭乐于接受的新教有着同样的独立精神。更重要的是戴克斯特对北方"独立"的解释:世界主义是现代解放的动力。他认为,南方追随卢梭的浪漫主义作家"厌倦了古代文学的长期统治地位",开始像北方一样自力更生,并开始同代表南方的古典传统产生了距离感。

再次,要铭记世界主义的双重历史性:追溯并反映出城邦扩张过程,为民族文化的自我认识提供了基础,但同时也记录了逆过程(如卡尔·施密特在内战时期的反国际化谩骂),人为制造障碍,有目的性地制造了矛盾,从而使国家自我封闭。苏联20世纪40年代后期的比较文学就是一个很好的例证。多少年来人们对此的争论从来没有间断过,1945至1949年期间我们在前苏联见证了世界主义的另一个例子——在这种情况下,当局对世界主义进行了负面评价和恶意攻击,导致它内部进行了巨大的调整,我称之为"有意的萎缩"。

历史学家对"反世界性运动"的解释各不相同,他们列出了不同的原因,包括斯大林对以色列的失望。苏联政府曾为其建国提供基础支持,但其亲美国的外交政策,让苏联既无法控制也不能接受。而在冷战的早期,划出一条安全分界线来确保主权和领土的安全和无可争议,是苏联必须要做的头等大事。Gennadi Kostyrchenko强调,苏联必须用理念工具来处理二战结束后的"危险"带来的挑战是有依据的,这个"危险"最直接源自于1945年5月后大量苏联士兵带回的中西欧文化。

第二次世界大战是世界主义在苏联命运变迁的一个重要因素,这可以从瓦伦丁·阿斯穆斯的小宣传册 *Fashistskaia fal'sifikatsiia klassicheskoi nemetskoi filosofii* 中的内容得到佐证。这本小册子出版于1942年,远在战争的结局走向明朗之前,阿斯穆斯(帕斯捷尔纳克的亲密朋友,苏联最著名的哲学家之一)抓住机会在小册子中呼吁真正的世界主义,以寻求为启蒙思想正名,并保护康德和歌德免受纳粹的抨击。这一切的背后是一种坚定的信念,即民主人士成功建立的广泛的、统一的反法西斯阵线联盟认可的西方文化理念。直到1943年秋天,库尔斯克战役后,战争的结果逐渐明朗,这一切似乎都变得多余起来,被一种强权管制的"国际主义"论调("国际主义"强调苏联是带领整个人类进步的领袖)取代了"世界主义",它让"世界主义"饱受批评。事实上,后来臭名昭著的的短语"无根的世界主义"(bespochvennyi kosmopolitizm)于1943年秋天由既是作家也是国家公务员的亚历山大·法捷耶夫初次明确提出(11月刊登于杂志《从属马克思主义旗帜下》(*podznamenem marksizma*))。1948年1月,"无根的世界主义"开始成为政府的宣传标语。

在这种背景下,20世纪40年代后期反比较文学运动的出现就可以被理解了。那时,比较文学成为苏联一个危险的行业。这与革命前帝国时期世界文学的悠久传统形成了鲜明的对比。世界主义最杰出的代表亚历山大·维谢洛夫斯基(1838—1906),其遗作于1948至1949年间成为反世界主义运动攻击的主要目标之一。这次运动,虽然是第一次思想运动,并没有实行大规模逮捕、监禁或流放去劳改营,但这会导致思想上的屈辱、职业生涯的中止,以及人人自危,甚至有人以自杀的方式抗争这场肆无忌惮的政府运动的,并激发民众对"世界主义者"敌视。事实上,这项运动很大程度上是(如果不是全部的话)反犹太主义(在列宁格勒,犹太文学学者和民俗学家,如 Boris Eikhenabum, Mark Azadovsky, Viktor Zhirmunsky, Grigory Gukovsky,以及有德国血统的弗拉基米尔·普罗普,被宣称为"世界主义者"并受到了公开地攻击),通过明确的排外方式、强调俄国本土精神及促进俄国本民族文化的凝聚力这样一种手段来达到执政党管制国家的需要。在这种环境下,"世界文学"再次成为一个有争议的话题。Isaak Nusinov(1889—1950)有一本关于研究普希金在世界文坛地位的书(这本书是在反世界主义运动之前很久写的),但这也令他遭受了严厉批评。Nusinov 的世界文学理念,虽是一种开放式文学交流,但在此期间却并不受欢迎。Nusinov是《普希金》的原作者,同样是另一种思想和艺术的继承人,这却被指责为不爱国的表现。他于 1949 年被捕并在狱中去世。和他有同样命运的还有另一位文学家 Gukovsky,他在列宁格勒被逮捕,并于 1950 年死于狱中(即 Nusinov 死后次年)。

通过排斥其他文化和强行把它们边缘化让我们了解这样一个事实,流亡和流亡者在现代比较文学的崛起起到了重要的作用。它启发了人们对于世界主义的想象,其现实意义是不容忽视的。通过近期对于比较文学的深入研究,发现德国人在 20 世纪 30 年代、40 年代期间流亡到伊斯坦布尔的地区和美国东海岸地区,比较文学得到快速发展,特别著名的如艾米丽·阿普特的文学成就,因此我们必须重新认识流亡人士对世界主义的发展史起到的重要作用。毫无疑问,流亡者的话语,体现了与流亡前所在地的差异,因为接触的现实世界和社交关系让他们有机会建立起超越原有文化范畴的文学理论(斯达尔夫人在流亡时,也写了她的著作《论德国》)。但我也反对靠流亡来促进世界主义的发展;纵观历史,大多数流亡者为了维护世界主义的信念妨碍了他们的一生。为了阐述一个世界主义者收缩的例子,让我将流亡到莫斯科的左翼中欧流亡者的情况作个简单对比(同样是在 20 世纪 30 年代、40 年代期间)。几乎所有的世界主义者,在马克思主义的信仰下,开始信奉"世界无产阶级",这甚至对来自布达佩斯、维也纳、奥匈帝国的世界主义者们也产生了深远的影响。他们中的许多人从事文学、哲学、电影,他们是"无城邦"理念的世界主义者。他们中没人进入到权力圈内,即使在狭窄的专业环境中也不被信任,他们的工作被监视,他们还被谴责,甚至公开遭受抨击(并非由他们的苏联同行)。爱森斯坦与巴拉兹贝拉保持着距离;什克洛夫斯基一度作为政权的人质,在政府内审时停止出版卢卡奇的书《历史小说》。这些被放逐的知识分子逐渐意识到,虽然他们认同了后来的理念,但在政治上却没有被真正地接纳。由于他们背离了他们原来的真正的政治理念,即使他们有世界主义的信仰和抱负,他们也没有可以展现他们这种世界精神的城邦。

流亡者面临一个生命的扩展或者缩小(现实生活)的分岔路口。浪漫主义流亡者用不断推动世界主义发展的态度来面对,因此,他们可以抛开流亡的其他制约因素:接触一个新的文化框架,急需从翻译过来的语言中吸取他人的经验,并在过渡时期的心情压抑和挫败感中独自摸索一种适合自己的方式。当一个人不能很好地转变和适应新环境的生活、对融入新环境的期望值高于实际程度时,低落和失败感会导致流亡者变得麻木。

回到当代对世界主义的争论,以我印象中对于流亡者的概念,我认为世界主义是一种体验式的、开放式的、在一定条件下可转变的思想,而不是一成不变的、刻板的思想。它的政见恐怕是用于践行追求"有根基的"最好指导思想,它可以包容大家不同的信仰、肤色和存在争议的观点。在确认这类行为合法化的同时,我们必须同时要考虑反对的观点,留下世界主义在多方面发展中发生变化的轨迹,反映出世界变化错综复杂的进程——或者是转变的一部分,那就是它的集体(个人)觉悟能力。一些反对狭义的国家和立场的世界主义启蒙思想流派当今仍然存在。但它是顶着压力被继承下来的。康德的永久和平与友好共处论的概念,到今天已经越来越模糊——有人批评殖民主义,同时有人否认公民的绝对权利不能属于外国。世界文学的发展也一样,相对于之前以西方文化为主导模式的发展,也因为当今的文化交融、差异的同化日渐衰弱。一种前所未有的消费机制,提供了更多的选择,并通过跨国媒介的不断包装和重组,让全球资本神圣的价值逐渐消失殆尽。

作者简介:刘梦诗,北京大学中文系硕士研究生。

Things Being What They Are Not: A Baroque Way of Looking

Chen Guangchen(陈广琛)

【Abstract】 This paper takes its inspiration from Gilles Deleuze's trope "the fold" and Susan Sontag's description of the curious aesthetic category "camp" as "things-being-what-they-are-not," and uses them as keys to understanding an epistemology based solely on a way of looking that focuses on the exteriority of things. The act of looking as such has an involutedly transformative power over the object, obscuring the boundary between the artificial and natural, while firmly clinging to its thingness. The Baroque, as both an aesthetic and an epistemology, is the most typical representation of this way of looking, but this paper demonstrates that it is also pervasive in contexts other than the 17th-century Europe. Through readings of works by the English Baroque poet Richard Crashaw, the German writer Thomas Mann and the Chinese writer Su Shi, it is the purpose of this paper to show that the extravagance of this visual transformationis ultimately motivated by the disturbing awareness of death, emptiness, and the absence of meaning.

【Keywords】 Baroque the Fold Jugendstil Phenomenology Richard Crashaw Thomas Mann *Tristan* Su Shi

Introduction

This paper starts by considering late twentieth century continental philosophy's revisit of the Baroque. The Baroque, originally a seventeenth century phenomenon posthumously defined, has been the subject of a poststructuralist inquiry put forward by philosophers such as Michel Foucault and Gilles Deleuze. Christine Buci-Glucksmann further develops this inquiry by conjoining it with Merleau-Ponty's phenomenology. She challenges the existence of a worldview by a viewer that is detached from the world being viewed, and maintains that no objective vision of the world is possible because any vision is envisioned by a viewer located within the world in question. What is more, because every viewer is a different individual, "[b]eing is plural sight that is subjected to 'points of view,' to the realities of intersections and encountering sights, Baroque Being without a God of sorts to regulate these sights in a preestablished harmony (Leibniz) or to decode the game of constituent signs (Gracián and Lebiniz)" (Buci-Glucksmann 26). If each viewer is considered an opening into the world, "[a]s in endless labyrinths, the opening creates rupture and coincidence, a maze of viewpoints in the absence of an author and in search of a site for an omni-view" (26—7).

In this sense, Heidegger's statement also supports a Baroque way of looking, "[o]nly as phenomenology, is ontology possible" (30). By inference, in the context of the Baroque, if an infinite number of perspective-conditioned phenomena is the only reality to which we have access, a Platonic, eternal and unchanging essence behind everything is proven impossible. This leads to the inevitable state of nothingness and a nihilist worldview.

The present paper accepts the above conclusion, but takes a different route. While Buci-Glucksmann concentrates on perspective, this paper inquires after a particular type of object that both shapes and is shaped by the act of looking. They are natural forms existing outside human elaborations, but appear to defy a distinction between the natural and the artificial. Such a form henceforth triggers, conditions and defines a new way of looking. After seeing them, humans can no longer view the natural world in the old way. What is more, they will create their own artificial world differently. These objects initiate an aesthetic process that also put forth challenging new views on ways of valorization, epistemology, and ontology. To borrow Susan Sontag's phrase in "Notes on Camp," I call these objects "things-being-what-they-are-not" (279).

Although the term "Baroque" has a history of its own, and the definition of its boundary is subject to a debate that will never be concluded, I think it is the best candidate for the general heading of these objects. The gaze attracted by these objects is called a Baroque way of looking because in the Baroque, the artistic characteristics of these objects are manifested in an intensified manner. In this sense, it covers a wide range of artistic phenomena not restricted to seventeenth century Europe. Romantic fascination with rocks, artistic categories like curiosity, the rococo, the arabesque, art nouveau and Jugendstil all have to do with it in one way or another. The style of chinoiserie—Chinese art according to European imagination—would especially benefit from being considered in this light.

One of chinoiserie's contributions to the European imagination is a wealth of opaque symbols, the meanings of which are not readily available to their European viewers. In other words, chinoiserie allows its viewers to look at its symbols without feeling obliged to probe their meanings. Through this opaqueness they become objects in themselves. But because they have already gone through the transformation from objects to symbols in their original cultural context, their stylized symbolic *appearance* remains. In this sense, they are also a kind of "things-being-what-they-are-not."

This paper analyzes three examples of the things-being-what-they-are-not: two European, and one Chinese. The reason for singling out these particular European examples is two-fold. First, they demonstrate some crucial and common elements in these objects: the vacuuming of values, the overcoming of fear, and fetishism. Second, they occupy two intriguing moments in European history when the instability of the visual identity of aesthetic objects become symptomatic of the social-historical conditions. While this paper does not deal with chinoiserie, it presents a third example that returns chinoiserie to its distant original location, and builds across-cultural dialogue with the former two.

By drawing examples as diverse as the seventeenth century English poet Richard Crashaw, twentieth century German writer Thomas Mann, and tenth century Chinese poet

Su Shi（苏轼）, I by no means attempt to redefine the concept of Baroque, or to challenge the classic and rigorously historic accounts of it. Rather, by showcasing how similar concerns manifest themselves in different cultures and times, I hope to demonstrate that although the Baroque is created by particular historic conditions pushing these concerns into an intensified artistic expression, it shows certain universality through considerations in cross-cultural and diachronic parallels.

Baroque as curiosity and novelty: lingering between all possible worlds

In the opening chapter of *A Philosophical Enquiry into the Origin of Our Ideas of the Sublime and Beautiful*, Edmund Burke treats the concepts of curiosity and novelty as a step towards what for him are apparently the more significant aesthetic categories: the beautiful and the sublime. He immediately leaves curiosity and novelty aside; but I want to pick up the thread, and dwell a little longer upon this category.

In Burke's account,

> [t]he first and the simplest emotion which we discover in the human mind, is Curiosity. By curiosity, I mean whatever desire we have for, or whatever pleasure we take in, novelty... [Children's] attention is engaged by everything, because everything has, in that stage of life, the charm of novelty to recommend it. But as those things, which engage us merely by their novelty, cannot attach us for any length of time, curiosity is the most *superficial* of all the affections; it changes its object perpetually, it has an appetite which is very sharp, but very easily satisfied; and it has always an appearance of *giddiness*, *restlessness*, and *anxiety*. Curiosity, from its nature, is a very active principle; it quickly runs over the greatest part of its objects, and soon exhausts the variety which is commonly to be met with in nature; the same things make frequent returns, and they return with less and less of any agreeable effect. In short, the occurrences of life, by the time we come to know it a little, would be incapable of affecting the mind with any other sensations than those of *loathing* and *weariness*, if many things were not adapted to affect the mind by means of other powers besides novelty in them, and of other passions besides curiosity in ourselves. (1-2, italics are mine.)

This passage outlines some interesting features of curiosity as a particular state of mind that desires for the aesthetic of novelty. Stumbling upon the ready-made novelty in nature, our minds become curious. Solicited by such novelty, curiosity is active, exhaustive, fleeting, changeable, giddy, restless, and anxious. Novelty would soon weary and ultimately numb our curiosity, thus exhausting its power and making us loathe. That is why, according to Burke, we need the more intense power of pain and pleasure to sustain our passions.

Further into the book, we would know that Burke defines the beautiful in relation to pleasure, and the sublime in relation to pain and fear. The beautiful is characterized by balanced proportion and scale between the perceiving subject and the object. The subject is in a somewhat privileged position where it can comfortably accommodate and appropriate the object withinits own scale, and enjoy a familiar, homely, secure and stable feeling. The sublime is the opposite. It subordinates and overpowers the subject by a disproportionate vastness that far exceeds the subject's grasp, and excites fear.

It is between the beautiful and the sublime that novelty finds its place. It is not quite graspable not because of its vastness, but because of its instability and elusiveness. It can be found in nature, but it is either in constant transition, or slightly deviates from the norm that one would expect of nature, thus making itself uncanny, soliciting a lightly unsettling, albeit sometimes pleasant feeling, which we seek to attain through our curiosity.

In this sense, novelty is found, not made. It involves a transformation of certain natural objects not by changing them, but by changing the perceiver's way of looking at them. It does not create new forms, but inwardly twists the object, defamiliarizes it, and makes it yield a strange look. This artistic process conflates the boundaries between the natural and the artificial, between subject and ornament. One can no longer determine where ornamentation, namely the artificial transforming of what is already there, starts. It causes a sense of suspension by keeping the object as it is, while seducing the perceiver to view it as what it is not. In other words, it is suspended in transition amid all possible worlds without being allowed to arrive at any.

In this process, not only our senses (particularly the vision), but also faculty of judgment are constantly challenged, which is why Burke notes that curiosity soon leads to weariness. This very transformation is usually accompanied by a simultaneous process of valorization. The object is kept as it is, but it is invested with a value that is higher than that of the raw, natural and originally meaningless state of materiality. Between the object as it is and the object as it seems is a fissure caused by the leap across different values. A profound pathos arises in the tension between the intense obsession required of the transforming/valorizing process and the acute awareness of the emptiness behind the labors, in the violent realization, the *desengañ* of the fissure.

It is in this context that I would like to consider arguablythe most popular theory about the meaning of the word "Baroque:" that it denotes irregular pearls. According to *Oxford English Dictionary*, its etymology is "Portuguese barroco, Spanish barrueco, rough or imperfect pearl; of uncertain origin." Because of its unique process of formation, the pearl as the archetypical trope for the Baroque has been invested with symbolic and aesthetic meanings. But these meanings often cover a fissure in the same way the appearance of a pearl covers its real nature: besides being a beautiful ornament, it is also the remain of secretion.

The pearl is the outcome of a defense mechanism in response to the irritation of an intruder. The intruder is typically displaced mantle tissue caused by attacks by predators or parasites. It irritates either because it is perceived to present certain threats, or simply because, as something alien, it has penetrated the inner space of a mollusk, who in turn has to defend itself by encircling and appropriating the alien element through secretion to reduce its disturbance. Oxymoronically, this is a process of internal alienation where the pearl becomes a byproduct of self-preservation. Its shape does not concern the well-being of the mollusk, but it turns out to be an object of aesthetic appreciation for us.

Irregular or not, the pearl reminds us of the plasticity of the tear and the stone. The pearl as such contains the following themes related to the Baroque: secretion, irregularity, abjectness and morbidity. The three examples discussed in this paper represent one or more of these themes. They are not treated as three distinctly individual cases, but are meant to indicate the general cultural milieu of which they are representatives.

Crashaw's "The Tear" and "The Weeper"

The first example concerns two poems by the English poet Richard Crashaw (c. 1613—1649). One of the so-called "Metaphysical Poets,"Crashaw was born to the family of the strongly anti-Catholic William Crashaw. He was educated at Cambridge. During the English Civil War he escaped to France and was converted to Catholicism.

With influences of the Laudian movement, the Jesuits, and people like Saint Teresa of Avila and Joseph Beaumont (Reid 143), Crashaw's religious poetic output is famous for its intensely eroticized piety and luxurious imageries. Here I will analyze two of his poems that take the tear as their subject matter: "The Tear" and "Saint Mary Magdalene, or the Weeper."

"The Tear" is a short piece comprised of eight stanzas. The opening lines create a strong zoom-in effect of appearance through continuous deferral and suspension of the subject that are not resolved until the second stanza:

> What bright soft thing is this,
> Sweet Mary, thy fair eyes' expense?
> A moist spark it is,
> A wat'ry diamond; from whence
> The very term, I think, was found
> The water of a diamond. (1—6)

The lush metaphors aside, the most strikingaspect in this opening section is the attention given to the object, paired with the poet's avoidance of either naming it or acknowledging its being itself. Even though the word "tear" finally makes its entry in the second stanza, it is ironically a negation:

> O' tis not a tear,
> 'Tis a star about to drop
> From thine eye its sphere.
> The sun will stoop and take it up.
> Proud will his sister be to wear
> This thine eyes' jewel in her ear. (7—12)

The poet continues the twist that confuses our gaze at the tear, directing it to other images that nonetheless represent qualities embedded in the tear itself. The gaze renders the identity of the object unstable, which constantly fluctuates between being and non-being. And it pushes the confusion from appearance to an ontological level: for now it is not only finally acknowledged as a tear, but a tear that in turn has its own tear, and appears to be truer, more absolute than what it should be:

> O' tis a tear
> Too true a tear; for no sad eyne,
> How sad soe're,
> Rain so true a teare as thine:
> Each drop, leaving a place so dear,
> Weeps for itself, is its own tear. (13—18)

From watery diamond, star, jewel to pearl—the untiring juxtaposition of the images are all derived from the qualities inherent in the tear. Thus the poet is not only making analogies and connections, but also developing the subject matter inwardly, turning it into aspects of itself so as to create more and more layers of folds. This process of involution does not generate new elements; it only multiplies and complicates the folds that are made of existing materials (the qualities of tear itself).

"The Weeper," comprised of thirty-one stanzas, is much longer, but not necessarily more complicated in structure. Crashaw simply lumps more imageries together without seriously developing them. The form of the poem is arabesque in the way that the ornaments are turned into the subject, which becomes indistinguishable from the ornaments. The opening three stanzas bear similarity with "The Tear" in the elusiveness of the subject matter. After enumerating a string of metaphors like springs, parents of rills, crystal and hills, the real identity is unveiled: "I mean/Thy fair eyes, sweet Magdalene" (line 6) But this identity is almost immediately contested: after comparing them to stars, the poet realizes that "But we are deceived all: Stars indeed they are too true..." (line 14)

Here the metaphorizing becomes even more fervent and exaggerated. For example, in stanza eleven we find "This wat'ry blossom of thy eyne,/Ripe, will make the richer wine" (lines 65—66), in stanza fifteen the "Nests of milky doves" (line 87) and "Fountain and garden in one face" (line 90). Arguably the most bizarre image is found in stanza nineteen:

> And now, where'er he strays
> Among the Galilean mountains,
> Or more unwelcome ways,
> He's follow'd by two faithful fountains,
> Two walking baths, two weeping motions,
> Portable and compendious oceans. (lines 109—114)

The confusion between the constant change of identity through enfolding movements within the object's inner qualities and the reawakened sense of its being itself, is a typical expression of *desengaño*, the awakening from one dream after another, one of the central

Baroque epitomes.

Some critics make much effort to rationalize the poem's eccentricities in both its structure and imageries. T. S. Eliot feels ashamed for his appreciation for Crashaw's poetry to the point of being apologetic, an appreciation that, according to him, is in need of justification (171). Marc Bertonasco tries hard to provide a coherent picture: "[r]ead as a formal Salesian meditation, 'The Weeper' takes on a firm, actually predictable structure, and even the grotesqueries of the poem, to a great degree, emerge as esthetically justifiable" (94—95). In terms of its imageries, Bertonasco claims that no image is truly redundant, that "although the poet embodies the same basic concept in several images, he significantly modifies the sense with each turn of the image" (95).

Bertonasco's reading represents a symptomatic interpretation of Crashaw thaterases the subject matter by treating it only allegorically. For him the subject matter is nothing if not repentance (Bertonasco 104). Of course, in a poem about Mary Magdalene, repentance is at least an overtone, as is often the case in devotional poetry. But it is going too far if one totally ignoresthe tear that is *the subject* of the entire poem. The effect of inventing an overarching spiritual theme as repentance is that by being invited to look for it in the poem, one is more aware of its absence.

Bertonasco proceeds in a direction opposite to Crashaw's: while Crashaw indulges in extravagant depictions of the very thingness of the imageries, Bertonasco ignores the poet's rapturous indulgence, constantly treating them allegorically. To quote Leo Spitzer's distinction between Protestantism and Catholicism, Bertonasco's is a "Protestant" reading of a Catholic text. Although Spitzer's distinction now appears too rigid and lacks nuance, his remark holds true as a critique toscholars who try to tame the fanatic flame in Crashaw: "Protestants are content to see in the divine fact something radically different that reaches beyond this world... [but] sensual beauty could be put to the service of that divine aspect of Catholicism that embraced the flesh" (130—131).

By the same token, to prescribe a tersely logical development in the organization of the materials betrays an essentially literary bias towards the visual and musical nuance of a poem. To deem repetition, that which would be called expressive means in music and painting, as redundancy in Baroque literature is to ignore the latter's unique beauty.

The subject of the two poems, the tear, in many ways epitomizes the Baroque aesthetics more than other imageries. At this point it seems apt to quote the eclectic Chinese comparatist Qian Zhongshu, who notices a set of tropes that is unwittingly shared by both European and Chinese literary critics. In his essay "Poetry can be used to express sorrow" (诗可以怨, a quotation from Confucius' *Analects*), he provides a string of quotes that utilize the pearl or other forms of irregularity born out of a certain unhealthy state to denote poetry's origin in sadness. Early examples from Chinese literary criticism are "pearls born out of the sick oyster" (Liu Xie, writing in 501—502), "oyster gets sick and produces a pearl like the moon... (this is) literary treasure caused by illness" (Liu Shu, writing around the same time), and "the tree has galls, the stone has patterns... what appeals to people aesthetically are caused by sickness in things" (Su Shi, 1037—1101) (Qian137—138). The examples from European criticism include the following, all of which are metaphors of poetry or literature in general: "die Perle, das Erzeugnis des krankenstillen Muscheltieres" (Franz Grillparzer), "la perle estune maladie de l'huître" (Gustave Flaubert), "wie die Perle, die Krankheitsstoff, woran das arme Austertier leidet" (Heinrich Heine). The most interesting quote is from A. E. Housman, who says that poetry is a secretion, the natural one being like the turpentine in the fir, and the morbid one being like the pearl in the oyster (Qian 138).

This array of objects points to a common mode of formation: an irregular product formedwith materials having a certain plasticity, the process of which is activated by an unhealthy state. Pearls, trees and stones are all plastic in the course of their formation. This characteristic allows their shapes to be flexible and unpredictable, and makes it difficult to prescribe any norms to them. The original unhealthy state is directly connected to the irregularity in the outcome, and by constantly destroying any norm, it shifts positions between the expected and the unexpected. On the one hand, there is no human intervention in such a process; on the other, the unhealthy state (which could not be regarded as necessarily unnatural) ensures a way of working that resembles artificiality. I want to emphasize the word "resemble" here: it means that the artificiality is first made possible by the object's ambiguity in relation to *human expectations*, then emerges in our consciousness through the working of our gaze, rather than being actually created by our hands. Seduced by the ambiguity of the object, we look at it in a way that turns it into what it is not: the naturally formed object thus *becomes* an artwork.

The tear is significant also because, as a form of secretion, it is intimately related to the body and hence carries a sense of abjectness. When such abjectness is married to jewels, pearls, and even a pillow "stuffed with down of angles' wings" ("The Tear", line 36), all of which belong to a much more delicate register, the effect is either camp or grotesque— depending on whether one likes it or not. Furthermore, although the lament and repentance of Magdalene are themes of a spiritual nature, what Crashaw celebrates in these poems is the very thingness of the tear; he seems unwilling to skip any possible aspect of its sensuality. What he presents is a confusion of high and low registers of vocabularies. The contrast at times becomes embarrassing and even obscene. Here we see the typical leap achieved by the Baroque mind: it overarches the two incompatible categories of abjectness and spirituality. It is an extreme instance of valorization.

Although these characteristics might seem problematic to a modern reader, we should not forget that these two poems are steeped in the seventeenth century traditions—both Protestant and Catholic. Their gaudy and very often bizarre imageries are no strangers to Baroque literature. Meditations on objects directly related to the body were hardly unusual themes of the time. Following tradition, Crashaw also wrote "On the Wounds of our Crucified Lord," comparing them to bloodshot eyes with tears and mouths with full-bloom'd lips (29). Bertonasco reports that Crashaw's Papist-hating father William Crashaw "translated an extremely florid poem by a Flemish Jesuit Bonarsch, who expresses the desire spiritually to suck our Lady's milk and the blood flowing from Christ's wounds" (48). And more broadly, Reid comments that "[o]nly if we judge Anglo-Catholicism unEnglish would it follow that Crashaw's religion was imported from the continental

Counter-Reformation" (142).

However, it is dangerous to conjecture, as Robert Harbison does, Crashaw's intention. The former remarks that "[t]alking so persistently about Christ's Blood or His Name, Crashaw makes us think that he must mean something else, that his emblems must be substitutes... In spite of his overwhelming enthusiasm it remains an outsider's view, Catholicism seen and embraced from anindelibly Protestant perspective, forced to contemplate the purest quintessence of the not-Self" (Harbison 31). Since it calls for a lot of knowledge and imagination for a twenty-first century reader to enter into the consciousness of the seventeenth century poet, one had better refrain from making a judgment about his intention; otherwise one would easily lapse into scholar's conceit.

Bizarre as Crashaw's poetic language seems today, it does have more modern resonances, such as the l'art-pour-l'art attitude, or camp. Susan Sontag's remark on camp appears to be appropriate here: "[t]he whole point about Camp is to dethrone the serious. Camp is playful, anti-serious... One can be serious about the frivolous, frivolous about the serious" (288). The problem about seriousness aside (as I decide to suspend such conjectures), camp, just like l'art-pour-l'art, does apply a similar valorization of things belonging to a lower register. To make sense of this transference of value, one can quote Wilde's equivalence of all objects, which Sontag calls "an important element of the Camp sensibility" (289), or her own opinion that "this shows the democratic esprit of Camp" (289).

Jugendstil in Thomas Mann's *Tristan*

The discussion on camp and the quotation from Sontag make a smooth transition from Baroque poetry to the early twentieth century world of the aestheticism. Among its major manifestations is an international movement with different names in different countries: Art Nouveau in France, Jugendstil and Secession in Austria-Hungary and Germany, etc. They are characterized by thenature-inspired, intricate patterns and florid decorations of design. A notable feature of the movement is the application of such a highly stylized form to furniture and utensils, making the purely functional human products look like natural objects, turning them into luxurious art.

It is not surprising that Ernst Haeckel, a biologist and naturalist, was among notable figures who influenced Jugendstil. Ernst Haeckel published a set of prints between 1899 and 1904, entitled *Kunstformen der Natur (Art Forms of Nature)*. These prints depict organisms with extremely intricate and novel forms that rival the most ingenious designer, but it should be stressed that these forms are the result of Haeckel's own biological research. In Olaf Breidbach's words, Haeckel "comprehends nature in terms of such arabesques... his 'art forms' are natural forms" (Breidbach 15).

On the other hand, in his *Passagenwerk (Arcades Project)*, Benjamin calls Jugendstil "the stylizing style par excellence" (556), and names its defining characteristic "the predominance of the *vide* over the *plein*, the empty over the full" (551). No wonder the manifestation of Jugendstil in life style becomes Dandyism, which considers appearance of upmost importance, a famous example being Oscar Wilde. Thomas Mann satirizes such figures with the character Spinell in his novella *Tristan*. But this work is notable also because it is itself a successful literary ekphrasis of the Jugendstilvisual world.

The novella relates the encounter between Gabriele, the sick wife of the Baltic merchant Herr Klöterjahn, and the notorious writer Herr Spinell, both of whom are patients in the sanatorium Einfried. Various details of the novella point to an underlying tension caused by the contrasting temperaments and backgrounds of Gabriele and her husband. Just as Mann makes her Italianate name imply, Gabriele is extremely sensitive, artistic, and possesses a beauty so delicate that it makes her vulnerable and even morbid. In contrast, her husband is described as having a pragmatic, vulgar, snobbish bourgeois outlook, while her son Anton shows a grotesque vitality that is in stark contrast to his mother's morbidity. This contrast makes one think of Thomas Mann's own parents: while his father Thomas Johann Heinrich Mann was a typical Hanseatic businessman from Lübeck, his mother Júlia da Silva Bruhns was half German, half Brazilian. Born in Brazil, she was a Roman Catholic, and moved to Lübeck at the age of seven.

Thomas Mann exaggerates the snobbishness of Herr Klöterjahn by associating him with Englishness, and makes him utter an English phrase when talking to his wife in German, lending him a discrete, calculated character: "'[l]angsam, Gabriele, take care, mein Engel, und halte dem Mund zu'" (5).

And this is how Mann describes Gabriele's appearance:

> Ihr lichtbraunes Haar, tief im Nacken zu einem Knoten zusammengefaßt, war glatt zurückgestrichen, und nur in der Nähe der rechten Schläfe fiel eine Krause, lose Locke in die Stirn, unfern der Stelle, wo über der markant gezeichneten Braue ein kleines, seltsames Äderchen sich blaßblau und kränklich in der Klarheit und Makellosigkeit dieser wie durchsichtigen Stirn verzweigte. Dies blaue Äderchen über dem Auge beherrschte auf eine beunruhigende Art das ganze feine Oval des Gesichts. Es trat sichtbarerher vor, sobald die Frau zu sprechen begann, ja sobald sie auch nur lächelte, und es gab als dann dem Gesichtsausdruck etwas Angestrengtes, ja selbst Bedrängtes, was unbestimmte Befürchtungen erweckte. (6)

(Her light-brown hair, gathered into a knot down her neck, was smoothly stretched backward, but near the right temple acurly, loose lock of hair falls down the forehead, not far from the spot where, above the well-marked eyebrow, a tiny singular vein, pale-blue and sickly, branched across the brightness and spotlessness of the seemingly transparent forehead. This blue little vein above the eye dominated unsettlingly over the entire fine oval of the face. It stood out more visible as soon as the woman began to speak, or indeed just when she laughed, and gave her facial expression something intense if not strained, which aroused vague fears.)

One might regard this detail as having an artificial and morbid beauty. To see beauty in the abnormal and the unhealthy is itself a morbid taste. In Mann's description, this sickly, pale-blue vein, as tiny as it is, becomes the most outstanding and unforgettable feature of the woman. The emphasis on the unusual color combination also adds an almost disturbing effect. Pale-blue would likely be considered a delicate and elegant color for a vase. But it is not a very usual color for the human body. Beautiful as it might be, it conveys an impression of artificiality, which in turn gives the image of Gabriele a touch of uncanniness. However, what Mann presents is supposed to be nothing but minute verisimilitude. The artificiality is not in the object, but in the way the writer describes it, or rather, in the reader who thinks it so.

I shall now set aside Mann's satire on the fanatic Wagnerism of the time, and go straightly to the two moments most relevant to the present study. After being approached by Spinell, who expresses his admiration, Gabriele tells him in plain and unassuming language how she met her husband for the first time: with her six friends, she sat by a fountain in the overgrown garden at the back of her house, amid sword lilies. Then her husband came out of the shrubberies with her father; the next day he proposed to her.

This is all the raw material given to Spinell the artist. We shall see later in the novella how he elaborates on it. Spinell decides to write Klöterjahna letter and express all his hatred and disdain, accusing the latter for ruining the delicate beauty of his wife. One passage runs like this:

> Erinnern Sie sich des Gartens, mein Herr, des alten, verwucherten Gartens hinter dem grauen Patrizierhause? Das grüne Moos sproß in den Fugen der verwitterten Mauern, die seine verträumte Wildnis umschlossen. Erinnern Sie sich auch des Springbrunnens in seiner Mitte? Lilafarbene Lilien neigten sich über sein morsches Rund, und sein weißer Strahl plauderte geheimnisvoll auf das zerklüftete Gestein hinab. Der Sommertag neigte sich.
>
> Sieben Jungfrauen saßen im Kreis um den Brunnen; in das Haar der Siebenten aber, der Ersten, der Einen, schien die sinkende Sonne heimlicheins chimmerndes Abzeichen der Oberhoheit zu weben. Ihre Augen waren wie ängstliche Träume, und dennoch lächelten ihre klaren Lippen... (38—39)
>
> (Do you remember the garden, my sir, the old, overgrown garden behind the grey patrician house? The green moss sprouted across the crannies of the weather-beaten wall, which enclosed its dreamy wilderness. Do you remember the fountain in the middle? Purple-colored lilies leaned over its rotten rim, and its white beam mysteriously chattered down the jagged stone. The summer's day was fading.
>
> Seven young girls sat in a circle around the fountain; but in the hair of the seventh, or rather, the first one and only, the sinking sun seemed to intimately weave a shimmering crown of the supreme order. Her eyes were like anxious dreams, and yet her transparent lips smiled...)

No matter whether Mann intends to mock here, he has successfully created a Jugendstil picture through Spinell's mouth, out of the sober material offered by Gabriele. The scene now has a dreamy atmosphere. Verisimilitude is no longer the factor responsible for creating the effect; it is all about the serious, articulated tone which gives great importance to natural, ordinary objects. Three layers of fading—the sun, the summer, and the memory—point to the irretrievability of beauty that suggests not only preciousness, but also melancholy. The combination of grey, green, purple, white colors, all shrouded in the sinking sun, creates a perfect palette for the nostalgic scene.

Here an analogue between Jugendstil and the Baroque, in the light of the previous passages, can be drawn. While the Baroque involves a leap of imagination that connects two categories of things with contrasting values, Jugendstil confers an aesthetic value to objects that are traditionally considered ordinary. Both create art not by adding new elements, but by turning the subjects inward and disproportionally singling out details to manipulate their effects. Or metaphorically, they are creating more folds out of the same materials. In the light of this, *desengaño*, or disillusionment from dreaming upon awakening, is again an appropriate metaphor that captures the emotional and even epistemological effects caused by such a twist in the outlook of things.

Spinell posts the letter to Klöterjahn, who, after reading it, furiously confronts the former. But the ultimate confrontation between Spinell the aesthete and Klöterjahn the snob is interrupted by the announcement that Gabriele is dying. Her death soon follows, which has a bleak banality that triumphs over her beauty, and strips the latter of any value. This banality is intensified by the almost disgusting vitality of her young son Anton, whose grotesque laughter is the last sound we hear in the story.

Thus, Gabriele, Klöterjahn, his son Anton, and Spinell together allegorize the themes in Jugendstil according to Benjamin: female beauty, capitalist advancement of technology and fertility. In this reading, the incompatibility between female beauty and fertility is anchored social-historically in the development of capitalism represented by Klöterjahn's calculating character. As Benjamin puts it, "[t]he extreme point in the technological organization of the world is the liquidation of fertility. The frigid woman embodies the ideal of beauty in Jugendstil" (559). On the other hand, his comment that "procreation was felt to be the least worthy manner of subscribing to the animal side of creation" (560) corresponds to the viewpoint of none other than Spinell, the Jugendstil artist par excellence.

Su Shi's Strange Stone

The last example of my essay is a pair of texts from an unrelated cultural tradition: "The Strange Stone" (怪石供) and "Postscript to the Strange Stone" (后怪石供) by the Chinese poet-essayist Su Shi (苏轼, 1037—1101). In the eyes of the modern reader, he might well be considered a Dandy. He was famous for, among many things, his love of the elegant and unyielding shape of the bamboo that symbolizes an independent and upright character. In a poem, he writes:

> 可使食无肉,不可居无竹。
> 无肉令人瘦,无竹令人俗。
> 人瘦尚可肥,士俗不可医。
> 旁人笑此言,似高还似痴。(Su 1023)

(I can dine without meat, but cannot live without the company of bamboos. Not eating meat makes one lose weight; lacking the company of bamboos makes one vulgar. A thin person can put on weight, but a vulgar person cannot be cured. Others will laugh at my words, thinking that I seem wise, but also seem obsessed/stupid.)

But his aestheticism is nowhere better expressed than in these two texts. The first essay, "The Strange Stone," tells how he comes across some strangely shaped stones in a river. They are "与玉无辨,多红黄白色,其文如人指上螺,精明可爱,虽巧者以意绘画有不能及"(not distinguishable from jades; their colors are usually red, yellow or white; their surface texture is like the shell-patterns on human fingers, delicate and lovely. Even capable craftsmen's paintings cannot match them) (7142).

Once again, we see the same intricate relationship between the natural and the artificial; the craftsmanpainter's brush is compared to the hands of nature, and the latter gains an upper hand. But ironically, nature surpasses humans in fulfilling the standard set by the loser: the natural shapes and texture of the stone are delicate only in the human eye, as delicacy is nothing if not a man-made aesthetic category. But they are more intricate than humans are capable of achieving, as if nature had an intention of matching human's taste.

Though at times an aesthete, the critical minded Su Shi is more willing to see the relativity of aesthetic values than Herr Spinell. He instantly reflects on the nature of people's fascination with such kind of beauty:

凡物之丑好,生于相形,吾未知其果安在也。使世间石皆若此,则今之凡石复为"怪"矣。海外有形语之国,口不能言,而相喻以形;其以形语也,捷于口;使吾为之,不已难乎? 故夫天机之动,忽焉而成,而人真以为巧也。(7142)

(The beauty and ugliness of things are manifested in their appearances, the reason of which I am yet to know where to find. Suppose all the stones in the world are like these strange ones, then today's normal stones would be considered "strange." This is like the foreign country, according to legend, where people communicate through gestures but cannot speak. Their gestures are more communicative than their language. Wouldn't it be difficult if I were to do it? Therefore, the deeds of the universe are accomplished as if by accident; but human beings regard them as articulation.)

The emphasis is placed on the relativity of beauty in terms of scarcity, and more importantly on its accidental cause, which means the absence of intention, and ultimately the emptiness behind human valorization of beauty. But on the other hand, although not a liquid, a stone is the petrified relic that bears marks of complicated movements. Its shapes and texture can be so intricate that as if it had been modeled by a masterly hand. It is in the stone that one again encounters the problem of the norm in artificiality. In the eyes of the viewer, a stone blurs the boundary between the artificial and the natural; it does not totally destroy norms; it even seems to conform to various norms, depending on the viewer's perspective. But it demonstrates an eccentricity that cannot be entirely encapsulated by any of these norms. By deviating from them in one way or another, a stone can render them problematic, or even meaningless. These significant features of a stone pose a challenge to aesthetic theory, not least during the Romantic era, when rocks found in nature, partly occasioned by the advent of geological science, provided so many inspirations for poets and philosophers alike. And it is not accidental that it also serves as an important trope for the Baroque. In "On Synesthesia," another essay by Qian Zhongshu, he actually translates "Baroque" as "奇崛" (82). This is a compound of two adjectives: 奇 means strange, unusual; 崛 describes the appearance of stones that look like they have abruptly risen from flat ground.

In the rest of the essay, Su Shi goes on to say that he exchanged biscuits with some kids playing in the river for these stones. It is understandable that such stones are considered precious, and should be cherished by connoisseurs with an eye for their beauty, so Su Shi decides to adorn the Zen master Foyin with the most strangely shape one of these stones, and playfully claims credit for inventing such a way of adornment. Even so, Su Shi the Buddhist does not forget to be self-critical, adding a disclaimer on the master's behalf: "禅师尝以道眼观一切,世间混沦空洞,了无一物;虽夜光尺璧与瓦砾等,而况此石" (the master always views everything with an enlightened eye, so the whole universe is for him nothing but chaos and emptiness; even bright jades are not much different from rubbles, let alone a stone) (7142). But the easygoing master did not object to the adornment.

"Postscript to the Strange Stone" continues the reflection and debates on the value of the stones. Master Foyin carves Su Shi's words on the stone as an act of acknowledgement. Upon hearing this, Su Shi laughs and plays the devil's advocate:

> 是安所以来哉? 予以饼易诸小儿者也。以可食易无用,予既足笑矣,彼又从而刻之。今以饼供佛印,佛印必不刻也。石与饼何异? (7144)

> (What's the point of such trouble? I exchanged biscuits for this stone with the silly kids. It is already laughable enough to exchange food for the useless. Now you even carve words onto it. Suppose I adorn you with a biscuit, I bet you wouldn't carve words on it. What then is the difference between a stone and a biscuit?)

At this point, their mutual friend Canliaozi joins the debate, saying,

> 然。供者,幻也;受者,亦幻也;刻其言者,亦幻也。……子诚知拱、戟之皆幻……刻与不刻,无不可者。(7144)

> (That's true. Adornment is an illusion for the person who adorns. It is equally an illusion for the one being adorned. It is also an illusion for the one who carves words on it... My gentleman, you do understand the illusory nature of both adornment and its abolishment... Therefore, to carve or not to carve, what does that matter?)

Su Shi laughs wholeheartedly, and asks, "so would you like to be adorned in this way, too?" and gives Canliaozi all the remaining strange stones. Thus ends the story.

A combination of a Buddhist and an aesthete, Su Shi is more open-minded, funnier, and less serious than the unlikable Spinell. But although he tears open the veil covering beauty, he does not destroy the latter, nor close the door for our appreciation of it. He freely engages and disengages with the dream, making *desengaño* a playful and continuous act. But the reader would understand that at the bottom of his heart, he is no longer able to stay cozily in the dream forever.

Conclusion

The three texts discussed above represent the Baroque way of looking that is conditioned by the objects chosen to be looked at. These objects have a common feature: an instability of identity. They are situated somewhere between artificiality and nature. Choosing these objects, the Baroque way of looking inherits this ambiguity, passes it to the viewer together with the right to determine. Shaped by natural objects that seem artificial, this mode of looking is also able to produce artworks that seem natural. In this process, it firmly clings to the thingness of these objects, keeps their opaqueness by refusing to let any symbolic meaning be attached to them, and avoids falling to either the beautiful or the sublime. There is yet another reason for a refusal of symbolization: symbols contain a relatively stable link between objects and meanings, which is incompatible with the perpetually transformative nature of the Baroque.

The same applies to exotic decorative elements in European art, for example chinoiserie. The reason chinoiserie can be conveniently absorbed into the universe of the Baroque way of looking is first of all because of Chinese art's wealth of decorations. But more importantly, although they are loaded with symbolic meanings, when these decorations are transported to Europe for the sake of their intricate patterns, the symbolic meanings no longer have any claim for having to be understood by their viewers. Thus the patterns are again suspended between meanings. This is one of the differences between chinoiserie as an European aesthetics and Chinese art. But Su Shi's view, representative of the general interest in stones in China, nonetheless comes very close to chinoiserie.

However, there is at least one difference between Su Shi and his two European counterparts: the former lacks an intense and urgent fervor born out of anxiety about abjectness that characterizes Crashaw, or an equally intense and tragic eroticism that defines Mann. It is this abject and erotic fervor that ultimately distinguishes the Baroque.

As is mentioned earlier in this paper, Crashaw's and Mann's works represent two intriguing moments when the instability of the visual identity of aesthetic objects become symptomatic of the social-historical conditions. In the case of Crashaw's seventeenth century, the paradigm shift caused by religious and scientific movements, and in particular by Leibniz's philosophy, is well documented in Deleuze's influential text *The Fold: Leibniz and the Baroque*. From a religious point of view, the seventeenth century Baroque is a reaction against the attempt to negate carnality in favor of unworldly spirituality. Thus Leo Spitzer identifies the core of the Spanish Baroque spirit as recognizing the unity between abstract, transcendent truth and the opaqueness, density, and abjectness of carnality (130). As has already been quoted, Bertonasco demonstrates that this unity was not restricted to Spanish or even Catholic culture, but was an international tendency in seventeenth century Europe, Protestant cultures included. The natural and inevitable extension of the recognition of the carnality is its sensitivity to decay, transience and mortality. The more one identifies with the carnal, the more real its decaying nature appears. When the intensity of this recognition reaches a certain degree, it becomes a horror that has to be contained in some way. Just as the mollusk has to contain the threat of the intruder by turning it into a beautiful pearl, the Baroque sensibility seeks to confront and overcome this horror through artistic means. The degree of intensity of the confrontation is in accordance with that of the unsettling movement within of texture of Baroque art.

At another historic juncture, Mann presents an illustration of Jugendstil, in which Benjamin sees an allegory of beauty as a veil over death and nothingness, with its historicity conditioned by the advance of technology and Capitalist social order. Thus in Jugendstil, the sterilized female beauty becomes "the second attempt on the part of art to come to terms with technology" (Benjamin 557), and "[t]he fundamental motif of Jugendstil is the transfiguration of infertility" (558), which abruptly cuts off procreation from the female body, and conjoins it directly with death as the only destination.

Finally Su Shi's essays, ahistorical as they are, give us a straightforward and almost simplistic depiction of the hollowness behind appearance by reducing aesthetic and religious values to exchange value. Here we come full circle to Buci-Glucksmann, who correctly defines the role of nothingness in the Baroque: "[t]he resort to nothingness—the art of nothingness—coincides with a crisis of 'mimetic' method of knowing and statements of Platonic origin"(30). And "this attempt to contemplate 'nothing' and 'nothingness' on the basis of the Gaze as the power of decentering, demands, according to Merleau-Ponty, 'a complete reconstruction of philosophy'"(32).

By juxtaposing Richard Crashaw, Thomas Mann and Su Shi, I by no means attempt to extend the concept of historic Baroque beyond its specific historic and cultural context, nor suggest anything like a "Chinese Baroque." What I hope to demonstrate is rather the resonance of the Baroque worldview and aesthetic outside its traditional territory. Although Crashaw's adornment of Magdalene's tear seems religiously fanatic, the triumph of Anton Klöterjahn's ugly vitality over Gabriele's delicate, moribund beauty seems decadent, and Su Shi's laugh of his own silly adornment seems playful and witty, all three examples help lay bare the same fact that behind the extravagance and infinite possibility of involuted transformations lies the disturbing awareness of death, emptiness, and the absence of meaning.

On the other hand, I also argue that the true Baroque spirit is ultimately characterized by a heavily intensified anxiety of pending death and nothingness as the frame of reference for everything. Thus what distinguishes Crashaw and Mann from Su Shi is the former's desperate clinging to beauty as a way of defying a poorly disguised horror of abjection and death. This process is encapsulated in the Baroque gaze that confuses the appearance of an object, making it become what it is and what it is not, simultaneously.

Works Cited

Benjamin, Walter. *The Arcades Project*. Trans. Howard Eiland and Kevin Mclaughlin. Cambridge: the Belknap P of Harvard U P, 1999.
Bertonasco, Marc F. *Crashaw and the Baroque*. Alabama: U of Alabama P, 1971. Print.
Breidbach, Olaf. "Brief Instructions to Viewing Haeckel's Pictures." In *Art Forms in Nature: the Prints of Ernst Haeckel*. Munich, London and New York: Prestel Verlag, 1998: 9—18. Print.
Buci-Glucksmann, Christine. *The Madness of Vision: On Baroque Aesthetics*. Trans. Dorothy Z. Baker. Athens: Ohio U P, 2013. Print.
Burke, Edmund. *A Philosophical Enquiry into the Origin of Our Ideas of the Sublime and Beautiful*. Oxford: Oxford UP, 1998. Print.
Crashaw, Richard. "The Tear." In *The Complete Poetry of Richard Crashaw*. Ed. George Walton Williams. New York: New York UP, 1972: 50—1. Print.
Deleuze, Gilles. The Fold: Leibniz and the Baroque. Trans. Tom Conley. Minneapolis: U of Minnesota P, 1993.
——. "The Weeper." In *The Complete Poetry of Richard Crashaw*. Ed. George Walton Williams. New York: New York UP, 1972: 121—37. Print.
Eliot, Thomas Stern. *The Varieties of Metaphysical Poetry*. Ed. Ronald Schuchard. London: Faber and Faber, 1993. Print.
Harbison, Robert. *Reflections on Baroque*. Chicago: U of Chicago P, 2000. Print.
Heidegger, Martin. *Being and Time*. Trans. John MacQarrie and Edward Robinson. London: Blackwell, 1978. Print.
Mann, Thomas. *Tristan*. Stuttgart: Philipp Reclam, 1988. Print.
Oxford English Dictionary Online. Accessed May 5 2013. Web.
Reid, David. *The Metaphysical Poets*. Harlow: Pearson Education, 2000. Print.
Sontag, Susan. "Notes on 'Camp'." In *Against Interpretation and Other Essays*. New York: Picador, 1990: 275—92. Print.
Spitzer, Leo. "The Spanish Baroque." In *Leo Spitzer: Representative Essays*. Eds. Alban K. Forcione, Herbert Lindenberger and Madeline Sutherland. Stanford, CA.: Stanford UP, 1988: 125—39. Print.
Su, Shi.《怪石供》("The Strange Stone"). In《苏轼全集校注》(*Annotated Complete Works*), vol. 7. Ed. Zhang Liezhi, etc. Shijiazhuang: Hebei People's Publishing, 2010: 7142. Print.
——.《后怪石供》("Postscript to the Strange Stone"). In《苏轼全集校注》(*Annotated Complete Works*), vol. 7. Ed. Zhang Liezhi, etc. Shijiazhuang: Hebei People's Publishing, 2010: 7144. Print.
——.《于潜僧绿筠轩》("From Monk Qian'sLvjun House"). In《苏轼全集校注》(*Annotated Complete Works*), vol. 2. Ed. Zhang Liezhi, etc. Shijiazhuang: Hebei People's Publishing, 2010: 1023. Print.

作者简介：Chen Guangchen（陈广琛）, PhD Candidate in Comparative Literature, Harvard University; Global Humanities Junior Fellow, Freie Universität Berlin.

庞德的自由诗实践
——以《神州集》为例

王晨晨

【内容提要】 本文拟从"庞德与意象主义""自由诗""庞德与自由诗"以及"《神州集》作为一种实践"四个部分简要介绍美国诗人埃兹拉·庞德在以意象主义为主要诗学目标活动期间(1912—1917),通过将自由诗的源头回溯到古希腊强调诗歌的音乐性,由此反对当时的意象主义领导人艾米·洛威尔对诗歌韵律的完全抛弃。《神州集》作为诗人此阶段的代表作,既是一种自由诗实践,体现了对韵律和节奏的追求,也是对意象主义的再思考。

【关键词】 自由诗 意象主义 庞德 《神州集》

Ezra Pound's Practical Attempt of Verslibre: Taking *Cathay* as an Example

【Abstract】 This thesis attempts to introduce how the American poet Ezra Pound who devoted himself to Imagisme during 1912—1917 resisted poems without metre advocated by Amy Lowell, the leader of Imagisme at that time. Pound emphasized the musicality of poems by backing up the origin of verslibre to ancient Greek. It consists of four parts, "Pound and Imagisme", "verslibre", "Pound and verslibre" and "*Cathay* as a practical attempt". As the representing work of this time, *Cathay* is not only a practical attempt of verslibre to seek the poetical rhythm and metre but also the rethinking of Imagisme profoundly.

【Keywords】 verslibre Imagisme Ezra Pound *Cathay*

庞德与意象主义

1912年,美国诗人埃兹拉·庞德(Ezra Pound)发表了代表诗集《反击》(*Ripostes*),标志着他从自己早期的浪漫风格转向了自觉的现代形式,同时表明一种深思熟虑的自我现代化正在进行。[1] 与此同时,受到欧洲大陆上诗歌运动的影响,庞德和其他诗人(包括 Hilda Doolittle, Richard Aldington 和 F. S. Flint 等)开始了名为意象主义(Imagisme)的运动,他

---

[1] Witemeyer, Hugh. "Early Poetry 1908—1920." *The Cambridge Companion to Ezra Pound*. Ed. Ira B. Nadel. Cambridge: Cambridge University Press, 1999, p. 47.

们以 *Poetry*，*The New Age* 和 *The Egoist* 等杂志为阵地发表关于此运动的作品和理论。当意象主义开始吸引一批模仿者时(1914)，庞德却放弃了它并开始称自己为漩涡主义者(Vorticist)，提倡表现力量的"漩涡主义"，要求那些写作平淡伤感诗歌的诗人用具有力量和运动感的意象以及节奏来创作，目的在于改革意象主义创作上的弊陋。渐渐地庞德脱离出意象派，开始了现代派(modernism)创作。①

在庞德以意象主义为主要诗学目标的创作期间(1912—1917)，他对意象主义做过很多理论上的解释工作。1913年弗林特(F. S. Flint)提出了意象主义诗歌的三条规则："一、无论是主观还是客观的事物，均作直接处理。二、绝不使用对描述不起作用的词语。三、韵律方面根据乐句而不是节拍来创作。"②就在同一期杂志上，庞德在《意象主义者的几个"不"》中从意象、语言、节奏和韵律三方面更加细致地探讨了意象主义者应该如何创作。庞德首先重点提出了他对意象的理解。他认为，"一个人用一生的时间生产浩瀚的著作还不如呈现一个意象"，由此可见意象对他具有极为重要的意义，意象不仅是诗歌创作的目标，更是生命凝练到最后的象征。在他看来，"意象能在一刹那的时间里呈现理智和情感的复合物"，而这一"复合物"的呈现既能让我们感到一种从时间和空间局限中解脱的突然的释放，同时还能感受到在阅读伟大艺术作品时经历到的突然的成长。③ 因此，意象在庞德那里不仅具有理智和情感的双重特点，还须在刹那的瞬间被呈现出来，超越时间和空间的局限，最终给人们以"顿悟"般的成长感。

对意象如此之高的期望在某种意义上决定了庞德对于意象主义诗歌语言的要求。他不仅认同弗林特所主张的"不要用多余的词"，还特意告诫诗人不要为了形容词而钝化意象，也不要将抽象与具体混在一起，在他看来最好不要沾抽象的边！④ 原因在于只有极简的语言才不会妨碍意象的呈现，才能作为载体在刹那时间里将理智和情感的迸发准确传达给读者。庞德还强调"不要以为诗的艺术比音乐的艺术更简单"，在他看来诗歌当是音乐性的，无论是音乐家还是诗人都应该熟知自己这门艺术中的每个细节，因而诗人也应熟悉半韵、头韵等各种韵律形式。据此看来，庞德并非主张打破英语诗歌的韵律传统，他所追求的是创造不一样的韵律，通过韵律的变化来保证创作的新意。

自由诗

随着意象主义运动的深入，当时的领导人艾米·洛威尔(Amy Lowell)开始成为"自由诗革命"的急先锋。自由诗，译自 *verslibre*，对其源头与定义的讨论众说纷纭，一般认为自由诗起源于19世纪末(1886)的法国，当时的《时尚》杂志(*La Vogue*)主编古斯塔夫·卡恩(Gustave Kahn)在发表自己的作品时将其命名为 verslibre，与此同时，波德莱尔、马拉美、拉

---

① 《欧美现代十大流派诗选》，袁可嘉主编，上海：上海文艺出版社，1991年，第581页。
② F. S. Flint. "Imagisme." *Poetry* 1.6 (1913), pp. 198—200.
③ Ezra Pound. "A Few Don'ts by an Imagiste." *Poetry* 1.6 (1913), pp. 200—206.
④ 同上。

福格等人以反对浪漫主义为目标进行活动,也为自由诗的形成提供了环境,自由诗写作一时蔚然成风。

自由诗与意象主义的时期相近,两者仅仅是相伴而生还是具有内在的因果联系呢?1912年,在庞德的推荐下,《诗刊》发表了理查德·阿尔丁顿(Richard Aldington)的三首诗,并在作者介绍中写道:"理查德·阿尔丁顿先生是年轻的英国诗人,'意象主义者'之一。'意象主义者'是一群热心古希腊文化者;他们正在进行有趣的自由诗实验,试图在英语中达到马拉美及其后来者在法语中所研究的那种韵律的微妙程度。"①从这段简要的介绍中我们可以看出,首先,在意象主义运动之初,这些诗人们认为自己是在自由诗内部进行实验,因而以上所讨论的意象主义原则不仅是自由诗深入创作传播的体现,也是意象主义诗人自觉吸收自由诗的创作理念发展自身的表现。其次,在这一过程中自由诗对于意象主义者最大的吸引力在于"韵律的微妙程度",也就是诗歌的节奏性与音乐性。

相较于意象主义以"意象"为核心展开的原则,自由诗则侧重于提倡用准确的日常语言创造新的韵律以及自由选材。可以看出,自由诗尤其强调入诗题材及与之配合的语言的选择。他们希望从神话故事到日常琐事的一切经验都可以成为诗歌的内容。语言方面则要具有散文的美,既要具有诗歌本身强烈凝聚的高度,也要与一般的话语无甚区别,能够配合其题材呈现合适的情感。可以说内容的不设限导向了自由诗对诗歌形式自由的强调。1908年,英国诗人、诗歌理论家休姆(T. E. Hulme)开始和弗林特等人定期聚会,讨论诗歌的革新问题。这一年的年终,休姆在一次聚会上提交了他的《关于现代诗的演讲》(*A Lecture on Modern Poetry*)。在这篇具有深远影响的演讲中,休姆呼吁打破诗律的"壳",采用诗人个人的表达:"在印象主义绘画中得以表现的东西,不久就会在自由诗诗中得以表现。"②

虽然早期的意象主义诗人认为自己是在自由诗内部开展的尝试,但意象主义后期的领导人艾米·洛威尔则特别放大了自由诗中对突破形式的追求,将"不押韵的节奏"作为与"自由诗"相当的词,追求无韵的自由诗,正因为如此受到了庞德的反对。

庞德与自由诗

不同于意象主义,庞德对于自由诗的定义是抽象的,他并不特意区别自由诗和其他诗歌形式的不同之处,而是常常将自由诗拉回到诗歌的大传统中。大部分人认为自由诗源于法国及其背后的拉丁诗歌,庞德则将其和古希腊文学的源流联系起来,在他看来,这正是和诗人最密切相关的两个诗歌传统之一。庞德认为,一个人如果想看自由诗,只需去看古希腊欧里庇得斯、荷马或者任何合唱队作品,在那里自由诗所照耀的微光很难被忽视。③而庞德这样做的原因就是要强调诗歌的韵律和音乐性,而这恰恰是庞德无论是在意象主义还是在自

---

① Peter Jones. *Imagist Poetry*. Harmondsworth: Penguin Books, 1972.
② Michael Roberts. *T. E. Hulme*. London: Faber and Faber, 1938, pp. 258—270.
③ Ezra Pound. "The Tradition." *Literary Essays of Ezra Pound*. Ed. T. S. Eliot. New Directions, 1968, p. 93. (下文凡涉及此书,只在括号内标注篇名和页码。)

由诗中一贯关注的最重要的问题之一。

庞德分析了古希腊抒情诗(Melic)和中世纪普罗旺斯诗体(Provence)的历史后发现,只有当韵文(verse)和音乐联系最紧密的时候诗歌的节奏和韵律才会呈现最精妙的状态;而一旦分离,诗歌就会衰降。(*The Tradition*,91)而在自由诗中,音乐性的获得只能依靠敏锐的感觉和主题的创新。(T. S. Eliot,422)因此诗人创作自由诗要像音乐家灵活地设计自己的乐句那样学会节奏上的长短结合,在取舍和选择中找到适合诗歌的表达,使得诗歌只受音节和声音本质以及音乐或者旋律法则的限制。庞德的主张对传统的格律是"毁灭性的批判",因为庞德实际上使得自由诗的法则等于诗的法则。①

此时的部分意象主义者虽也关注诗歌的节奏,但庞德认为部分意象派诗人错误地理解自由诗为无结构的诗;庞德也强调节奏,但是他追求的是诗的自然节奏。这种节奏并不像艾米·洛威尔强调的那样排斥韵律,"让诗歌完全脱离韵律的基础是毫无必要的",在强调诗人要灵活多变地处理诗歌节奏的同时,庞德更担心的是韵律及诗体的过分自由化。庞德援引艾略特的说法"对于想谱写优秀诗篇的人来说,没有什么诗是自由的"②(T. S. Eliot,421),由此可见,虽然庞德并没有给自由诗下过完整的定义,但他心中的自由诗绝非无韵的,他通过将诗歌回溯到古希腊传统,强调了诗歌的音乐性来反对不顾及诗的纯正的音乐性、精炼性的自由体诗。

假如将视线拉长,我们就会发现庞德关于诗歌音乐性的探索很早就已开始。早在1909年,庞德的诗集《人物》(*Personae*)就引起了评论者对他作品中格律的关注,庞德所使用的"古老的词语和陌生的格律"使读者们感到他在对"形式与格律的限制咆哮"。③ 然而这种对格律变化的追求又并非刻意求新。艾略特就认为庞德之所以能将诗歌的韵律和情绪很好地结合在一起正是因为其对诗歌韵律深入的研究,而这构成了庞德诗艺很重要的元素。还有同年出版的诗集《狂喜》(*Exultations*)中,一些诗歌明显地表现出以音长(quantitative)来结构韵律的趋势。(12)庞德还是英语诗人中第一个使用普罗旺斯诗体的诗人,他试图将这种中世纪诗体融入到人们所熟悉的五步抑扬格中,这种创新使得有时整首诗中(Canzon:of incense,*Canzoni*,1911)甚至没有两行韵律完全相同。(11)庞德翻译的中世纪盎格鲁-撒克逊 *The Seafarer*(*Ripostes*,1912)被认为是现代英语中最成功的头韵诗,而他在翻译的过程中完全没有丢失自己的诗歌技巧,使得这种诗歌形式的发展具备了更多可能性。

需要强调的是,庞德对诗歌音乐性的追求并没有毁损诗歌本身所要表达内容的意义,他

---

① Chris Beyers. *A History of Free Verse*. University of Arkansas Press, 2001, p. 22.
② 如果说庞德对当时激进的自由诗革命只是抱有警惕,那么艾略特对自由诗的态度则是相当反对的了。艾略特否认"所谓自由诗"是自由的,进而否认自由诗是一种诗体:"假如说自由诗是一种真正的诗体,那么它就会有个肯定的定义。而我只能用否定式来定义:它没有体式,没有韵,没有步格。"经过一番论证,艾略特认为,再"自由"的诗也不可能逃避步格,而只有掌握它与否。韵是可以避免的,但一旦去除了韵,诗的难度反而更大,因为对于遣词、造句、语序等文体方面的要求就更高了,原来靠韵来支撑的现在就难免原形毕露了。他的结论是"传统诗与自由诗之间的分界并不存在,因为只有好诗、坏诗和混乱。"(T. S. Eliot. "Reflections on VersLibre." *Selected Prose of T. S. Eliot*. Ed. Frank Kermode. London: Faber and Faber, 1975.)
③ T. S. Eliot. *Ezra Pound:His Metric and Poetry*. NY:Alfred A. Knopf, 1917, p. 7.(凡属本书下文仅在括号内标注页码。)

的诗文明确而具体,背后有确定的情绪作为支撑。在庞德看来,诗歌节奏的采用应该为"更为显著的部分"——情感的表达服务。而这"更为显著的部分",实际上就是庞德所谓"诗歌中不可磨灭的部分",是诗歌中所呈现的事物本身,是诗歌的美。所以庞德在选择词语时不仅是为了让其发出悦耳的"叮咚声","它们必须既能呈现视觉的美,也能表达声音的美"(14)。这再一次提醒我们,庞德的自由诗虽强调音乐性但不是绝对的自由,也不是完全的音乐。正如他自己所说:"并不是说古老的音乐就是自由诗,而是自由诗存在于古老的音乐中。我从没说过自由诗是拯救的唯一路径。我觉得它是正确的,应和其它形式一样有自己的位置。"(Vers Libre and Arnold Dolmetsch,440)庞德希望人们与之斗争的,是对诗歌音乐传统的忽视,是建立在忽视音乐的基础上的白痴和狭隘的讨论。

《神州集》作为一种实践

　　《神州集》某种意义上是对艾米·洛威尔领导下的意象主义运动的反拨,也是他首次重要的论证——运用意象主义的艺术技巧创作自由诗,论证他所理解的真正的自由诗的可能性。在自由诗的传统框架中开展的意象主义运动此时为了遏制过头的自由体又返归到了自由诗,带着意象主义的印迹和遗产。可以说,《神州集》既是意象派诗歌运动的重要成就,也是从意象派诗歌局限中向前迈出的有意义的一步。①

　　一些研究认为《神州集》所取得的成就很大程度上在于其作为一部译著,其源初语言来自中国,其新风格受到了中国古典诗歌本身的影响。然而如果我们看看庞德的其他诗或者其他人翻译的中国诗就会发现事实正好相反。② 恰恰是庞德对自由诗的理解使得他的语言已经为中国诗歌做好了准备。在此之前,庞德曾改写过翟理斯的一些中国诗译文。1913年底,庞德从费诺洛萨遗孀那里得到了他关于中国诗的研究笔记,1914年晚些时候,庞德开始着手整理有关中国诗歌的笔记,并首先发表了李白的《长干行》译文,随后《神州集》正式出版。《神州集》不仅开辟了庞德作为译者富有灵性的传统,还鼓励了后来的翻译者放弃固定的重音,开拓自己的翻译风格。庞德研究专家Hugh Kenner就认为,《神州集》真正的成就并不在于比较诗学的意义上,而是重新思考英语诗歌的本性。它最大程度地包括了三个至

---

① 杰夫·特威切尔:《庞德的〈华夏集〉和意象派诗》,张子清译,《外国文学评论》,1992年,第1期。
② 在此对《神州集》的已有研究做一简略的介绍。叶维廉的《伊兹拉·庞德的〈神州集〉》对英汉两种语言在句法上的差异进行了比较,通过对《采薇》《登金陵凤凰台》等诗歌翻译的比较研究认为庞德的翻译虽然没有很好地忠实原文,但他"总能仿如神助,凭借其超凡的洞察力直达原作的中心,与原诗的作者达到心神的和谐"。钱兆明的《东方主义与现代主义:庞德与威廉斯作品中的中国遗产》系统地考察了庞德从费诺罗萨等汉学家中吸收中国的诗歌遗产,并创造性地融入其现代主义诗学的过程。赵毅衡《远游的诗神》描述性地解析庞德的作品以及"意象"由中国古典诗歌影响庞德的翻译和创作,形成"意象派"诗歌的远游发展和传承。还有一些学者的研究,一部分多偏重庞德通过创作性翻译对意象手法的理解、把握和发挥,乃至对"意象派"诗歌的形成和对美国诗歌发展的影响及西方对东方文化开始了解、熟悉到感兴趣的过程及缘由。而另一部分侧重译介学的研究,多针对庞德译诗的音、形、意以及在缺少中文基础上的翻译的误译现象和如有神助地通过对意象的把握和运用的翻译精准的现象。关注庞德和《神州集》的这些学者常常把更多目光一味投向美国诗歌发展过程中所受到的影响和在中国古典诗歌文学中汲取的养料。(参考:许平:《品境——细读〈神州集〉》,复旦大学,2006年。)

今为止独立发展的规范：自由诗准则、意象派准则和抒情诗准则。①他同时指出，在接下来半个世纪的争论中，《神州集》这些真正的成就事实上都越来越不被注意了。

《神州集》中的自由诗元素首先主要体现在节奏和韵律方面。从翻译的角度来讲，庞德并没有完全遵守中国古典诗歌本身具有的韵法。一方面这可能是因为费诺洛萨的笔记标注日文发音，庞德无法注意到其中的中国汉字发音及其形成的韵律；另一方面也有可能庞德注意到了中国古诗的韵律特征，但就他所运用的自由诗体，是很难完全将其移植过来的。中国古典格律诗译成英语大都译成自由诗已成惯例，但这些翻译大都使用的是无韵的自由诗。②庞德当然没有在这些作品中完全抛弃节奏和韵律，事实上，他按照自己所说，希望创造新的节奏，新的韵律，而它们必须是发自内在的，自然的。最典型的还是 *The Beautiful Toilet* 这首诗：

  BLUE, blue is the grass about the river
  And the w*ill*ows have overf*ill*ed the close garden.
  And w*i*th*i*n, the *mi*stress, *i*n the *mi*dmost of her youth,
  White, white of face, hesitates, passing the door.
  Slender, she puts forth a slender hand,
  And she was a courtesan in the old days,
  And she has married a sot,
  Who now goes drunkenly out
  And leaves her too much alone. ③

根据 Hugh Kenner 的分析，庞德在翻译这首诗的过程中没有死板地用韵，对于每一诗句开头的重复（青青、郁郁、盈盈、皎皎等），庞德认为自己的英译文并不需要如此突出的表达，因此第一行为了强调主基调，他重复了"blue"这一词语。这里的重复不仅是为了翻译原诗中的"青青"，更重要的是提醒读者注意此诗中重复这一基调。到了第二行，它已经调整为不那么明显的一双音节的重复(ill)。第三行则依靠成对的 m 和一群 i。第四行又回到了开头的重复。在第六行庞德又使用了一种不同的重复，即将要重复的对象(slender)雅致地分割开来。④

又如在王维的《送元二使安西》这首诗，Hugh Kenner 评价这首诗"在《神州集》中虽然只有邮票大小，但其音韵节奏却变化多端，即使蒲柏看了也会惊喜不已"：

  Light ra*in* is on the light dust.
  The willows of the i*nn*-yard

---

① Hugh Kenner. *The Pound Era*. University of California Press, 1971, p. 199.
② 赵毅衡：《远游的诗神：中国古典诗歌对美国新诗运动的影响》，成都：四川人民出版社，1985 年。
③ Ezra Pound. *Lustra of Ezra Pound*. London: Elkin Mathews, Cork Street, 1916. (Cathay 原文均引自此书，下文不再标注。)
④ *The Pound Era*, pp. 194—195.

Will be going greener and gree*ner*,
But you, Sir, had better take wine ere your departure,
For you will have no friends about you
When you come to the gates of Go.

　　前三行像一首小品诗,每一行都有自己的动机。第一句是方形对称,三个小词被吊在两个扬扬格中间,单词 light 在两层含义中被重复。第二句还是三个小词两个扬扬格,但是第一个 willows 比较迟钝并且向后移了一个位置,两个扬扬格的发音听起来也十分不同。第三句押了三次头韵;greener 重复 greener 回应了第一行 light 的重复,这是一种类韵的连接;will 重复了 willows 的发音——是一种半谐音;这三个例子放在一起排除了偶然的可能,我们可以确认从 light 开始的流动音节贯穿了整个前三行。此外,最后一个音节 greener 发起了以 r 为关键的一条线,在第四句中第二人称进入了诗歌,我们发现每一行都有一个以 n 结尾的单词重复,rain,inn,greener,wine,下一行的 friends 也是如此。而到了最后一行头韵再次上阵,并以一个奇怪的单词(Go)结尾,这其实是对上一行中的 no 的回应。①

　　通过这两个例子我们可以看出虽然庞德是在翻译中国古诗,但他并没有被原文所限制,仍旧追求一种类似音乐的诗歌语言,不拘泥于固定的诗歌节奏和传统韵法,而是根据诗歌内容求其和谐,在此过程中不仅没有抛弃韵律,还做到了他所追求的"节奏结构不应该损毁文字的形状,或它们自然的声音和意义",而始终是在诗体的框架中开拓新的可能性。庞德始终将诗歌的节奏作为情感表达的载体,使节奏的选择与诗歌的情感保持一致,因为他深刻地认识到,只有"当节奏与诗歌真正想表达的情感完全一致时",这部分诗歌"才是上乘之作"。(The Serious Artist, 51)

　　其次,庞德在处理来自中国的诗歌意象时多采用直译,大部分时候也较为成功地准确传达了原诗的意味。比如 *The Beautiful Toilet* 一诗中对"青青河畔草,郁郁园中柳"的翻译:BLUE, blue is the grass about the river/And the willows have overfilled the close garden,通过词语或音节的重复不仅很好地再现了原诗中的叠词,也基本传达了诗人所要描摹的情景。又如对李白《长干行》中"八月蝴蝶黄,双飞西园草"的翻译,也抓住了"双飞"(paired butterflies)这一关键传递出了妇人睹物思人的惆怅之感。然而,我们也应看到,在将中国古诗的意象转化为英语文字时庞德所采用的直译虽然在一定程度上保留了原诗的意味,但仍稍有缺憾,即没有注意到意象中的"情"。虽然庞德曾在意象主义的原则中强调过意象是理智和情感的复合物,但他常常淡化甚至抹去了中国古典诗歌意象中的情态。以《采薇》为例,庞德将"杨柳依依"翻译为"the willows were droping with spring",而"雨雪霏霏"则简单译为"in the snow"。中国古诗意象的一大妙处是情景交融,而这种交融很大程度上是通过描写物的某种特定情态甚至拟人化来实现的。若只说"杨柳",即使是有古诗积淀的中国读者大概也只能想到春天或是离别,但若加上"依依"就写出了杨柳依偎纷纷的样貌,因此突出了离别的不舍。"雨雪霏霏"也是同样的道理,只有明白并想象得出"霏霏"所描摹的雨雪飘扬

---

① *The Pound Era*, pp. 200—201.

绵密之景,才能更好地理解诗人在此处所要传达的凛冽凄苦之情,也才能明白两句之间的对比,毕竟不同的感情可以互相映照,只举杨柳和雨雪这样的景物是很难引起人的共鸣的。

庞德认为诗人既要掌握自然旋律,又要掌握语言节奏,因为它们依赖于词的意义和整体的基调。他理想的诗歌语言最大的特点是准确,用准确的字眼来表达确切的意思,这是诗歌的标准。因而庞德在《神州集》的翻译中也极其注意语言的准确与简练,并不惜为此删繁就简。在 Separation on the River Kiang(李白《送孟浩然之广陵》)中,庞德将"孤帆远影碧空尽"翻译成"His lone sail blots the far sky",虽然和原诗意义稍有出入,却准确地捕捉了诗人意欲呈现的整个画面。比如《长干行》中的"感此伤妾心,坐愁红颜老",庞德直接翻译为"They hurt me, I grow older",将一切多余的词语都剔除干净,语言减到不能再减。而在翻译李白的《古风十四》时,他不仅将诗句的位置顺序进行了调整,还将原句的陈述语气改为设问,以凑足较为连贯的三个设问句来增强诗歌的气势。同样是在这首诗中,在翻译"哀哀泪如雨,且悲就行役"时,他并没有将"泪"翻译出来,而是抓住了这句诗中的"哀",连用五个 sorrow 去充分表达诗人描绘的悲哀之情。在翻译陶渊明的《停云并序》时庞德也采取了此法,"霭霭停云,蒙蒙时雨"两次出现,庞德使用了相同词语,但第二次比第一次简化甚多,做到了既传达意味又富有变化。

在比较文学的视野下,我们不能将《神州集》仅仅看作一种翻译。庞德对中国诗人的倾心有其自身的理由,他认为"刘彻、屈原、李白等都是伟大的自由诗作家"。可见,庞德的出发点或许不在"东方",他真正的关切还是在伦敦,在英语诗歌。通过《神州集》,庞德实践了他对自由诗的理解,借用翻译这一工具,他要做的是对其时意象主义内部泛滥的自由诗运动提出自我的怀疑与抵制。他是否成功了呢?1918年3月号 Poetry 指出:"不幸的是,意象派已落到这个地步:它意味着任何一种不押韵、不规则的诗。而'意象'——仅指其视觉上的意义——被人理解为仅意味着一种如画的印象。"① 但就庞德来说,他从自由诗开始了对意象主义进一步的思考,从漩涡主义后期又转向了现代诗写作,并越来越多地借用外来语言为他理想的"永远动荡不定、永远变方式"诗歌王国提供素材。作为一种自由诗实践,《神州集》同时或可被视作他对纯粹意象主义诗歌的维护也是向新风格转变的节点为我们提供富有意义的参照。

作者简介:王晨晨,北京大学比较文学与比较文化研究所硕士研究生。

---

① 彼德·琼斯:《意象派诗选》,裘小龙译,桂林:漓江出版社,1986年,第18页。

学术动态

"中国比较文学终身成就奖"颁奖典礼在川大隆重举行

4月11日上午,"中国比较文学研究的回顾与展望"学术研讨会暨中国比较文学终身成就奖颁奖典礼、四川省比较文学研究重点基地揭牌仪式在四川大学望江校区笃行楼(西五教)演播厅隆重举行。本次会议由中国比较文学学会与四川大学文学与新闻学院联合主办,四川省比较文学学会、四川省比较文学研究重点基地承办,中国多民族文化凝聚与国家认同协同创新中心支持。

中国比较文学学会名誉会长乐黛云教授、四川省委宣传部巡视员郝跃南、四川省社科联党组副书记罗仲平、成都市副市长傅勇林、四川大学校长谢和平院士、副校长晏世经教授等出席研讨会。来自北京大学、清华大学、中国人民大学、北京师范大学、复旦大学、上海交通大学、上海外国语大学、南京大学、南京师范大学等单位的几十位比较文学界知名学者,以及四川大学有关部门及学院负责人、师生代表参加了研讨会。

四川大学校长谢和平院士在会上致辞。他首先代表四川大学向莅临会议的领导、嘉宾和专家学者表示欢迎,向九位获得"中国比较文学终身成就奖"的专家学者致以崇高敬意和衷心祝贺。谢和平校长指出,颁发"中国比较文学终身成就奖",奖励比较文学领域品德高尚、学术卓越的专家学者,对于我国人文社科的学科发展,对于引导同学们树立正确的价值取向具有重大意义。一直以来,四川大学高度重视人文学科的发展,此次学校有幸举办"中国比较文学终身成就奖"颁奖典礼,是学界及广大专家学者对川大人文科学发展的关心与支持,也是对川大比较文学学科建设的鞭策与信任。谢校长表示,希望通过此次会议,能促进专家学者们之间的沟通交流,推动我国比较文学学科研究再上新台阶,在海内外产生更大影响。

中国比较文学学会会长、四川大学文学与新闻学院院长曹顺庆教授在致辞时表示,中国比较文学事业的蓬勃发展,归功于前辈学者长期以来的艰辛探索。中国比较文学学科将继续坚持以中国视角参与重构全球比较文学的学科话语,以开放多元的理念推进跨文明对话与互补,努力使中国比较文学理论能够根植本土、对话西方、普惠他国。

研讨会上,中国比较文学学会名誉会长乐黛云教授回顾了中国比较文学学科一路走来的艰辛历程,展望了中国比较文学学科未来的发展前景。

成都市副市长傅勇林、四川省委宣传部巡视员郝跃南、四川省社科联党组副书记罗仲平、华中科技大学人文学院书记刘久明教授等也先后致辞,共同表达了对"中国比较文学终身成就奖"获得者的祝贺和对"中国比较文学研究的回顾与展望"学术研讨会举办的美好祝愿。

随后,谢和平校长等与会领导为乐黛云教授、饶芃子教授、陈惇教授、孙景尧教授、严绍璗教授、谢天振教授、刘象愚教授、钱林森教授、孟华教授等九位学者颁发了"中国比较文学研究终身成就奖"。

四川大学副校长晏世经教授、四川省哲学社会科学规划办黄兵主任与四川省比较文学研究重点基地主任曹顺庆教授共同为四川省比较文学研究重点基地揭牌。

据悉,在为期一天的学术研讨中,与会专家学者们围绕"中国比较文学研究的回顾与展望"这一主题,对21世纪思维方式转型对比较文学学科提出的新问题、比较文学变异学、比较文学与海外华文文学、知识生产与比较诗学等问题展开了广泛而深入的讨论。

附：
"中国比较文学终身成就奖"获得者简介

乐黛云教授简介

乐黛云,1931年生,中国比较文学学科的拓荒者。北京大学中文系现代文学与比较文学教授、博士生导师,兼北京外国语大学比较文学与跨文化对话教授、博士生导师,现任比较文学学会终身荣誉会长、北京大学跨文化研究中心主任、中法合办《跨文化对话》核心辑刊主编。

乐黛云教授曾任哈佛大学访问学者、加州伯克利大学访问研究员、加拿大麦克玛斯特大学、澳大利亚墨尔本大学、荷兰莱顿大学、美国斯坦福大学、香港大学、香港科技大学访问教授。1990年获加拿大麦克玛斯特大学荣誉博士学位,2006年获日本关西大学荣誉博士学位。历任北京大学比较文学与比较文化研究所所长、深圳大学中文系主任、国际比较文学学会副主席、中国比较文学学会会长。曾开设"比较文学原理""比较文学新视野""西方文艺思潮""比较诗学""马克思主义文论在东方和西方"等课程。

乐黛云教授著有《比较文学原理》《比较文学与中国现代文学》《中国知识分子的形与神》《比较文学简明教程》《跨文化之桥》《中国小说中的知识分子》(英文版)、《比较文学与中国——乐黛云海外讲演录》(英文版)、《跟踪比较文学学科的复兴之路》《当代名家学术思想文库·乐黛云卷》《自然》(中、法、意大利文版)、《比较文学原理新编》(合著)、《比较文学研究》(合著)、《面向风暴》(英、德、日文版)、《我就是我——这历史属于我自己》《透过历史的烟尘》《绝色霜枫》《逝水与流光》《四院 沙滩 未名湖》《清溪水慢慢流》《探索人的生命世界》《跨越边界——学术随笔集》《长天依是旧沙鸥》《书海相逢——书序书评集》等;主编有《国外鲁迅研究论集》《欲望与幻象——东方与西方》《独角兽与龙》(中、法文版)、《跨文化个案研究丛书》14卷、《中学西渐丛书》8卷、《迎接新的文化转型时期》《远近丛书》《跨文化对话》(已出32卷)等;合作主编有《世界诗学大辞典》《中西比较文学教程》《西方文艺思潮与中国现代文学》《北美中国古典文学研究名家十年文选》《欧洲中国古典文学研究名家十年文选》《海外中国博士文丛》《中国文学在国外丛书》《超学科比较文学研究》《文化传递与文学形象》等。

饶芃子教授简介

饶芃子,女,1935年生于广东潮州市。1957年毕业于中山大学中文系,留校任教,1958年调暨南大学任教。历任暨南大学中文系主任、副校长、校学位委员会主席,现为中文系教授、博士生导师。曾任广东省社会科学联合会副主席,广东省作家协会副主席,中国文艺理论学会副会长,中国比较文学学会副会长,中国世界华文文学学会会长。现任中国世界华文文学学会名誉会长,世界华文文学联会副会长。

20世纪80年代,比较文学在中国学界复兴,饶芃子教授就参与了这一历史性的学术进程,将比较文学的世界视野和比较方法引入文艺学,1993年领衔建立暨南大学文艺学博士点,在国内首创"比较文艺学"方向,并率先倡导和从事比较文学视野中的海外华文文学、诗学研究,为比较文学拓展了新的学术空间。著有《中西戏剧比较教程》《文学批评与比较文学》《中西小说比较》《中西比较文艺学》《比较诗学》《比较文学与海外华文文学》等15部著作(含合著),参与主编《台港澳暨海外华文文学大辞典》,主编"比较文艺学丛书"等6套学术丛书(共46本),先后主持完成国家和省部级规划项目10个,迄今培养硕士数十名,博士56名,教研成果13次获省部级奖励。她曾多次组织、主持相关领域各种全国性/国际性的学术活动,经常应邀在国内外作学术交流和讲学。1992年起享受国务院特殊津贴,2011年被评为首届"广东省优秀社会科学家"。

陈惇教授简介

陈惇,男,浙江省湖州市人,1934年9月21日生,1952年考入北京师范大学中文系,1956年3月提前毕业留校,此后一直在北师大中文系外国文学教研室任教。现为北京师范大学文学院教授、国际比较文学协会会员、中国比较文学学会会员,曾任学会常务理事、副会长,现任中国比较文学教学研究会会长等职。

陈惇长期从事外国文学的教学和研究,并在外国文学教学体系的建立和教材编写工作方面做出重要贡献。他曾参加的《欧洲文学史》(杨周翰等主编)的编写工作,是《外国文学简编》《外国文学史》(朱维之等主编)等全国通用教材编委和定稿人。他曾主编多种外国文学教材,如《西方文学史》《外国文学名著精解》《外国文学史纲要》《外国文学史》、中央电大教材《外国文学》《20世纪欧美文学》、全国自学高考教材《外国文学作品选》等。近年来他吸收比较文学观念,主张把东西方文学连成互相联系、互相影响的一体。他主编的《西方文学史》和《比较世界文学史》中卷就是在这方面突破传统,有了新意。《西方文学史》已被列入教育部高校教材"十一五"规划的精品。另外,他对莎士比亚、莫里哀、歌德等作家研究有素,写有《莎士比亚和他的戏剧》《莫里哀和他的喜剧》等著作,发表过大量关于西方作家作品的论文。2004年后,出版了论文集《跨越与会通》与《陈惇自选集》。

80年代以来,他在外国文学之外,又攻比较文学,为我国的比较文学事业做出贡献。他是北师大比较文学研究组的创始人,是中国比较文学学会的发起人之一。他在老一辈学者的带领下,积极为在全国推进比较文学学科而努力。他曾为学会的成立积极工作,学会成立后担任学会的组织委员会主任,后来又担任副会长和教学委员会主任。在他的主持下,1995年成立了中国比较文学教学研究会。此后,他一直担任教学研究会会长。二十年来,教学研究会的工作很有成效,是学会最活跃、工作开展最好的二级分会之一。

陈惇在比较文学学科原理的研究和教材建设方面成绩突出。他主编及与人合写过多种有关比较文学原理的教材,如他与刘象愚合著的《比较文学概论》、与孙景尧、谢天振共同主编的高教版《比较文学》,还有全国中小学教师继续教育教材《比较文学》、中央电大教材《比较文学基础教程》等。这些教材的对象包括研究生、本科生、中小学教师等,立论中肯、材料丰富、体系完备,因而受到广泛的好评。《比较文学概论》于1992年获教育部"第二届普通高等学校优秀教材国家级全国优秀奖"。2000年,该书修订版被评为"北京师范大学2000年优秀教育教学成果一等奖"。高教版《比较文学》于1998年获"北京市第五届哲学社会科学优秀成果二等奖",其修订版获教育部"2002年全国普通高等学校优秀教材二等奖"。

孙景尧教授简介

孙景尧(1942.05.12—2012.07.10),上海师范大学人文学院原教授、比较文学与世界文学原博士生导师和国家重点学科负责人,中国比较文学学会原副会长兼学术委员会主任。1966年大学毕业后,先后在贵州省铜仁地委、广西大学和苏州大学担任编导、干事、副教授和教授等职,曾应邀在香港中文大学、美国印第安纳大学和俄亥俄州立大学等校任过访问学者、客座研究员和客座教授,并受聘为北京大学比较文学与比较文化研究所兼职教授、复旦大学文艺美学研究中心兼职教授和中国社会科学院比较文学研究中心学术顾问等。

孙景尧在比较文学原理、中西宗教与文学文化关系以及"副文学"研究等领域成绩卓著,出版学术著作(含编译)11部并多次获奖;在国内外重要刊物发表学术论文40多篇,主持国家社科基金项目等9个。他是国内第一本比较文学学科理论著作《比较文学导论》的作者之一(与卢康华合著),又是国内最早开设这门课的教师之一,还是国家精品课程"比较文学与世界文学系列课程"负责人。他于1982年创刊的《文贝》(*Cowrie*)是新时期我国第一个比较文学英文刊物,2002年创立的"文贝:中国比较文学学术网"是我国第一个比较文学专业网站(http://www.cclaa.shnu.edu.cn)。

2009年,孙景尧荣获"国家教学名师"称号。

严绍璗教授简介

严绍璗,北京大学比较文学与比较文化研究所教授、北京外国语大学荣誉教授、(教育部人文社科研究重点基地)北京大学外国语学院"东方文学研究中心"学术委员会主任、全国古籍整理与出版规划领导小组成员、国家宋庆龄基金会孙平化日本学研究奖励基金专家委员会主任、国际中国文化研究学会名誉会长。

1940年出生于上海市,1964年北大五年制中文系古典文献专业毕业。曾任北京大学中文系古典文献专业主任、比较文学与比较文化研究所所长、中文系学术委员会主任、北京大学人文学部学术委员会委员,并兼任中国比较文学会副会长、国际比较文学会(ICLA)东亚委员会(CEAS)主任、中国国家社科基金"外国文学项目指南出题组"成员、中日历史问题共同会商中方专家组后期成员等。

严绍璗一直从事以中国文化为基本教养的"东亚文化"研究,由对象国的"sinology"研究到对象国本体文化与文学的研究,最终进入"跨文化"研究的学术体系,在50年的学术作业中体验和积累"多元文本细读"与"观念综合思考"互为犄角、相互透入的"新知识生产经验",逐步形成了以"多元文化语境""不正确理解的中间媒体"和"变异体生成"的具有内在逻辑的理性观念,并以"多层面原典实证方法论"作为实际操作手段,组合成一个"自我学术理念系统",称之为"文学的发生学"。

先后获得北京大学人文社科研究多届优秀成果奖、中国比较文学会首届优秀图书著作一等奖、北京市第十届哲学社会科学优秀成果一等奖、国家教育部第五届人文社会科学研究优秀成果一等奖、日本第23届"山片蟠桃日本文化奖"(35年间中国有周一良、严绍璗二人分别获奖)等。1993年10月1日起获国务院"政府特殊津贴"至今。

谢天振教授简介

谢天振教授历任上海外国语大学社会科学研究院副院长、常务副院长等职,现任上海外国语大学高级翻译学院翻译研究所所长,比较文学暨翻译学专业硕、博士生导师,享受国务院特殊专家津贴。兼任《中国比较文学》主编,双月刊《东方翻译》执行主编,《中国翻译》编委,教育部全国翻译硕士专业(MTI)教学指导委员会学术委员会副主任,中国比较文学学会顾问暨翻译研究会名誉会长,上海市比较文学学会名誉会长,中国译协理事兼翻译理论与教学委员会副主任,国际比较文学协会翻译委员会委员。同时受聘为复旦大学、北京大学、上海交通大学、四川大学、广东外语外贸大学、四川外国语大学等校的兼职教授或客座教授。

谢教授是国内最早从理论上论证翻译文学归属问题和翻译研究文化转向的学者,他对"创造性叛逆"的阐释和对"中西翻译史整体观"的探索,以及近年来对中国文学、文化走出去问题发表的观点等,在海内外学术界都有很大影响。

谢教授的主要著述有专著《译介学》《翻译研究新视野》《译介学导论》《隐身与现身—从传统译论到现代译论》,个人文集《比较文学与翻译研究》《超越文本超越翻译》《海上译谭》和《中西翻译简史》(合作),主编有《中国现代翻译文学史(1898—1949)》《当代国外翻译理论导读》等。

刘象愚教授简介

刘象愚,祖籍山西太原。1942年10月出生于成都。1967年毕业于山西大学外文系英美文学专业,1981年毕业于中国社会科学院研究生院外国文学系英美文学专业,获文学硕士学位。研究生毕业后开始在北京师范大学外文系和中文系执教。1987年获中英友好奖学金,赴英国伦敦大学研修20世纪英美文学及西方马克思主义文论。1992—1993年获富布赖特基金资助赴美国威斯康星大学,师从伊哈布·哈桑教授研究欧美现代主义和后现代主义文学。2001—2002年为富布赖特访问教授赴美国威斯康星大学白水校区讲学。曾任北京师范大学文学院和外文学院教授、博士生导师、中文系主任、外文学院院长、国际比较文学学会理事、中国比较文学学会副会长等。现为该校退休教授。

刘象愚教授长期从事比较文学与英美文学专业的教学与研究。在比较文学基本理论、西方文论与英美现当代文学领域用力较多,其主要学术心得也在这几个方面。

著有《比较文学与比较文化》《比较文学概论》(与陈惇合著)等;编有《西方现代批评经典译丛》(与李欧梵、季进合编)、《文化研究读本》(与罗钢合编)、《乔伊斯精选集》《爱伦坡精选集》等;译有《文学理论》(与人合译)《比较文学与文学理论》《后现代转向》《当代文学理论导读》等。

《比较文学概论》获 1992 年国家优秀教材奖。《比较文学与文学理论》获中国比较文学学会翻译二等奖。

钱林森教授简介

钱林森,1937 年出生于江苏,1968 年起任教于南京大学。60 至 70 年代被国家派遣至法国等国教授中国文学。回国后,率先向国内学界系统介绍中国文学在法语国家的译介情况。80 年代起,钱先生参与筹建了江苏省比较文学学会、南京大学比较文学研究会等组织并担任要职。随后,他编著的《牧女与蚕娘》《中国文学在法国》《中国文学在国外》丛书等陆续出版。同时还出席了多次国际国内的比较文学重要会议并宣读论文。这些工作为中法比较文学研究作出了开拓性贡献。90 年代起,钱先生应巴黎七大等法国多所高校之邀多次讲学。在 1999 年的"20 世纪法国作家与中国"国际研讨会中,担任中方主持人并参与主编会议集刊。1995 年起担任南京大学比较文学与比较文化研究所所长,随后担任《跨文学对话》(中文版和法语版)执行主编至今。1999 年,钱先生当选为中国比较文学学会副会长并在之后连任两届。

进入新世纪,钱先生承接了多个重大项目,致力于跨文化对话的理论与实践探索。首先是参与主编了十卷本《外国作家与中国文化》大型丛书,并撰写了其中"法国作家"一卷。其后又主编了《法国汉学家论中国文学》三卷本和《走近中国》丛书,以及《和而不同:中法文化对话集》。2005 年起担任"十一五"国家重点图书《中外文学交流史》(十七卷本)的主编之一,并撰写其中《法国卷》,今年本书即将面世。

孟华教授简介

孟华,北京大学比较文学与比较文化研究所教授、博士生导师,法国巴黎索邦大学-巴黎四大法国文学与比较文学博士。曾任北大比较所副所长,法国文化研究中心主任,国际比较文学学会(ICLA)理事,中国比较文学学会副会长、理事;现任国际法国文化研究会(AIEF)理事,法国 *Revue de littérature comparée*(比较文学杂志)名誉编委;曾三次获法国政府颁发的"棕榈叶学术勋章"(骑士、军官、统帅)。

主要研究方向:中法文学关系研究,形象学研究,18 世纪研究。

主要学术著作:

Voltaire et la Chine(伏尔泰与中国), en microfiche(微缩胶卷版), Centre de thèses(法国国家论文中心),1989。

《中国孤儿》,伏尔泰著,天津人民艺术剧院演出本,1990。

《伏尔泰与孔子》,新华出版社,1993。

《法国文化史》(合著),北大出版社,1997;(台)亚太图书出版社,1998。

Visons de l'autre:Chine, France—Textesextraits des conférences et des séminairesprononcésà l'étranger(他者的镜像:中国与法兰西——孟华海外讲演录),Beijing:Peking University Press, 2004.

《中法文学关系研究》,复旦大学出版社,2011。

《汉译法国人文、社会科学著作书目汇编》(合编),世界图书出版公司,1996。

《比较文学形象学》(主编),北大出版社,2001。

《中国文学中的西方人形象》(主编),安徽教育出版社,2006。

Miroirs croisés:Chine, France(co-edited), Paris:Honoré Champion, 2014.

"学术期刊、社团与比较文学的未来"
——庆祝《中国比较文学》创刊百期暨上海市比较文学研究会成立30周年学术研讨会纪要

梁新君

2015年5月9日,由《中国比较文学》编辑部、上海市比较文学研究会、上海外国语大学文学研究院联合主办的"学术期刊、社团与比较文学的未来——庆祝《中国比较文学》创刊百期暨上海市比较文学研究会成立30周年"学术研讨会在上海外国语大学英伦厅隆重召开。会议由中国比较文学学会副会长、上海市比较文学研究会会长、《中国比较文学》常务副主编宋炳辉教授主持,中国比较文学学会会长曹顺庆教授、上海外国语大学副校长杨力教授、上海市社会科学界联合会学会管理处处长王克梅女士、上海外语教育出版社社长庄智象教授、上海外国语大学文学研究院院长郑体武教授,及《中国比较文学》主编、上海市比较文学研究会名誉会长、中国比较文学终身成就奖获得者谢天振教授分别致辞。此次会议应邀与会的专家学者多达40余位,现场出席总人数近80人,可谓盛况空前。

会议现场,曹顺庆会长首先致辞。他表达了对会议的热烈祝贺,并抚今追昔,回顾了《中国比较文学》创刊初期的往事,肯定了刊物创办同仁的筚路蓝缕之功,盛赞了《中国比较文学》编辑团队在30年间的辛勤付出。杨力副校长在讲话中重点指出了学术期刊的重要性及其之于学术传承的重大意义,并强调,国际化将是新的历史条件下中国学术期刊必然要应对的挑战,作为主办方之一的上海外国语大学也将全力支持《中国比较文学》走向更广阔的世界舞台。王克梅处长在表达对上海市比较文学研究会成立30周年的祝贺之余,简要介绍了上海市社会科学界联合会的创立宗旨、发展情况、及主要功能。文学研究院郑体武院长向上海市比较文学研究会表达了真诚的祝贺,并感谢各位专家学者对《中国比较文学》的长期支持,并希望能继续对文学研究院拟设立的"比较文学与跨文化研究"博士点的建设给予同样支持。《中国比较文学》主编谢天振教授则在致辞中深情回顾了创刊初期的诸多细节,他十分感念季羡林、王佐良二先生在杂志创办初期的热心支持。讲话中他尤其提及一位默默无闻的前辈——他的授业恩师廖鸿钧先生。他指出,廖鸿钧先生以富于远见的学术胸襟、高屋建瓴的学术视野、敏锐的学术前瞻性,率先提出了创办中国比较文学机关刊物的设想,并在幕后不辞辛劳地指导具体的创办工作。廖先生低调务实的人格垂范后世。

开幕式之后,会议进入了研讨会阶段。第一场研讨会由刘耘华、周乐诗两位教授主持。中法文学关系研究专家、"中国比较文学终身成就奖"获得者孟华教授首先发言,她重点谈了法国《比较文学杂志》(*Revue de littérature comparée*)对中国比较文学的启示,他山之石,可以攻玉,孟华教授认为法国《比较文学杂志》国际性、前瞻性、精英性的学术追求值得《中国比较文学》认真学习和效法。复旦大学的张汉良教授也从台湾的两份比较文学刊物出发,向《中国比较文学》杂志如何迈向国际化建言献策。北京师范大学的陈惇教授则以"不可漠视的挑战——谈谈'比较文学的人类学转向'"为主题做了意味深长的发言。他指出,比较文学学科正在受到文学人类学的挑战,接受挑战、考虑把口头文学纳入到比较文学研究范畴也许对比较文学而言具有重大的意义。南京大学钱林森教授的发言题目为"一个社团、一份刊物与一代学人"。他以编辑《跨文化对话》论丛的经验出发,谈了自己对比较文学刊物创办的心得体会,他盛赞了《中国比较文学》刊登文章的高质量、高标准,并充满感情地将《中国比较文学》称之为自己的"一块芳草地"和"精神乐园"。

5月9日下午,会议进入到研讨会第二场。曹顺庆教授首先进行小组发言。他认真阐释了比较诗学的本体论地位,其之于比较文学的根本意义。他认为比较诗学研究的新路径主要有三条,一是研究中国古典文论话语对西方诗学的影响,二是在中西诗学关系中,侧重研究中国对西方的影响,三是"文化远源杂交"的创新性研究,他还指出了此种创新性研究的重要意义。小组发言第二位是清华大学的王宁教授,他的发言题目为"人文社会科学期刊的国际化战略"。他首先介绍了北美和欧洲地区的重要人文社会科学期刊,尤其重点介绍了其中的文学类期刊,他以详尽的数据、丰富的案例指出,中国人文社会科学走向世界学术舞台已经不是一句空话。发言的最后,他向《中国比较文学》杂志提出了具体的奋斗目标:一是尽快成为国家社科基金资助刊物,二是尽快成为AHCI艺术与人文引文数据库收录期刊。北京大学张辉教授在小组发言中重点谈了编辑"比较文学与世界文学学术文库"的几点感想,他强调了丛书对学术发展的重要作用,认为"丛书"现象已成为当下不容忽视的学术风景。作为学界同仁集体亮相、展示学术成果的重要形式,丛书自有着与学术期刊同等重要的意义。北京大学出版社编审张冰女士则做了"经典传播中的比较文学空间"的发言。她以莱蒙托夫的《我独自一人出门启程》的四十五种语言译本为例,说明了其中的比较文学意义。华东师范大学的陈建华教授从个人的经历出发,回忆了《中国比较文学》初创期的几点往事。他着重谈起了施蛰存先生的比较文学设想,认为施先生对新时期的比较文学创建功不可没。他还饶有趣味地回忆了当年为施先生和刊物创办跑腿儿的"那点事儿"。往事如烟又如歌,陈教授的深情讲述使得在座的老一辈专家学者们都沉浸在温暖的回忆之中。上海艺术研究所的周锡山研究员作为第五个发言人,做了"诺贝尔文学奖与比较文学"的报告。他从1920年泰戈尔访华事件谈起,依次论述了泰戈尔、赛珍珠、川端康成等外国著名作家作品中的中国渊源。三位作家的文学实践及巨大影响力表明,古老的东方文化具有深刻的世界性意义。他还有力地论证了莫言小说《蛙》并非拉美式的"魔幻现实主义"风格,认为诺贝尔评奖委员会的评价并不准确,《蛙》的强烈社会性表明它的风格是独特的。复旦大学的戴从容教授则综述了近三年上海比较文学的发展情况,她着重指出了近几年上海比较文学界的几个重要事件,一是谢天振、宋炳辉等教授主持的几套比较文学丛书的出版发行,二是华东师范大学陈建华教授主持的国家社科基金项目"新中国外国文学研究六十年"的编写工作,三是2013年在上海外国语大学召开的"中国文学走出去——挑战与机遇"研讨会的成功举办,四是2015年以"文学与翻译"为主题的上海书展的开展等。

第三场研讨会由张辉、宋炳辉教授主持。上海交通大学致远讲席教授、国内著名文学人类学家叶舒宪教授首先发言,他的报告题目为"文学人类学社团30年"。叶教授首先把国内文学人类学的发展分为三个阶段,一是跨学科的译介和酝酿阶段(1986—1996),标志是原型批评和神话学的输入;二是全国性学术团体阶段(1996—2005),标志是"中国文学人类学研究会"的创立;三是新学科建构阶段(2005—2015),标志是文学人类学研究的"四重证据法"的提出,以及《文学人类学教程》在2010年的出版。叶教授一并介绍了"中国文学人类学研究会"的宗旨、发展现状及未来方向。小组发言第二位是华东师范大学的范劲教授,他的发言题目为"比较文学与世界治理"。他指出,民族范畴内的文学研究理念具有不可克服的局限性,应该从世界文学系统的角度来重构民族文学研究新范式。民族文学的独特的"差异",只有在世界文学系统中才能得到呈现。他还指出了比较文学在世界治理中的作用,认为其有促进生命、反映生命、建构深层文化秩序的功能。北大中文系主任陈跃红教授作了"比较文学与现代中文教育"的主题发言。首先,他追溯了比较文学的学科化进程,梳理了中国比较文学发展史。其次,他也一针见血地指出了比较文学方法论的悖论问题。最后,陈教授还以幽默生动的语言讲述了他以比较文学思维来管理北大中文系的经验。他的"比较文学思维"主要体现为"拆墙"意识、跨界意识、学科交叉意识、走向世界意识等。在这四种"比较文学思维"指导下,北大中文系近些年取得了不少富有成效的建树。陈跃红教授幽默风趣的话语风格、富于智慧的思想锋芒,赢得了在场的阵阵掌声。上海大学中文系主任、上海市比较文学研究会副会长陈晓兰教授的发言题目为"跨国旅行写作与比较文学形象学研究",她指出,16世纪欧洲的旅行写作是欧洲帝国生产的重要组成部分,有着不可忽视的政治意义。旅行写作在思想渊源上与国际殖民主义有着内在的联系,它以文学书写的形式,建构了早期欧洲的殖民主义意识形态,促进了欧洲殖民思想在全球范围内的广泛传播。此外,殖民地人民的旅行写作则充满了自我民族意识的表达,再现了充满创伤的民族形象。发言最后,陈晓兰教授也一并指出了旅行写作文本研究的困惑,即旅行写作文本能否作为真正意义上的历史文献问题。本场研讨会的最后一位发言者,是上海外国语大学英语学院院长、《中国比较文学》杂志副主编查明建教授,他作了题为"当代国际比较文学的问题意识、危机意识与学术意义"的终场报告。作为著名的英语教育专家,查明建教授首先指出了"比较文学"意识对英语教学的重要意义。他认为,比较文学对整个人文学科教学都有正面的建构性意义,这是由比较文学的学科属性,即问题驱动型的性质决定的。他还简要介绍了二战后美国比较文学的人文转向,梳理了美国比较文学的发展历程。需要提及的是,复旦大学图书馆馆长、教育部长江学者陈思和教授虽因故未能参会,却也十分用心地发来贺诗一首,并请大会主持人宋炳辉教授代为宣读。陈思和教授的良苦用心、饱含真情的贺诗,赢得了现场的热烈掌声。

大会闭幕式由谢天振教授主持,上海市比较文学研究会会长宋炳辉教授致闭幕词。宋炳辉教授首先表达了对与会专家学者的衷心感谢,表示愿意接受诸位专家学者对《中国比较文学》杂志的各种建议和批评,并诚恳呼吁更多的批评意见,以加快《中国比较文学》的国际化进程,促使其更早迈向国际一流人文学术期刊。讲话中,宋教授也对2014和2015年的《中国比较文学》杂志上所开办的几个学术专辑做了简要介绍。随后,他回顾了上海市比较文学研究会三十年的发展历程,深情回忆了老会长贾植芳先生的开创之功。宋炳辉教授表示,《中国比较文学》杂志是学界同仁共同的学术平台,上海市比较文学研究会也是一个开放性的学术团体,真诚希望海内外同仁能继续支持杂志的创办工作和研究会的发展。同心协力,共迎挑战,他表达了对《中国比较文学》杂志和上海市比较文学研究会的信心。会议最后,宋教授一一提及为会议筹办工作辛勤付出的会务人员及志愿者同学,并向他们表达了衷心的谢意。整场会议在欢乐祥和的气氛中圆满结束。

作者简介:梁新君,上海外国语大学文学研究院。

"比较文学与世界文学学术讲座"第二十二至二十六讲纪要

王晨晨

"比较文学与世界文学学术讲座"是由北京大学中文系、北京大学比较文学与比较文化研究所主办,北京大学出版社和《比较文学与世界文学》杂志协办的系列讲座活动,自2012年10月创办以来,陆续邀请海内外知名学者前来讲学,至2015年5月为止已举行过二十六讲。前二十一讲的纪要均刊载于《比较文学与世界文学》杂志第二至第六期,以下为第二十二至二十六讲的简要内容。

2014年12月10日下午,系列讲座第二十二讲在中文系举行。本次讲座由北京师范大学方维规教授主讲,题为"比较文学形象学的理论和实践"。讲座由北京大学比较文学与比较文化研究所张辉教授主持。方维规教授现为教育部长江学者特聘教授,北京师范大学文学院特聘教授,文艺学研究中心研究员。

上海外国语学院 77 级德语系本科毕业留校任教,北京第一外国语学院德语系中德联合培养研究生。1986 年留学德国,获哲学博士学位和德国教授学位,在多所德国大学从事教学和研究工作,2006 年回国。主要从事中西比较诗学、比较文学、概念史、文学社会学、海外汉学研究。撰有德文专著五部,中文专著两部,编著两种,译作四部(中译德,德译中),论文百余篇。

此次讲座方维规教授主要从形象学的发展历史与研究范畴及目的、"他者形象"与"自我形象"、形象的形成和发展中的"规律"三方面为在场听众讲解"比较文学形象学的理论和实践"这一问题。方维规教授首先以"公共厨房"的比喻解释了自己对形象学的理解,他认为,国家形象系统及其形象因素的实用性特色,与厨房的烹饪和美食特色相差无几。谈到形象学的发展历史,方维规教授通过分析法国比较文学学者加雷,从影响研究谈到接受研究,并认为由接受研究逐渐发展出了我们今天所说的形象学。紧接着,方维规又通过丰富而生动的例子为在场的听众梳理了形象学的发展历史以及研究范畴及目的。在这一部分,他最后总结道,文学形象学的首要追求是认识不同形象的各种表现形式以及它们的生成和影响。另外,它还要为揭示这些文学形象在不同文化相互接触时所起的作用做出贡献。他认为,文学形象学的最高原则就是形象学不是一种先入为主的"意识形态",而更多地要为"反意识形态"做出贡献。

在"他者形象"与"自我形象"这一部分,方维规教授同样通过萨义德和歌德的例子逐步向大家说明,"他者形象"是指各民族与国家之间的相互看法和评判,亦即他国他民图像;"自我形象"说的则是对本国、本群体或自我文化的看法和评判。他还重点强调,形象学的研究重点并不是探讨"形象"的正确与否,而是研究"形象"的生成、发展和影响;即,重点在于研究文学或者非文学层面的"他者形象"和"自我形象"的发展过程及其缘由。方维规教授总结,"形象"的正确与否并不是形象学用心根究的问题,形象研究应该关注的是为什么会产生如此"形象",也就是"是什么"和"为什么"的问题。

最后,方维规教授主要为大家讲解了与"形象"相关的问题,尤其是形象的形成和发展中的"规律"。他重点区分了"形象"与"想象""幻想"这些概念之间的不同,根据对加雷的《法国作家与德国幻象》、狄泽林克的《关于"形象"与"幻象"以及比较文学研究中对这个问题的探讨和巴柔的《总体文学与比较文学·形象》的不同分析,方维规教授认为,"形象"在作用于创造它们的人或流传的时候,"形象"制造者、传播者和接受者相信是一种"形象"而不是"想象"更不是"幻象",不能将这些概念混淆。他将形象发展中的"规律"总结为:形象的恒定性与变异性;形象的矛盾特色以及形象生成时的对立性。

方维规教授的精彩演讲得到了现场听众的高度评价,在提问环节,他还解答了同学们关于形象学研究的实际运用、形象学研究方法的缺陷等问题。讲座在热烈的问答中圆满结束。

2015 年 4 月 15 日下午,系列讲座第二十三讲在中文系举行。本次讲座由中国人民大学杨慧林教授主讲,题为"中国思想何以进入西方的概念系统"。讲座由北京大学比较文学与比较文化研究所张辉教授主持。

杨慧林教授现任教于中国人民大学,从事比较文学与宗教学领域的研究。主要著作有《基督教的底色与文化延伸》(2001)、《神学诠释学》(2002)、《西方文论概要》(2003)、《在文学与神学的边界》(2012)、《意义》(2013)以及英文论文集 *Christianity in China: the Work of Yang Huilin*(M. E. Sharpe Ltd. 2004)等。最近的英文著作 *China, Christianity and Questions of Culture* (Baylor University Press, 2014)获得美国宗教学刊物 *Christianity Today* 2015 年"优秀著作奖"(Award of Merit)。

杨慧林教授首先以最近的一些调查数据向听众们指出,中外人文交流在取得成果的同时,在交流的实际能力、价值含量和有效影响方面,国外的看法与我们的预期还存在着较大差距。他认为,文化交流的有效性首先取决于我们自身的文化理解,要努力向世界说明"中国道路"的历史依据、"中国特色"的文化基础、中华民族的融合性特征和中国传统的创造性转化。他还借用美国神学家帕利坎的名言,"传统是死人的活信仰,而传统主义是活人的死信仰",表明至关重要的是如何进一步参与国际社会、国际话语和国际规则,而不是防御、拒绝和退守。

杨慧林教授以日本学者阿部正雄为例提出,真正有生命力的传统,应该是可以被激活、可以现代化的传统;弘扬传统要转化自己的传统、阐释多元的世界。他指出,西方的汉学不仅向西方介绍中国,还在相当程度上参与并影响了中国本土的学术;但中国的"西学"却未能普遍进入西方的学术主流。他以理雅各的《论语》英译为例向在场听众说明中国思想如何才能"进入西方的概念系统"。比如,在现代英语中被翻译为对等互惠的 reciprocity 其实也关联儒家学说,理雅各在《论语》英译本中用其翻译作为"夫子之道"的重要概念"恕"。通过对《论语》《道德经》以及《新约·哥林多前书》等文本的梳理,杨慧林教授认为,理雅各为"恕"选择的 reciprocity 一词所含有的"互惠互利""推己及人"或者基督教神学的"相关互应"之意恰好可以使人联想到圣芳济著名的祈祷文:"给予才能获取,宽恕才能被宽恕"。由此,"仁"与"恕"在基督教的语境中得以连接。

杨慧林教授接下来着重讲到,坚守基督教信仰的理雅各与熟读四书五经的理雅各也许有差异,但我们不应忽视所译之经对于译经之人的潜在影响。他强调,借助西方的概念工具为中国思想命名,此名与彼名的差异抑或"误读"几乎不言而喻;但是细加检点,倒是理雅各之类的西方人认为翻译某些中国概念的"最佳方式"是"将其挪用到译文中",却并非为之"寻找一个相当的英文词"。

讲座的最后一部分,杨慧林教授通过"韬光"与"虚用"、"以德报怨"与"以善报恶"、"道"与"圣言"等三组关键词,说明中西思想之间的相生互动,向听众再现了西人翻译中国典籍时借助西方的概念工具为中国思想"命名",进而使中国思想进入西方概念系统的历程。他最后总结,中国与西方的"经文辩读"还没有真正开始,真正的理解和诠释必将指向对其所以然的追究、对其针对性问题以及话语方式的剥离,只有如此才能成全独特的视角、激发独特的问题,中国语境中的西学和西方语境中的汉学也才能相互回馈。

杨慧林教授的演讲得到了老师和同学们的热情回应,他在提问环节还就耶儒融合、具体词汇的使用以及概念的边界等问题和在场听众展开了交流,讲座在热烈的问答中圆满结束。

2015年4月22日下午,系列讲座第二十四讲在中文系举行。本次讲座由上海交通大学叶舒宪教授主讲,题为"原型批评的中国化"。讲座由北京大学比较文学与比较文化研究所张辉教授主持。

叶舒宪老师现为上海交通大学致远讲席教授,文学人类学中心主任;中国社会科学院比较文学研究中心主任。1999—2000 美国耶鲁大学客座教授;2001 英国学术院、牛津大学、剑桥大学访问教授;2003 荷兰皇家学院客座研究员;2006 年新西兰奥塔古大学伊文思讲席教授。2009 台湾中兴大学客座教授。1996 入选国家"百、千、万人才工程"第一梯队。2010 国家社科基金重大招标项目"中国文学人类学理论与方法研究"首席专家。中国比较文学学会副会长兼学术委员会主任。中国文学人类学研究会会长。中国神话学会会长。2011 年当选中国民间文艺家协会副主席。出版专著 30 余部,译著 6 部,发表论文 300 余篇。代表作有《中国神话哲学》《高唐神女与维纳斯》《文学人类学教程》《图说中华文明发生史》等。主编丛书有"神话学文库"17 种、"神话历史丛书"10 种。

此次以"原型批评中国化"为题的讲座也是叶舒宪老师对自己 30 年研究的简要回顾。他首先从"原型批评如何中国化"这一起点问题入手,以在场听众熟知的《达芬奇密码》《哈利·波特》等小说为例子,从研究和创意两方面向大家解释了这一疑问。接下来他则为大家介绍了文学人类学这一学科的跨学科背景及其两大特点,第一是融合了本土实用性的理论与方法,聚焦文学与文化的关系;第二个特点则是能够方便人文研究者进行自我的知识与思想升级。

在接下来的讲座中,叶舒宪教授以大小传统的符号编码解码原理为基础,着重为大家介绍了当下的主要研究问题,即对中国文化原型的解释。他首先以 2013 年安徽萧县采集汉画像石为例为同学们说明了如何理解画像中各种中国文化要素,并由此说明神话学是进入中国文化的重要门径。紧接着他又以"(社)稷"和"精(神)"为例说明通过运用文字原型与实物原型,结合从狩猎时代的猎头神话到农耕时代的谷头神话,我们可以理解这些有关升天的神话与仪式发源于人类历史上最早的时期,意味着人性的一个根本性渴求就是超升到人类状况之上的愿望。在讲座的后半部分,叶舒宪教授主要为大家详细生动地介绍了人类历史早期关于熊的崇拜以及神话,并由此逐步介绍了中、示、國、戈、物、道、象、姓、社稷、姬姜、王、精神、壹、贰等字在中国文化中所对应的原型思维。

叶舒宪教授不仅向在场听众展示了大量考古成果,而且语言生动活泼富有感染力,受到了现场听众的热情回应。在提问环节,他还解答了同学们关于文学人类学的特点以及文化人类学是否属于科学等问题。讲座在热烈的问答中圆满结束。

2015年5月14日下午,系列讲座第二十五讲在中文系举行。本次讲座由南京大学赵宪章教授主讲,题为"文学图像论——面向图像时代的文学理论"。讲座由北京大学比较文学与比较文化研究所张辉教授主持。

赵宪章教授现任教于南京大学,任中国文艺理论学会副会长,曾任南京大学学术委员会副主任、中文系主任。主要从事文艺美学和文学理论方面的教学和研究,曾获国家级优秀教学成果一等奖、宝钢教育基金优秀教师特等奖、江苏省优秀社科成果一等奖,2014年获南京大学首届人文研究贡献奖。

赵宪章教授以当下社会对文学理论面向现实的误解入题,以波兹曼的《娱乐至死》以及徐冰的《天书》《地书》为例,指出"图像时代"的到来是文学理论应当面对的现实。面对这一现实,我们应该进行更为深入而全面的"文学图像论"研究。该理论受到前期维特根斯坦"语言图像论"的启发,致力于阐发文学与世界的图像关系及其学理逻辑。它试图修正阿布拉姆斯作者、受众、世界三足鼎立的"文学坐标系",回归到亚里斯多德的文学观,即将语言和艺术视为文学的"血亲",而作者、受众和世界只是文学的"邻里";"象(像)"是语言、文学和艺术之间最重要的链接(语象、图像、声象)。

在讲座的第二部分中,赵先章教授指出了语言符号的实指性和图像符号的虚指性,并着重分析了图像符号虚指性的成因。赵宪章教授以曹植的《七步诗》为例,指出图像的隐喻本质导致了图像的虚指性,而语言的隐喻也就意味着语言的虚指性,即语言符号脱离它的实指轨道而滑向虚指空间——由"语象"所图绘的虚拟世界。

在此基础上,赵宪章教授进一步展开,分析了语图传播的可名与可悦,认为相对而言,语言是一种可名符号,而图像则是一种可悦符号,因此文学借助图像便有助于实现广泛传播。然而,利用图像传播文学也会产生"图以载文文自轻"的后果,赵宪章教授以张先的《十咏图》为例,指出所谓"文学图像化"并非图像和语言艺术的简单对译,在这一过程中,图像对于文学的"双重虚化"会减轻"图以载文"的负重。

接下来,赵宪章教授介绍了语图叙事的在场与不在场问题。他以中央台转播东非野生动物大迁徙和亚马逊河口大涌潮为例,指出现代传媒对于在场性的痴迷。"在场"与"不在场"不仅关涉到语言显露真理的可能性与可靠性,也关涉到文学叙事的真切性与可信性("隔"与"不隔")。相对"言说"而言,"图说"似乎是在场的言说。然而,他又以郭熙的画作为例,提醒我们视觉对象不过是一层"薄皮",所谓"图说"也只能是一种"皮相之见"。

此外,赵宪章教授又从"音"与"象"的关系来看文学与非文学的区别,并以《三国演义》与《三国志》的区别为例,提出应将语言的音乐性而不是形象性作为文学与非文学的首要区别,对传统的文学观念提出了挑战。最后,他以顾恺之的《洛神赋图》为例,指出言说在场可使图像透明的规律。

赵宪章教授的演讲得到了老师和同学们的热情回应,他在提问环节还就连环画、阅读危机、诗画界限等问题和在场听众展开了交流,讲座在热烈的问答中圆满结束。

5月20日下午,系列讲座第二十六讲在治贝子园举行。本次讲座荣幸地请到了北京大学比较文学与比较文化研究所第一任所长乐黛云先生为大家做题为"我的比较文学之路"的演讲。讲座由北京大学比较文学与比较文化研究所张辉教授主持。

"比较文学与世界文学学术讲座"第二十二至二十六讲纪要

乐黛云先生,1931年生,贵阳人。北京大学中文系现代文学与比较文学教授、博士生导师,北京外国语大学兼任教授;历任北京大学比较文学与比较文化研究所所长15年、国际比较文学学会副主席7年,自1989年任中国比较文学学会会长至今、现任北京大学跨文化研究中心主任,中法合办《跨文化对话》杂志主编。1990年获加拿大麦克马斯特大学荣誉文学博士学位,2006年获日本关西大学荣誉博士学位。曾任加拿大麦克玛斯特大学兼任教授、香港大学访问教授、澳大利亚墨尔本大学访问教授、荷兰莱顿大学访问教授、香港科技大学访问教授、美国斯坦福大学访问教授。在北大比较文学研究所先后建立中国大陆第一个比较文学方向的硕士点、博士点和博士后流动站。2015年4月获得中国比较文学学会授予的"中国比较文学研究终身学术成就奖"。

乐老师首先从中国比较文学的源流开始,为大家介绍了中国比较文学的源头可上溯至20世纪初王国维、鲁迅、茅盾等人的作品。比较文学在中国作为一门现代学科则出现在30年代初的清华大学,清华大学也因此培养了一大批学贯中西的比较文学学者。到了40年代,闻一多、钱钟书等人的作品也为中国比较文学的发展做出了新的贡献。在这之后,经历了一段时间的沉寂,直到70年代末80年代初,钱钟书的《管锥编》、宗白华的《美学散步》、季羡林的《中印文化史论集》、金克木的《比较文化论集》、杨周翰的《攻玉集》,还有南京大学范存忠的《英国文学论集》、上海社科院王元化的《文心雕龙创作论》等,都为比较文学在中国的复兴做出了重要贡献。

在第二部分,乐老师主要为大家介绍她是如何走上比较文学之路的。她动情地回忆了自己在经历一系列人生变动后回到北大为留学生授课的经历,她由此对尼采与中国现代文学的关系这一问题产生了兴趣,并于1981年在北大学报上发表了《尼采与中国现代文学》一文。同年,中国成立了第一个比较文学学会——北京大学比较文学研究会,并整理编撰了王国维以来有关比较文学的资料书目。之后乐老师还回忆了自己在哈佛大学访学的经历,尤其是当时的哈佛比较文学系主任纪延(Claudio Guillen)所说的"我认为只有当世界把中国和欧美这两种伟大的文学结合起来理解和思考的时候,我们才能充分面对文学的重大的理论性问题"对她的深刻影响。1985年10月,由35所高等学校和科研机构共同发起的中国比较文学学会在深圳大学正式成立。而乐老师本人也在深圳大学和北京大学相继开设了"比较文学原理""20世纪西方文艺思潮与中国现代文学""马克思主义文论在东方和西方""中西比较诗学"等课程。她还介绍了当时培养学生的一些经验,比如特别强调置身于世界思考前沿,努力参与世界学术对话,参与丛书的撰写和有影响的前沿书刊的翻译。

接下来,乐老师着重介绍了她在90年代所处理的一些问题,围绕着强调从本土文化酝酿出新的观点和方法的"国学热",《学衡》派的主张重新被提出来,乐老师也参与到这一系列话题的讨论中。她回忆到1991年新春《读书》杂志组织了一次相当大规模的关于"比较:必要、可能和限度"的笔谈,季羡林、贾植芳和当时的国际比较文学学会主席佛克玛(Douwe Fokkema)、斯洛伐克比较文学家高利克(Marian Galic)、印度比较文学教授阿米雅·杰夫(Amiya Dev),还有张隆溪、赵毅衡等都参加了笔谈。在这次讨论中,大家感到必须对各种中心论进行批判,首当其中的是欧洲中心论。她引用了法国比较文学家洛里哀(Ferderic Loliee)和意大利比较文学家阿尔蒙多·尼兹(Armando Gnisci)的观点提醒大家,无论是殖民国家还是被殖民国家,都要摆脱西方中心思想。

演讲的最后,乐老师也对在场的听众提出了殷切的希望。她认为,中国梦是从老子的小国寡民"无为梦"到儒家的"大同梦"到百余年来的强国梦和毛泽东以非凡的想象力构思的"最新最美"的纯洁之梦。今天的中国梦处于新的历史建构时期。建构人和自然的共同体、人类命运的共同体是我们共同的目标。如果说美国梦和欧洲梦各代表着一个历史阶段,中国梦有可能代表一个新的历史时期。中国文化以数千年发展的基础,提供了一个观察世界的全新视角。她强调,中国正面临两种抉择:一种是在西方开创的资本逻辑下的霸权体系内继承霸权,建立霸权,成为强国;另一种则是超越这一体系,在以"以人民为本"、以义制利、集体主义、平等和谐、天下关怀、文明认同、构建生态共同体和人类命运共同体为核心的基础上,塑造构建新型人类文明。总之,不同文化之间的理解、交往、沟通成为当务之急。文学沟通人类的心灵,是文化接触的前锋。那些认为比较文学即将消亡的学者都纷纷改变了观点,她希望年轻一代的学者能够抓住机遇有所作为。

乐老师的精彩演讲感染了在场的每一位听众,得到了所有师生的热烈回应。在接下来的交流环节,乐老师还回答了同学们所提出的跨学科比较、少数民族文学、东亚文化研究等问题。讲座在持续不断的掌声中成功落下帷幕。

据悉,"比较文学与世界文学学术讲座"系列将继续邀请国内外优秀学者参加,依托北京大学、中国比较文学学会以及《比较文学与世界文学》杂志,营造海内外人文学者特别是比较文学学人的高端学术平台,以促进学界的深入交流。演讲内容将继续在《比较文学与世界文学》杂志上报道。

作者简介:王晨晨,北京大学比较文学与比较文化研究所硕士研究生。

"比较诗学与比较文化丛书"第二次编纂讨论会综述

吴佩烔

由上海师范大学比较文学与世界文学研究中心举办的"比较诗学与比较文化丛书"编纂会(第二次)近日在上海举行,上海师范大学副校长刘晓敏教授、《中国比较文学》常务副主编宋炳辉教授和《文艺理论研究》常务副主编朱国华教授等先后致辞,对比较文学这一学科的发展建设提出精辟论述,并对"比较文化与比较诗学"丛书的编纂作出高度评价。来自复旦大学、华东师范大学、北京外国语大学、武汉大学、上海师范大学、《上海师范大学学报》等单位的10余位专家学者就丛书编纂中的各类学术问题展开了热烈讨论。

在对《中国诗学诠释学》编纂的介绍中,复旦大学杨乃乔教授指出,"比较文学"与"比较诗学"的概念易被望文生义地误读,因此具有地道的学科意识的比较诗学读本显得十分必要;在比较诗学的研究文章中,也必须注重比较诗学自身的学科意识和体系建构,以与文艺学等学科已经存在的成熟学科体系相区别,并体现比较诗学的跨学科特点。在对中国原典的处理方面,杨教授还提出在中国经典与西方经典的交汇中运用"古典学"(Chinese classical studies)概念。

华东师范大学朱志荣教授介绍了《中国诗学导论》的编写思路。朱教授认为应从全球化视野下诗学中国化意识的觉醒、重视中国诗学传承性和中国古代诗学当代价值的背景出发,强化中国古代诗学的教学。中国古代诗学具有诗性思维、具象性、人本思想、抒情本位、重视声律、托古创新六方面的总体特征;其诗学范畴与哲学范畴相贯通,注重有机整体观、辩证方法、生命意识,也有对佛教等外来文化范畴的成功借鉴;要求诗学家具有会创作、懂鉴赏和调动人生体验的感悟力。中国古代诗学文本具有独特的文体特色,并在语言上具有言简意赅、含蓄蕴藉、多用象喻方式、善用修辞的特点。在中国古代诗学的当代价值和中国诗学的现代性这一问题上,朱教授认为应以全球化视野下多元文化和谐共存的背景为基础,发扬中国古代诗学面对现实实际、同化外来因子的"创化"特点,在中西诗学互参互见中做到和而不同、互通互补、激活传统、应时应变。朱教授在介绍《中国诗学导论》的编写思路时提出,中国诗学范畴相关章节所述内容并非全是范畴,而也有概念、术语、命题等,因此可否统一于"范畴论"一章下来讲述即成问题。对此,上海师范大学刘耘华教授提出可以用"诗学形式论""诗学要素论"取代"范畴论",以总体论来统筹中国诗学的范畴、概念、术语、命题等;最好有一个贯穿始终的核心观念或结构,以区别于其他相关著作。上海师范大学严明教授亦提出,各个分册的具体编写应由相关领域的专家负责,但作为一套比较诗学丛书,需要一套具有统摄性的基本体系和核心观念,各分册在这一方面要相互沟通并取得某种一致。

对于中国文论"失语症"的问题,华东师范大学范劲教授认为,从理论层面来讲一种文艺理论最终是一定会"失语"的(体系性的东西总是封闭性的),但就"元理论"层面而言则不会"失语"(永远敞开)。朱志荣教授认为在中国文论与国际接轨的必然趋势中,需要将中国传统诗学中有生命力的话语推介向世界,让世界整体的美学中也包括中国的美学;对于从中国诗学自身角度而言已经认为不合适、国际上也不大接受的术语等,则不妨化用西方的文论,既要接轨又不能被同化,既要保持自我又要融入世界整体。严明教授和朱教授都认为,日本、韩国诗学也和中国一样经历过与世界接轨的过程,但并没有对"失语"的担忧,也有诗学输出的成功,其中的经验教训值得借鉴。

上海师范大学查清华教授介绍了《中国诗学原典导读》的编撰思路。他认为,目的在于提高学生读原典的能力,并反映学术界对原典研究的新成果。编撰体例包括综述、原文、注释、导读四部分,选文以诗论为主,兼顾词论、曲论,注意提供原典文本的背景信息、思考线索和与西方相关理论的参照。查教授认为,比较诗学的跨文化会通必须建立在对双方的真切了解的基础之上。在选材方面,刘耘华教授认为儒家六教论和明清小说理论等也可加入其中,并处理好多种选本之间的关系。严明教授认为,它必须体现出这套丛书的自身特点,并与朱志荣教授的《中国诗学导论》形成配套,形成对问题的回应和内容的互补,在与西方的互参中充分体现阐释学的特点。北京外国语大学张西平教授提出,要让比较诗学中对中国诗学的研究成果能为古典文学研究者接受并得到启发。

武汉大学赵小琪教授提出了"内结构与外结构""静态结构与动态结构""表层结构与深层结构"三种权力关系维度,藉此解析中国现代诗学这一具有多重结构关系层次的立体网络体系;通过分析中国现代自由主义诗学、保守主义诗学、马克思主义诗学在复合权力关系场域中表现的矛盾张力,仔细探寻不同诗学思潮从不同角度出发的各种阐释和这些思潮的各种对立统一与相互渗透转化。赵教授特别强调要解决以往的诗学思潮论述框架难以包含保守主义诗学的缺陷,正确认识保守主义诗学的内涵及其在融汇中西上的成就,从而解决20世纪中国文论"失语症"的命题。刘耘华教授指出,中国现代文论在引入"现实主义""浪漫主义""自然主义"等术语时并未放在西方文论脉络中进行良好的理解消化,导致了一系列问题。

北京外国语大学张西平教授介绍了《欧洲汉学与比较文化方法论》的写作思路。张教授认为,欧洲汉学是全球化下知识传播的结果,必须以全球史的视野、以跨文化为基本方法予以把握。海外汉学有国学研究、学术史研究、跨文化研究三种模式,均具有合理性,体现海外汉学作为对中国知识的域外表述所具备的真实性、历史性和不可回避的变异性,并可结合为一个统一有机的跨文化互动模式。跨文化的关键就在于互动,其中包含着文化间的平等关系、文化相遇后的相互理解与影响以及解释的多样性。海外汉学研究是全球史研究的一部分,以互动为核心概念和基本研究方法。学术史研究是进入汉学研究的基本途径,文献学和目录学对西方汉学研究同样重要,这方面是目前海外汉学研究的一大缺陷。跨文化下的欧洲汉学在知识形态、方法形态、误读形态上具有多重品格,全球化背景下的中国知识与文化无论从海外汉学还是中国自身视角来看也都有着复杂性和多样性,因此汉学史是交错的文化史,需要文化相互之间的重新定义。

刘耘华教授阐述了北美汉学与比较文化方法论建构方面的观点。他从使用安乐哲、郝大维的《期望中国》等著作进行比较文化方法论课程教学的实际经验出发,认为必须严肃对待汉学家们的思考成果。很多汉学家有良好的西方语言和思想功底,运用西方的世界观和本体论思考中国文化,先天地具有比较文化家的性质,从而为从比较文化的视角切入、整理和建构欧美汉学的研究方法论提供了基础。中国文化和西方文化的特点亦必须通过"他者"彰显出来。刘教授将方法论定义为确立中西文化比较所采取的观审视角、切入问题的路径与手段、处理材料的运思方式和观点论述的展开方式,是对方法的再思考,并与"何为中国""何为西方"的本体论紧密相联。北美汉学在发展历程、眼界定位等方面与欧洲汉学有明显差别,因此对其的研究需将侧重点放在思想史、文化史方面。通过对北美汉学研究方法论的研究,可以对中国比较文学和比较文化方法论形成具有内在逻辑的整体起到再推动的作用。

在西方诗学的选介导读上,复旦大学陆扬教授和华东师范大学范劲教授展示了不同的编选思路。陆扬教授的《西方古典诗学经典导读》从西方诗学与哲学之分野入手,依据西方诗学的发展脉络厘定"诗学"与"古典"的含义,将诗学定义为"专门意义上指诗的理论和批评,广义上是全部文学理论的同义语";并根据"导读——选文(英文)"的体例编选西方经典诗学著作。与会学者认为在此基础上还应当考虑读者对象和读者涵盖面,补充必要的注释。如何在丛书中为"诗学"的定义提供一个一致的核心视角、相关联的范畴以及定义方法也再度引起讨论。在《西方现代诗学导读》的编选上,范劲教授提出了独特的想法。他将诗学定义为"和文学的想象方式相关的理论"和"对存在的本真的整体秩序的安排,体现美的本义";反映在选目上则为扩大遴选范围,有别于一般的文学理论选读,将诗人、小说作者等视为广义的诗学理论家,将其文学反思与通常的文学理论等量齐观。范教授从浪漫派延续的隐蔽红线、"古典"与"当代"的不同思考取向、系统内观照的趋势、后现代主义的悖论原则等层面解读西方当代诗学,并将华人诗学家的西方诗学、比较诗学研究列入其中,加入中国诗学视角在西方诗学中体现出的激进性,展示当代西方诗学版图中出现的中国诗学萌芽。与会学者热烈地讨论了这一思路和相应的选本标准。

严明教授与山本景子博士负责编纂的《日本诗学导论》为对"诗学"这一概念的讨论提供了独特视角。严教授指出"诗学"一词在日本传统文学中有特定的范畴和背景,与现代视野中形同"文学理论"的"诗学"并不相同。在"文学理论"意义上所指称的日本诗学,也经历了对中国文论的引进、套用与活用,并发展出"物哀""幽玄""寂"等一系列具有民族特色的概念范畴和"感物论""物哀论"等独到的理论见解。在总体特色上,日本古代文论基本上是纯文学论,缺乏对文学的抽象本质和本源等问题的探讨,并具有私人性、非社会性、家传化的著述特点和散文化、随笔化的文体特征。对日本诗学的研究应当致力于恢复其历史原貌,在处理其独特性的同时也不能抛开汉文学的影响。

除了文学理论之外,戏剧表演理论、舞蹈、音乐、绘画理论等能否进入"诗学"范畴(亦即"诗学"能否从文论扩大到广义的文艺理论)也引起了与会学者的讨论。这一问题不但体现于《日本诗学导论》的编纂中,在四川大学南亚研究所尹锡南研究员负责编纂的《印度诗学导论》提纲(刘耘华教授代为介绍)中也有所反映。多数与会学者倾向于仍将诗学定位于广义的文学之中,以语言艺术为主,避免范畴的过度扩张。对于霍米巴巴、斯皮瓦克等双重国籍的海外印度文论家能否统括在印度(本土)诗学的脉络中来阐述,与会学者认为,他们与印度本土诗学的关联不甚明显,故不宜放入;而在梵语诗学的现代转化部分,则应凸显与西方诗学的复杂关系。

刘耘华教授最后作了简要的总结,认为与会学者对各种问题进行了和而不同的阐述,争论热烈,富有成效,使丛书的编纂工作得到了很大推进。

作者简介:吴佩烱,上海师范大学比较文学与世界文学中心2013级博士生。

马克思主义与世界文学学术研讨会暨国家社科基金重大招标项目开题报告会在北京举行

刘华初

由上海交通大学人文艺术研究院和清华大学比较文学与文化研究中心共同举办的"马克思主义与世界文学"学术研讨会暨国家社科基金重大招标项目开题报告会于 2015 年 1 月 10 日在北京举行。上海交通大学人文学院院长、教育部长江学者特聘教授王杰主持会议。来自中国社会科学院、清华大学、北京大学、上海交通大学、南京大学、华东师范大学等科研院所和高校的 20 多位文学理论研究专家学者围绕会议主题展开了学术探讨与思想交流。

为了更好地对课题的现状进行评估并对其未来的前景作出预测,课题组特聘请中国社会科学院副院长、国家社会科学基金中国文学组召集人张江研究员担任专家组组长。张江研究员首先介绍了这个课题的立项过程和意义,并衷心地祝贺课题组努力在建设中国特色的文学理论方面作出贡献。接着,上海交通大学致远讲席教授、清华大学比较文学与文化研究中心主任、项目首席专家王宁教授作了主题发言。他首先对国内外马克思主义与世界文学的研究状况进行了历史回顾,从"世界文学"概念的考察展开话题。他指出,一般认为,"世界文学"这一术语是 1827 年歌德在读了一些包括中国文学在内的非西方文学作品后,创造出来并加以详细阐释的一个具有"乌托邦"色彩的概念。而早在歌德之前,诗人魏兰、哲学家赫尔德等人也曾使用过"世界文学"这一术语;马克思、恩格斯十分关注世界文学现象,在《共产党宣言》中将其作了扩展,从而使得所有人类的精神文化产品的生产也被包括进来了,他们对资本主义社会经济和文化的运作规律的发现赋予我们以一种开阔的、超越民族国家视野来考察世界文学的全球视野。在当今的国际比较文学和文学理论界,关于世界文学问题的讨论已经伴随着全球化时代的来临和世界主义话语的兴起而成为又一个热门话题。

王宁教授特别对西方马克思主义的文学研究进行了细致的梳理。他以马克思主义为基准,检省"西马"一些代表性人物的主要观点,清晰地论述了威廉斯、詹姆逊等人是在马克思主义创始人影响下对世界文学进行的研究。王宁还以莫瑞提的《世界文学构想》、佛克马的《总体文学与比较文学问题》等具体作品分析说明,在面对全球化时代的大趋势下,他们自觉地把本国的文学研究放在一个世界性的语境下进行研究;戴姆拉什在《什么是世界文学?》中更是突破了西方中心主义的思维模式,把世界文学看做一种文学生产、出版和流通的范畴。然而,这些西方学者或多或少地忽视了东方马克思主义对世界文学的研究。除此之外,王宁还专门谈论到苏联的文学研究与马克思主义之间的关系,苏联高尔基世界文学研究所 1980 年代出版的力作《世界文学史》既克服西方中心主义,也没有表现出东方中心主义,展现出与法国学派、美国学派相抗衡的苏联学派的独特性。最后,王宁把研究转向国内,谈到中国的马克思主义与世界文学研究状况。他认为,自鲁迅以来,陈独秀、瞿秋白等人都有相关论述,尤其是毛泽东在《在延安文艺座谈会上的讲话》中提出了具有中国特色的马克思主义文艺思想,这是站在马克思主义立场上对世界文学的一种发展;特别值得提出的是,最近 10 年来许多中国学者对世界文学的重新关注和研究表明,世界文学必须包含中国文学。

中国社会科学院外国文学所所长、国家社科基金外国文学组召集人陈众议研究员说,随着我国经济的快速发展和在世界上影响的逐步扩大,我们要让世界上的文艺理论家重视中国学者的立场和观点,因为我们被忽略得太久了。当然,我们同时也要对自己在相关理论研究上与西方之间的差距有清醒认识,我们现在发出去的声音在世界范围的反响还是有限的,因为世界核心利益集团还没有真正接受我们。而且,任何基础性的研究工作都要花大力气,世界文学迄今看来可能还只是一个愿景。

中国社会科学院研究生院党委书记、国家社科基金评审专家张政文研究员赞同课题的研究方向,认为课题研究准备充分,开题很系统。他同时提出了一些具体建议:首先,理论立足点非常重要,西方马克思主义各学派观点繁多,一个坚实的灵魂或者立足点才能把它们贯穿起来;其次,要高度关注马克思对世界文学的期待是基于唯物史观的世界历史,而"世界历史"也有一个发展史的问题,如马克思主义与古希腊罗马时期的世界历史观就不同;再次,关于一些具体作家作品,在何种意义上,用什么标准衡量才是"世界文学"的?这涉及到文学的经典化过程,例如巴尔扎克在欧洲的地位并不像我们认为的那样高。总之,课题研究不能停留在单一的知识性的完整描述层面,而需要在理论深度上有所创见,还要在研究方法上进行一些诸如数据库建设之类的具体工作。

在会议上,各位专家就课题所涉关键问题从不同的方面进行了探讨。例如,北京大学比较文学与比较文化研究所副所长张辉教授认为,世界文学不只是一些文学文本,而且还有文学观念的历史发展。南京大学中美文化研究中心主任、长江学者特聘教授何成洲从世界戏剧的流传独特性强调其市场依赖性。清华大学外国语言文学系教授、国家社科基金评审专家刘世生从语言学研究角度提出研究范围的限定问题和各子课题组的协调问题。其他一些会议专家提出,课题规模比较宏大,因此在研究中需要进一步加强思想与理论核心观点的贯彻,在学术研究过程中可以考虑建立一套适合的数据库系统。

会议最后在张江研究员的主持下对课题进行了总结,全体专家组成员一致认为:该课题的选取具有学术前沿性和文化急迫性;课题展开的思想与理论准备完备、充分;课题解决理论与学术重点与难点的技术路径有效而实际;课题的研究预期明确并富有很高的学术性和文化普及性。希望通过课题研究,能够给学界一个关于马克思主义与世界文学的系统的思想总结与阐释。

作者简介:刘华初,《中国社会科学》杂志社。

> 新书快递

全面、独到的莱蒙托夫研究专著
——读顾蕴璞教授的《莱蒙托夫研究》

曾思艺

迄今为止,莱蒙托夫在西方是与普希金、丘特切夫齐名的俄国19世纪三大古典诗人之一,在俄国当代,也是与茹科夫斯基、普希金、丘特切夫、费特齐名的五大诗人之一,而且他在诗歌、小说、戏剧三方面都有突出的成就。但这么一位在诗歌、小说、戏剧方面都有重大贡献和影响的经典作家,在我国的研究相对来说却是颇为稀少,目前国内系统、深入研究莱蒙托夫的著作,似乎只有两部:一部是顾蕴璞教授的《莱蒙托夫》(华夏出版社,2002年5月版),一部是黄晓敏博士的《莱蒙托夫戏剧研究》(知识产权出版社,2014年5月版)。前者由于是普及性的学术著作,篇幅有限(仅十几万字),因此深度和广度都受限制,不可能相当全面而深入;后者更是真正的"专"著,是国内第一部专门研究莱蒙托夫全部戏剧及其舞台演出的学术著作。我国至今还缺乏一部全面、深入的莱蒙托夫研究专著。有鉴于此,83岁高龄的顾蕴璞教授为纪念莱蒙托夫诞辰200周年,推出了33万字的新著《莱蒙托夫研究》(北京大学出版社,2014年9月版),这是中国学界在莱蒙托夫研究方面的一件喜事,也是俄苏文学研究的一大收获。

顾蕴璞教授是国内著名的翻译家、学者,更是国内顶尖的莱蒙托夫翻译家和研究者。从1962年开始,他就形成了自己的"莱蒙托夫情结",50多年来,他一直致力于莱蒙托夫的翻译与研究。他曾翻译过多种《莱蒙托夫诗选》《莱蒙托夫抒情诗选》,出版过《莱蒙托夫抒情诗全集》,主编过我国第一套5卷本《莱蒙托夫全集》,在此基础上,他相继撰写了不少论析莱蒙托夫诗歌的论文,并且出版过十几万字的专著《莱蒙托夫》。

在翻译艺术和学问上,顾蕴璞教授都是一个精益求精的人。他不满足于已有的成就,这些年依旧不断琢磨、修改以前的莱蒙托夫译文,同时把自己温故知新的心得和最新的思考形诸文字,又发表了一些关于莱蒙托夫的论文,如《试论莱蒙托夫诗的意象结构》(《国外文学》2002年第3期)、《新中国60年莱蒙托夫诗歌研究之考察与分析》(《湘潭大学学报》2014年第2期)等。为了给莱蒙托夫诞辰200周年献礼,他又精心对几十年来的莱蒙托夫研究成果进行了全面修改、补充与整合,出版了堪称我国目前最全面、独到的莱蒙托夫研究专著的《莱蒙托夫研究》。

该书的全面体现在以下几个方面。

第一,是包括莱蒙托夫诗歌、小说、戏剧乃至美学思想的全方位研究。专著分诗歌论、小说论、戏剧论三章,每章既有对该体裁创作的全面论述(如"诗歌创作掠影""诗情的主旋律"

"小说创作一瞥""戏剧创作扫描"),又有对代表性作品的专门阐析(如"真善美的悲剧链及其审美空间——论长诗《恶魔》""诗的情思向散文描写的渗透——论长篇小说《当代英雄》""娱乐舞台与人生舞台的交叠——论诗剧《假面舞会》")。在此基础上,专著还有对莱蒙托夫美学思想的首次归纳、梳理,表现为对真善美的辩证把握(美的必须同时是真的、美的必须同时是善的)和深广的思想命题与二元对立的艺术思维(个性与群体、自由与奴役、文明与自然、风暴与宁静、人民与人群或俗众)。

第二,是既有外部研究,更有内部研究,而且两者相互结合的专著。外部研究主要体现在对莱蒙托夫天才成才三部曲的具有中国特色的"知人论世"上(详后)。内部研究表现为既有对诗人诗歌创作规律的总结,如关于莱蒙托夫诗的"意象结构""音乐美""抒情方式";又有对其独特艺术风格的总结,如"哀伤——反叛的琴弦上的音符""'自我'——成为时代的聚光点""爱与憎——感情的指南针上的两极";还有对重要代表作品的艺术把握,如关于长诗《恶魔》、长篇小说《当代英雄》、戏剧《假面舞会》的深入论析;更有对具体作品的精细艺术分析,如对莱蒙托夫抒情诗《高加索》《乞丐》《我要生活!我要悲哀……》《帆》《诗人之死》《囚徒》《祈祷》《沉思》《寂寞又忧愁》《云》《祖国》《不,我如此热恋的并不是你……》《别了,藏污纳垢的俄罗斯……》《悬崖》《我独自一人出门启程……》等的详细阐析。

第三,在此基础上,还有影响研究、比较研究、翻译研究以及新中国60年莱蒙托夫诗歌研究之考察与分析。专著还通过"俄罗斯文坛精英眼中的莱蒙托夫"梳理了莱蒙托夫的影响;通过与普希金的比较,进而确立了莱蒙托夫的独特个性,总结了他对普希金的继承尤其是创新;翻译研究则是顾蕴璞教授从事莱蒙托夫诗歌翻译几十年的经验结晶,从心得体会到翻译原则再到如何从"信"上升到对意境传达的"达"和"雅";新中国60年莱蒙托夫诗歌研究之考察与分析则在简要回顾我国建国前莱蒙托夫的研究状况后,分新中国的前30年和后30年两部分,全面系统而又简明扼要地考察、论述了莱蒙托夫诗歌的研究状况。

独到则主要表现为全书多有自己的学术思考与独到见解,最精彩的主要有以下几个方面。

一是"知人论世",也就是上面所说的外部研究。尽管新批评派特别强调内部研究,受新批评派影响的人甚至宣称只管品尝鸡蛋的美味而不要管它是哪只母鸡生的,但事实上文学创作绝不同于母鸡生蛋,它是人审美的精神产物,与人的时代、环境乃至个性密切相关,莱蒙托夫更是如此。如果离开上述三者,我们无法理解,一个只活了27岁的贵族公子哥儿怎么会成为俄国与普希金齐名的大作家之一,而且甚至比普希金更富于现代性!专著独具慧眼地抓住了这一要害问题,在第一章成才论中就全面、系统、深入地论述了莱蒙托夫天才成才的三部曲。专著指出,天才的真正涵义并不是凭空从天而降的人杰,而是指具有较高天赋,在艰苦环境的熔炉里顺应时代的要求不断锤炼自己而实现超群和超前的自我价值的人。莱蒙托夫就是这样一个天才诗人,他的成才是在时代的需求下,天赋、家境和磨难三种因素综合作用的结果,也就是说,莱蒙托夫作为一个天才并非从天而降,而是顺应了三大客观规律,即天时、地利、人和应运而生。论天时(时间),莱蒙托夫正好出生在俄国历史上最黑暗的尼古拉一世的时代,暴政的时势造就了叛逆的英雄;论地利(空间),出生在一个充满文化氛围和人际冲突的贵族家庭(母亲早死、外祖母剥夺了诗人父亲抚养孩子的权利,诗人虽受到很好的教育但缺乏父爱),使他天赋的智商和情商获得超常的开发,而接下来在军队和上流社会这两个沙皇统治的心脏地带的经历,又使他成为出人意料的从内部攻破堡垒的怪杰;论人和(素质),由于具有超常的天赋和意志,他才在产生天才的气候和土壤里成为现实的天才人物。不过,对于任何天才的造就来说,决定性的因素还是后天的社会与生活环境,具体地说就是逆境的磨练。任何人,不管他出生在怎样一个呼唤天才的时代,不管他承袭了父辈多高的智商和情商,也不管他出生在怎样一个容易成才的家庭,如果没有后天的逆境对他意志的严酷磨练,还是成不了现实的天才的,尽管他具备了一切得天独厚的条件。正如我国大思想家孟子所说:"故天将降大任于斯人也,必先苦其心志,劳其筋骨,饿其体肤,空乏其身,行拂乱其所为,所以动心忍性,增益其所不能。"这对今天我国的青少年仍是永不过时的励志教材。这种研究,不仅眼光独到、深刻,具有中国特色,是典型的中国式的"知人论世",而且极其符合莱蒙托夫天才成才之路。

二是对《当代英雄》的叙事与结构的独到把握。专著指出,莱蒙托夫在继承国内外传统的基础上另辟蹊径,将《当代英雄》建立在两种传统的特殊嫁接上,即将传统的叙事体小说与感伤主义作家常用的日记体、自由体小说先后呼应地融为一体,以一个主要人物(毕巧林)统领前后两个部分中五个相对独立的中篇小说(《贝拉》《马克西姆·马克西梅奇》《塔曼》《梅丽公爵小姐》《宿命论者》),从而形成一部完整的长篇小说,并创造性地运用拜伦将抒情手法融入叙事机制和西欧小说家首创的"内心独白"(如司汤达的《红与黑》)等经验,从丰富叙事视角(三个叙事者:"我"、马克西姆·马克西梅奇和毕巧林)、变换叙事视点(即打乱时空结构——按照故事时序,《当代英雄》章节设置应为:1.《塔曼》;2.《梅丽公爵小姐》;3.《宿命论者》;4.《贝拉》;5.《马克西姆·马克西梅奇》。而作为小说文本的叙事结构则为:1.《贝拉》;2.《马克西姆·马克西梅奇》;3.《塔曼》;4.《梅丽公爵小姐》;5.《宿命论者》)入手,步步进逼地延伸叙事视线(即不断缩短心理距离),层层剥笋(即解开一个又一个谜)地扩大叙述视野(从行动、外貌直至内心),以取得进行深层心理分析的叙事效果。犹如普希金将诗的审美机制引入长篇小说创作,从而创作了以奥涅金诗节为核心的俄国诗体长篇小说的新体裁,莱蒙托夫将诗的审美原则引入散文体长篇小说创作,从而独创了俄国社会心理与哲理长篇小说新体裁,为尔后屠格涅夫、陀思妥耶夫斯基、托尔斯泰、契诃夫等俄国作家的心理描写奠定了基础。

三是莱蒙托夫诗的意象结构。专著从"意与象的组合模式""时空的转换模式""虚实相生的机制""意象群的总体效应""意象的对比""特征性意象的复现"等六个方面对莱蒙托夫诗歌的意象结构进行了颇为全面、系统、深入的艺术分析,这具有相当独到的艺术眼光和学术眼光。因为莱蒙托夫的诗歌素以感情炽烈和意象丰美著称,然而,历来论者们对他的炽烈情感论述有余,而对其丰美意象关注不足。莱蒙托夫作为伟大诗人、伟大艺术家的情感是经过高度审美化了的情感,只有通过对它的载体——意象的丰美性进行结构分析,才能对其作出充分的审美评价。

综上所述,《莱蒙托夫研究》是顾蕴璞教授几十年心血的结晶,不愧为我国第一部全面、独到的莱蒙托夫研究专著,也是顾先生为莱蒙托夫诞辰200周年敬献的一份厚礼。

作者简介: 曾思艺,文学博士,天津师范大学文学院教授。

刍议阿拉伯文学的平行研究实践
——以《中国文学与阿拉伯文学比较研究》为例

马 征

2011年1月,专著《中国文学与阿拉伯文学比较研究》出版,这是一部新颖独特、极富启发性的著作。它在国内的阿拉伯文学、东方文学和诗学研究中,当之无愧地占了众多"第一"的位置:它第一次对中阿文学进行了全方位的深入探讨,是国内第一部系统性的中阿文学比较研究专著;它第一次从文学文体、文学传统的美学视野,对中阿文学的纵向发展进行了平行类比,弥补了东方整体诗学研究中阿拉伯诗学研究的盲点;它在研究对象上具有开拓性价值,一些内容涉及学界从未"触碰"过的"处女地";它对中阿古代和现代文学的平行比较,其具体性、开拓性和实验性,都是史无前例的。

然而,作为一名多年关注、热爱阿拉伯文学的比较文学研究者,笔者阅读这样一部"大部头"著作时的心情,不仅满怀欣喜与兴奋,更是复杂而微妙的。因为这部著作挑战了我对阿拉伯文学研究既有的思维定势,阅读这部著作的过程,同样也是笔者的一次自我"辩论"和"纠结"的过程。但或许恰恰是因为"辩论"和"纠结",阅读者才能在一次次精神的"历险"中,体会到阅读的快感和学术研究的真正魅力。

如所周知,阿拉伯文化处于东西方文化的"中间"地带,这一地理特点,使阿拉伯与欧美和非洲、亚洲其他地区的宗教、政治、军事、文化有着密切而持久的交往,这种交往当然也表现在文学上。阿拉伯文学与欧美文学、非洲和亚洲其他地区的文学存在着千丝万缕的联系,像《一千零一夜》、纪伯伦、马哈福兹这样的阿拉伯经典作品和作家,还产生了世界性影响。因而,不局限于阿拉伯语言文学的"专门性"研究,在世界文学关系的视野中探讨阿拉伯文学的异国渊源,研究阿拉伯文学在异域的流传、演变和影响,成为中国阿拉伯文学研究的一个重要特征。

20世纪80年代以来,郅溥浩先生对《一千零一夜》和阿拉伯古代文学的世界影响及渊源的系列研究,仲跻昆先生的《源远流长谈伊斯兰教前阿拉伯文学与世界文化的渊源关系》《阿拉伯文学与西欧骑士文学的渊源》等论文,葛铁鹰(盖双)探讨阿拉伯文学在中国的接受的"天方书话"专栏,薛庆国对老子《道德经》在阿拉伯世界的影响的介绍,林丰民对欧美文化市场与阿拉伯文学消费关系的深入探讨[①],孟昭毅对阿拉伯波斯文学在中国的影响的全面概述[②],甘丽娟的《纪伯伦在中国》[③],包括笔者从阿拉伯-伊斯兰文化与西方文化的"关系"视角

---

① 林丰民:《欧美文化市场对阿拉伯文学的消费》,《北京大学学报》(哲社版),1999年3月。
② 孟昭毅:《丝路驿花——阿拉伯波斯作家与中国文化》,银川:宁夏人民出版社,2002年。
③ 甘丽娟:《纪伯伦在中国》,北京:中国社会科学出版社,2011年。

所进行的纪伯伦及阿拉伯裔美国文学的研究,都是聚焦于阿拉伯文学与其他民族文学的关系所进行的实证性影响研究。由此可以看出,从老一辈阿拉伯语言文学研究者堪称比较文学影响研究"范例"的实践成果,到当代比较文学、英语语言文学等其他学科背景的研究者的介入,谨慎扎实的实证精神、低调务实的风格,已然成为了国内阿拉伯文学研究的鲜明学术特色。

对阿拉伯文学进行影响研究实践,固然符合阿拉伯文学的发展实际,但这也无形中造成了国内阿拉伯文学研究的不足:研究类型单一,研究成果以个案性、具体性和史实性见长,欠缺对阿拉伯文学整体性的美学特质和规律的探讨,欠缺必要的理论提升与总结。在这方面,《中国文学与阿拉伯文学比较研究》做出了开拓性的尝试与探索。

《中国文学与阿拉伯文学比较研究》由北京大学的林丰民教授组织撰写,作者涵盖了中国社会科学院、北京大学、北京外国语大学、北京第二外国语大学、上海外国语大学等高校阿拉伯语言文学专业的老、中、青三代人的中坚力量,全书由阿拉伯文学翻译家和研究家仲跻昆先生精心校阅。在某种意义上,这一著作的出版,代表了国内阿拉伯文学研究界在新时期的新视界和新方向。

《中国文学与阿拉伯文学比较研究》创造性地运用了比较文学的平行研究方法。书中除了"《一千零一夜》与中国文人文学:影响研究""中国文化对阿拉伯旅美文学的影响"这两节属于"追根溯源式"的影响研究类型外,其余篇章都对没有事实关系的中阿文学之间进行了平行比照式的研究。平行研究方法的运用,使该书突破了国内阿拉伯文学的传统研究模式,具有很强的创新性。作为国内第一部系统的阿拉伯文学的平行研究成果,《中国文学与阿拉伯文学比较研究》为未来的阿拉伯文学的平行研究实践,提供了一个可资借鉴的资源和范例。

平行研究的理论和方法在20世纪五六十年代由比较文学的美国学派首倡,在字面意义上,与之前比较文学的权威法国学派所倡导的"影响研究"理论和方法相对应,平行研究指对"没有事实影响关系"的文学进行平行类比的研究。平行研究方法在20世纪80年代传入中国大陆后,已在具体的实践运用中得到了进一步的发展。总的来讲,平行研究并非是一种"放之四海而皆准"的方法,它需要进行严密的可比性的论证,它运用于某些特定情况时,能够得出影响研究和国别文学研究"力所不能及"的结论。也就是说,只有在某些条件的限定下,平行研究方法才具有有效性。那么,我们在什么样的情况下才运用平行研究方法?运用平行研究方法的旨归和目的是什么?在具体进行平行研究实践时,要注意的关键问题是什么?下面,我们就结合《中国文学与阿拉伯文学比较研究》这部国内阿拉伯文学的平行研究实践的开创之作,来探讨一下这些问题。

首先,平行研究的核心精神与旨归是"总体文学",这要求我们在进行阿拉伯文学的平行研究实践时,将阿拉伯文学放在世界文学的视野中,以整体性和综合性的理论高度,来探索一般性的美学规律和创作原则。

"总体文学"(general literature)是平行研究方法论的本质与核心精神。表面看来,与研究异国文学之间的"流传、演变和渊源等影响关系"的"影响研究"相对应,"平行研究"似乎仅仅意味着"没有事实影响关系"的一切文学现象之间的类比研究。但实际上,平行研究的本质内涵,在于"总体文学"的视野,它表达了人们对于"一"的信念:人类的精神、知识、文化超越了时间、空间的界限,它们具有内在统一性。正因此,丝毫没有事实联系的东西方文学之间、文学与人类其他知识谱系之间才能进行平行比照式的类比或对比研究。

"总体文学"的概念有两层涵义。其一,它表明了一种世界文学的视野,它突破了单一的国别文学、民族文学的界限,将各民族文学、国别文学看作一个具有内在联系的整体。其二,包含有"文学理论"的意思,即:站在一定的理论高度,以整体性和综合性的眼光,去寻求文学的"共同事实"——探索一般性的美学规律和创作原则。美国学者雷马克曾做过形象的比喻:民族文学是在墙内研究文学,比较文学跨过墙去,总体文学则高于墙之上。①

总体文学的视野,是美国学派所倡导的平行研究方法论的核心精神,也是平行研究方法的重要目标与旨归。它要求研究者具备一定的理论高度和世界文学的视野,通过将各民族文学相互参照比较,综合、归纳出文学的一般性的规律和创作原则。因而,平行研究方法常运用于对某一类型文学的研究,通过对各民族文学中没有事实影响关系的同一类型文学的比较,得出该类型文学的共通之处,从而总结出某一类型的文学的美学规律。正是因为所选取的各民族文学之间没有发生影响关系,它们之间的共通之处才更有可能具有普遍性和带有规律性。

《中国文学与阿拉伯文学比较研究》在探索文学的内在规律和创作原则的实践中,作了初步的尝试。著作选取在中阿民族文学中具有代表性的文学类型进行平行比较,从而为探讨一些文学类型的美学规律和创作原则,提供了不可多得的民族文学的例证。

中国的唐宋时期和阿拉伯的阿拔斯王朝分别达到了汉文化与阿拉伯-伊斯兰文化的巅峰时期,同时也代表着当时世界文化发展的方向,两国文学在此时都不约而同地进入了黄金时代。作为两朝盛世的文学,有什么样的共通性的美学规律?作者通过对中阿盛世诗歌、歌伎与女性文学、盛世酒诗人的探讨,实际上总结了东方"盛世文学"这一特殊的历史语境下的文学类型的代表文类、独特的文学现象和诗人类型;同样作为受西方现代文化影响的现代东方文学,是否有相近的现代化模式与进程?著作通过对中阿文学现代化进程的产生,诗歌、小说和戏剧等文体对西方文学的借鉴与创新,现代性发展与回归传统的两个发展方向,推动中阿新文学发展的翻译运动的比较,向我们展示了现代东方文学的现代化模式与发展进程;同样作为现代东方文化的一员,中国和阿拉伯近现代新文学的发展与文学翻译活动有着密切联系,那么,在受到西方现代文化冲击时,现代东方的翻译文学有什么样的功能、作用、特点和内容?著作通过类比中国和阿拉伯现代翻译文学在新文学发展中相近的功用、特点和内容,实际上向我们呈现了东方现代转型期的翻译文学的特点;《激流三部曲》和《宫间街三部曲》同属中阿现代家庭小说的经典之作,著作通过探讨两部作品创作的社会、历史、文化因素,作品中出现的类型化的父辈、青年和女性人物形象的象征意义,所受异域和本民族传统的影响等等问题,实际上通过对典型文本的思想、人物等层面的主题学研究,总结了东方现代家庭小说可能的思想与文化根源、创作背景、文本特征等等一般性的创作原则和美学规

---

① 亨利·雷马克:《比较文学的定义和功用》,引自北京师范大学中文系比较文学研究组编《比较文学研究资料》,北京:北京师范大学出版社,1986年,第12页。

律……

在探讨盛唐和阿拔斯王朝时期共有的女性文学现象时,作者通过对创作主体、思想内容等层面的类比,得出了关于古代女性文学的一般性规律和创作特征。作者对两朝女性文学中的"爱"主题的评价,颇能体现古代女性文学的普遍性特征:

> 文艺来源于生活,处于社会上层的妇女们纵使能够接受教育,在具有了舞文弄墨的技能,也冲不出男权社会为她们界定的那个环绕于闺房的窄小圈子,广阔的社会生活领域几乎完全被隔绝在外,唯独剩下的仍是以男性为核心的男女之情一隅。她们只能为爱而喜、而怨、而忧、而恨。男女之爱就像是一株大树的根,一切的诗情由中生发。由于将所有的才思都倾注于一个主旨,这株大树便显得何其茂盛而葱郁,占尽了女性文学的华彩。然而,不管它如何茂盛,也只是唯此一株,永远在男女私情、个人幽怨上面缠绕,而不会如男性文学那般在广阔的社会生活层面铺展开来——国家、天下、社会、人生、伦理……各株竞茂,形成壮阔的文学森林。……①

目前中国的总体文学或诗学研究,离世界文学或普遍诗学的距离尚远,其中一个重要原因,便是中国的东方文学的总体研究仍不成体系,这种"不成体系",与东方文学研究中各民族文学的总体性研究的不足有关,而在东方各民族文学的总体性研究中,占有重要地位的阿拉伯文学的总体性研究又是较为薄弱的环节。

长期以来,国内的阿拉伯语言文学研究处于"专家"与"非专家"壁垒分明的状态:"专家"囿于语言的界限,很少去了解阿拉伯语言文学以外的理论与知识,缺少从理论的视野和高度对阿拉伯文学有目的的翻译、介绍和研究;"非专家"远远地站在阿拉伯语言之外,要么依照东方文学的整体框架对阿拉伯文学"生拉硬套",要么对阿拉伯文学泛泛而论,所谓"研究"有趣而缺乏学术根据与深度,固然可以娱人心智,普及文化知识,引发年轻人的好奇心和求知欲,但与严肃、认真的研究相差甚远!

实际上,"专家"与"非专家"并非壁垒分明。一方面,对于国别文学研究而言,打破单一的语言、学科的界限,具有更独特的"鉴赏力、敏感和眼界",往往可以得出专门研究不能得出的结论。美国学者韦勒克曾对此做过颇有雄辩力的讨论:

> 重要的是把文学学术研究作为不受语言限制的统一学科这个观念。……在文学研究中并没有所有权,也没有公认的"既得利益"。人人都有权研究任何一个问题,即使这只是一种语言的一部作品,甚至有权研究历史或哲学或别的任何题目。……人们过份强调了专家的"权威",其实他……却不一定具有非专家的鉴赏力、敏感和眼界,而后者更为广阔的视野和敏锐的眼光完全可以弥补缺少多年专门研究的不足。在我们的研究中,提倡更大的灵活性和思想的广泛性与冒昧或傲慢毫无联系。②

打破单一的语言、学科界限,可以使我们更为深入地研究国别文学。事实上,如果概览

---

① 林丰民等:《中国文学与阿拉伯文学比较研究》,北京:昆仑出版社,2011年,第67页。
② 勒内·韦勒克:《比较文学的危机》,引自:北京师范大学中文系比较文学研究组选编《比较文学研究资料》,北京师范大学出版社,1986年,第58页。

各国别文学的研究成果,我们就会发现:真正优秀的国别文学研究成果,往往是那些打破了单一的语言、学科界限,善于吸取历史、哲学、社会学、心理学等其他知识的研究成果,前面所列举的郅溥浩、仲跻昆等老一辈阿拉伯文学研究者堪称范例,具有多学科视野的研究成果,即是鲜明的例证。这样的研究成果,当然不可能只通过阅读一种语言的知识得出。然而另一方面,在提倡"更为广阔的视野和敏锐的眼光"的同时,"非专家"要学习所研究的国别文学的语言,即使这种学习未必能达到专家的系统的语言训练标准,这样才能作出具有说服力的学术研究成果。

阿拉伯文学本身的发展历史和现状,也要求我们在进行阿拉伯文学研究时,必须打破语言的界限,在多语言、多文化的背景下进行研究。只有这样,阿拉伯文学研究才能向着更为深入、多元的方向发展,才能融入国内大的学术话语语境,在学科对话与交际中,真正实现阿拉伯文学研究的繁荣与发展。

显而易见的是,《中国文学与阿拉伯文学比较研究》的作者已经试图打破语言和学科的"坚冰",与中国文学的参照,对文学的哲学、宗教、伦理、美学等层面的探讨、对特殊语境下特殊的文学类型的讨论,显示出"更为广阔的视野和敏锐的眼光"。对于一些问题,著作不乏"真知灼见",而这些真知灼见,显然是通过与阿拉伯文学文化的参照对比才能得出的。例如,对于五四新文化运动对待传统文化的激烈态度,学界向来莫衷一是,当代中国文化界的主导言论也是微词颇多。但著作通过比较中阿现代家族小说的经典之作《激流三部曲》与《宫间街三部曲》,探讨其中所反映的现代中阿知识分子对待传统文化的态度,并由此对比研究五四新文化运动和阿拉伯现代复兴运动的差异,得出了极富启发性的结论。

在作者看来,近现代的阿拉伯历史上不曾有过中国五四运动那样激烈的文化批判运动,不像五四运动对中国民众的深刻影响,阿拉伯复兴时期的新思想却只限于少数精英知识分子中间,与民众无关。因此,阿拉伯现代复兴运动未能在重估传统这一关键问题上取得突破,沉重的传统对现代与未来的发展依然构成严重的束缚。通过这样的对比,作者客观地评价了中国的五四新文化运动,并进而指出阿拉伯现代复兴运动的问题所在:

> 五四新文化运动的真正意义不在于它全盘否定了中国传统文化,而在于它将几千年的旧传统拉下了神坛,使中国人摆脱了对于传统的迷信与神话观念,从传统思想的沉重束缚下解脱出来从而使后人在更从容、平和的语境中客观、全面地评价传统文化成为可能。可以说,如何正确评价传统文化,五四运动并未毕其功于一役,但它完成了一场攻坚战,为现代中国的思想进步创造了条件。可以想象,假如不摘去围绕着传统文化的神圣光环,假如关于传统的话题处处是忌讳、禁区,那么,如何谈得上客观分析传统文化的利弊是非呢?由于种种原因,阿拉伯现代复兴运动恰恰未能在重估传统的这一关键问题上取得突破,所以,过去的一切依然是神圣的,沉重的传统对现代与未来的发展依然构成严重的束缚。[①]

如果没有现代中国与阿拉伯文学文化的相互比照,作者又如何能得出这样富有启发性

---

① 林丰民等:《中国文学与阿拉伯文学比较研究》,北京:昆仑出版社,2011年,第284页。

的结论呢?

这样一群专家式研究者的"转型",预示着未来中国的阿拉伯文学研究的更为多元化的发展。此外,著作对中阿文学比较框架的建构和在这个框架下对阿拉伯文学的细致探讨,对东方文学的总体性研究起到了重要的补充作用,弥补了国内东方文学和诗学的总体研究中阿拉伯文学与诗学研究的不足,具有重要的学术价值。

《中国文学与阿拉伯文学比较研究》很注重中阿两国文学"同"的类比,在补充和总结东方文学和诗学的规律方面,做出了一定贡献,但从理论的高度和文化的深度上来看,仍略显不足。著作的一些内容仍倾向于文学现象或事实的浅层类比或对照。例如,著作类比了近代中阿两国翻译活动中文化启蒙的先驱严复与雷法阿·塔赫塔维,比较了两位同样不懂外语的翻译家林纾与曼法鲁蒂,这样的平行比较的确相映成趣,让我们看到中阿近代翻译活动中类似的有趣现象,但作为有理论意识的研究者,我们还要追问的是:这样的比较要说明什么问题? 能否体现出中阿、乃至东方近代翻译文学的规律与特点?

第二,通过对不同民族文学的类比研究,推测可能发生的文学渊源、流传和演变等事实上的影响关系,为之后的文学史研究打基础。

一些文学现象之间有可能发生事实上的影响关系,但由于年代久远或资料不足,已"无据可查",此时可以对这些文学现象进行平行类比,这种平行类比看似建立在推测的基础上,好像"根基不稳",但却能为后人发现史实、进一步验证这种影响关系打下基础,从而拓展和补充了文学史的知识。这类平行研究属于提出问题的阶段——为什么这些文学现象之间有如此多的共同之处? 它们之间是否有可能存在着某种事实上的影响关系? 旨在为后人的研究奠定基础。书中由《一千零一夜》翻译和研究专家郅溥浩先生所撰写的"《一千零一夜》与中国文学"一章,便属于这种模式。

《一千零一夜》是一部世界性的民间文学著作。这种"世界性"主要表现在两方面:首先,它的产生与构成包容、吸纳、保存了近东、中亚、东方各民族的故事、传说与神话;而且,它作为故事源,又对欧洲、印度等其他民族产生了世界性影响。显然,"对《一千零一夜》与其他民族文学的关系的研究,无疑是世界性的"[1]。然而,"由于年代久远、资料不足,虽然有的故事之间的影响和交流有迹可寻……但多数故事间的影响、交汇的来龙去脉,可能就很难梳理出个头绪了"[2]。在这种情况下,作者肯定了对《一千零一夜》与其他民族文学之间进行平行研究是"极有意义的"。作者比较了《一千零一夜》的成书过程、分夜、分回的叙述方式与中国的话本、尤其是章回体小说之间惊人的相似,并比较分析了《一千零一夜》与中国民间故事中相关的类型与母题。作者所做平行研究的目的并非为了得出某种结论,而是启发性的、前瞻性的。例如,作者在分析了《一千零一夜》与中国民间文学中的"救蛇得报"的母题后写道:"这类故事是否具影响与被影响的关系,或者是具有同源性尚无确凿的证据,有待进一步研究。"[3] 在比较分析了"负心人被变成动物"这一《一千零一夜》和中国文学中相近的故事类型

---

[1] 林丰民等:《中国文学与阿拉伯文学比较研究》,北京:昆仑出版社,2011年,第97页。
[2] 同上书,第97页。
[3] 同上书,第115页。

后,写道:"为什么在阿拉伯文学和中国文学中负心人都被变成了黑犬,而且都是两兄弟或是两姐妹?二者之间纯出偶然巧合,还是有何关系?将此列出,以供研究。"①这样的语言在该章多次出现,表明了平行研究对进一步的文学关系史研究的极大的启示性和前瞻性。

第三,通过阿拉伯文学与其他国别文学"同中有异"的比较,探讨阿拉伯文学不同于其他民族文学的异质性,从而研究阿拉伯文学的民族特质。

在探讨阿拉伯文学与中国文学的共通之处的基础上,研究二者的差异性,从而彰显阿拉伯文学的特点,是《中国文学与阿拉伯文学比较研究》的鲜明特点之一。

与西方文学相比,中阿文学的传统更为接近。从文学文体上看,中阿文学文体都经过了由诗性文体向叙事文学发展的大脉络,它们的主流文体都是诗歌,抒情性是中阿文学的共同特点。② 但中阿文学存在着巨大的差异性。作者通过比较中国与阿拉伯古典诗歌在社会地位与功能,与宗教的联系,所表现的生活环境、生活方式、生活哲理、表达方式等方面的差异,突出了中阿两民族文学迥然而异的民族特质。例如,作者在比较中阿诗歌所表现的不同的生活方式时,不时援引诗句,在精当的评价中相互比照,读来相映成趣,中阿两民族诗歌迥然而异的特征跃然纸上:

> 在具有农业经济特点的中国古代社会的基础上发展起来的文学艺术,具有以世俗生活为主题的现实主义和以感物抒情为主的表现特征。人们每天的生活,往往是日出而作,日落而息,天天在田园里劳作,在山野中憩息,没有沙漠中的冒险,因此,中国诗歌往往以短小精悍见长。在诗歌中,我们可以听见,"狗吠深巷中,鸡鸣桑树颠",看到"桃之夭夭,灼灼其华","七月流火,九月授衣",人们向往的是"八月梨枣,十月获稻"。无论是民间恋歌,还是贵族咏叹,无论是愤怒的谴责,还是愉快的劳动,都表现得清丽、含蓄而饶有神韵,如……③

> 而植根于沙漠游牧部落生活的阿拉伯蒙昧时期的诗歌,明显具有游牧部落生活的特征,这体现在其内容的繁杂,结构的松散。这时期的诗歌,几乎没有一首是围绕一个单一主题展开的。这或许是因为游牧生活,顾名思义,游牧部落的生活是极不安定的,常常需要不断迁徙以求生存,诗人在这一过程中,常常是眼见一物,心有所感,便以为诗。如见到废墟,想起昔日在此居住情人,于是悲从中来,吟诵道:
> ……
> 诗人宣泄完感情痛哭后,开始启程,途中,看到在原野上走动的骆驼,便吟出描写骆驼的诗句,继而又描述动物争斗的场面,讲述狩猎故事。长期单一的沙漠生活使阿拉伯诗歌缺乏整体性,各个不同场景、内容的变换显得突兀,结构也显得松散。……④

著作在对中阿古代和现代文学的类同性比较的基础上,处处可见差异性的细微探讨,在如此细致的文学比照中洞见阿拉伯文学的深刻意蕴,这在国内的阿拉伯文学研究专著中尚

---

① 林丰民等:《中国文学与阿拉伯文学比较研究》,北京:昆仑出版社,2011年,第119页。
② 详见上书,第3—14页。
③ 由于篇幅所限,本引文中的诗歌引文略去。
④ 林丰民等:《中国文学与阿拉伯文学比较研究》,北京:昆仑出版社,2011年,第19—20页。

属首次,其学术价值不言自明。然而,仍然值得注意的是,"同中有异"的比较多运用于跨文明的文学比较中,它的差异性比较更关注的是异质性,"质"是落脚点,这与平行研究方法论的"总体文学"视野一脉相承:我们不是为了比较而比较,而是为了得出具有规律性的文化和美学知识。也就是说,从这些文学的差异性比较中,我们要进一步研究的是:为什么会产生这些差异性?它们能体现出什么样的文化异质性?体现出什么样的民族文学文化的特质?

第四,进行阿拉伯文学的平行研究,要首先论证可比性问题。

平行研究作为比较文学学科理论中的一个重要的研究范式,也是比较文学学科中颇有争议的一个研究领域,其争议的症结主要在于可比性问题。因为对于影响研究来讲,只要有证明发生事实影响关系的实证性资料做基础,它便不容易遭到质疑。但对于平行研究而言,如果我们可以对所有"没有事实影响关系"的异国文学之间进行比较,如果可以对文学与人类其他的一切知识和信仰领域进行"跨学科"的研究,就很有可能因为"无限可比性"而"堕入漫无边际的、为比较而比较的滥比,那就失去了它本身的质的规定性,也就取消了自身存在的合理性。"①因此,在进行具体的平行研究实践时,首先要论证可比性问题。我们首先要明确的是,并非所有没有事实影响关系的跨文化文学都是可以展开研究的。在论证可比性问题时,需要把握三个基本原则:1、所选取的研究对象,在所探讨的文学类型中是否具有典型性和代表性?2、是否能通过对具有典型性和代表性的研究对象的比较,得出所研究的文学类型的一般性的美学规律和创作原则?3、在跨文明的文学比较研究中,是否能进一步对文学进行异质性的研究,以探讨不同民族文学的特质?

总之,《中国文学与阿拉伯文学比较研究》给国内阿拉伯文学的平行研究实践带来了一个良好的开端:阿拉伯文学与其他民族文学的平行比较是一个有着广阔学术空间的领域,它对东方和世界诗学研究起到了必不可少的补充作用,同时也深化了阿拉伯文学与诗学特质的研究。但在今后的阿拉伯文学的平行研究中,我们要更加注意和强调总体文学的视野和周密严谨的可比性论证,只有这样,才能使阿拉伯文学研究更具理论的高度和文化的深度,更具有说服力。

作者简介:马征,文学博士,河南大学比较文学与比较文化研究所副教授。

---

① 王向远:《比较文学学科新论》,南昌:江西教育出版社,2002年,第77页。

稿约

《比较文学与世界文学(中国比较文学学会学术集刊)》稿件体例

《比较文学与世界文学(中国比较文学学会学术集刊)》是中国比较文学学会主办的以比较文学与世界文学研究为核心的人文社会科学综合性学术集刊。为方便作者写作和读者阅读，现将投稿注意事项规定如下：

1. 来稿以15,000字以内为宜。欢迎简明扼要而又论证充分的万字以内文章。所论重大理论问题、重要学术问题的论文允许篇幅稍长一些。稿件正文之前请附论文中文摘要（300－400字左右）、英文摘要（允许与中文摘要有所不同，不必对应翻译，约200个英文单词）、关键词（3－5个）、作者简介（包括姓名、工作单位、学位、职称）。如果所投稿件是作者承担的科研基金项目，请注明项目名称和项目编号。

2. 对于人文学科的论文不再区分注释（对文章中某一内容的进一步解释或补充说明，或作者对自己观点的阐发）与参考文献，二者均放在当页，以脚注形式出现。对于社会科学的论文，仍然可以将注释和参考文献分开，放于文末的参考文献采用"作者—出版年"制。

3. 注释与参考文献著录项目要齐全（不需要加文献标识码）。

   专著：
   主要责任者，文献名，出版地，出版单位，出版年，起止页码。

   译著：
   原著者国名，原著者，文献名，译者名，出版社．出版单位，出版年．起止页码。

   期刊文章：
   主要责任者，文献题名，刊名，年，卷（期）：起止页码。

   报纸文章：
   主要责任者，文献题名，报纸名，出版日期（版次）。

   专著中的析出文献：
   析出文献主要责任者，析出文献题名，专著主要责任者，专著名．出版地：出版者，出版年，析出文献起止页码。

4. 外文参考文献要用外文原文，作者、书名、杂志名字体一致，采用正体；不得用中文叙述外文，如"牛津大学出版社，某某书，某一年版"等。

5. 来稿请寄送电子本与纸本各一份，电子本请寄：clwlcontribution@163.com；纸本请寄：【100871】北京大学比较文学与比较文化研究所内 中国比较文学学会秘书处收。请注明详细通讯地址（含街道路名）、邮政编码、联系电话。

6. 来稿一般不退，请作者自留底稿；也不奉告评审意见，敬请海涵。

《比较文学与世界文学(中国比较文学学会学术集刊)》编辑部

2011年10月

Call for Papers

Comparative Literature and World Literature, sponsored by The Chinese Comparative Literature Association, is an academic journal focused on Comparative Literature and World Literature. Submissions are welcome based on the following guidelines:

1. Papers should not exceed the length limit of 15,000 words. The papers proper should be preceded by, in the following order, an abstract in Chinese, an abstract in English, 3—5 keywords, and a short biography of the author.

2. Papers written in English should follow the MLA format in their documentation.

3. Submissions should be both in electronic forms and in hard copies. The electronic version is to be emailed to clwlcontribution@163.com. The hard-copy version is to be mailed to this address:

>Institute of Comparative Literature and Culture
>Office of The Chinese Comparative Literature Association
>Peking University
>Beijing 100871, P. R. China

Please specify your mailing address and telephone number. Inquiries are to be directed to clwlcontribution@163.com.